GANZHEITLICH HEILEN

1, 50€

Buch

Emotionen und Gefühle sind für die meisten von uns ein unbekanntes, geheimnisvolles Feld. Auch wenn uns bewusst ist, dass
eine Verbindung besteht zwischen körperlichem Leiden und der
emotionalen Ebene, verstehen wir es doch nicht, in diesen Zusammenhang einzugreifen. Anne Dickson hat fünfzig Jahre lang Erfahrungen in direkter Arbeit mit Menschen und ihren Emotionen ge-
sammelt. In ihrem Buch legt sie Ursprung und Bedeutung der
Emotionen dar und erläutert ihren Einfluss auf unsere körperliche
Befindlichkeit. Sie erklärt, wie durch die Erziehung im Kindesalter
emotionale Verhaltensmuster geprägt werden und emotionale
Defekte geheilt werden können. Neben theoretischen Erläute-
rungen enthält das Buch einen großen praktischen Teil mit
vielen Ratschlägen und Übungen.

Autorin

Anne Dickson ist Psychotherapeutin, Psychotrainerin und Buch-
autorin. In England und den Vereinigten Staaten gilt sie als die füh-
rende Autorität in Bezug auf Persönlichkeitsentwicklung der
Frauen. Selbstbehauptungstraining und interaktive Kommunikation. Ihre Buchveröffentlichungen zu diesen Themen wurden zu
Standardwerken und Bestsellern.

Anne Dickson

Die Kraft
der Emotionen

Vom nährenden Umgang mit Gefühlen

Aus dem Englischen von Rita Höner

GANZHEITLICH HEILEN

GOLDMANN

Die englische Originalausgabe erschien 2000 unter dem Titel
»Trusting the Tides« bei Rider, an imprint of Ebury Press,
Random House, London.

Deutsche Erstausgabe Juli 2001
© 2001 der deutschsprachigen Ausgabe
Wilhelm Goldmann Verlag, München
in der Verlagsgruppe Random House GmbH
© 2000 Anne Dickson
Umschlaggestaltung: Design Team München
Umschlagfoto: Premium/G. Geer/Coleman
Satz: Uhl + Massopust, Aalen
Druck: Elsnerdruck, Berlin
Verlagsnummer: 14211
Redaktion: Ingrid Lenz-Aktas
WL · Herstellung: WM
Made in Germany
ISBN 3-442-14211-3
www.goldmann-verlag.de

1. Auflage

Inhalt

TEIL DREI

Dank

Zu den angenehmsten Aspekten des Bücherschreibens gehört für mich die Gelegenheit, öffentlich ein paar der Menschen zu danken, an denen mir am meisten liegt.

In den zehn Jahren, die ich zur Fertigstellung dieses Buches gebraucht habe, gab es in meinem Leben viele Änderungen und Verluste. Die ganze Zeit über war Liz Clasen wichtig, die mir nicht nur eine liebe und geduldige Freundin ist, sondern mich auch in ihrer Funktion als Herausgeberin professionell unterstützt hat. Vor fünf Jahren lernte ich Carol Davis kennen. Sie hat mir in einigen sehr düsteren Phasen Halt und Trost gegeben und ihre Einsichten und ihre Weisheit haben Eingang in diese Seiten gefunden. Barbara Elliott, eine außergewöhnliche Freundin, die mich wirklich »sieht«, hat mit ihren wertvollen beruflichen und persönlichen Erkenntnissen ebenfalls zum Inhalt des Buches beigetragen.

Einsamkeit gehört zum Schreiben dazu, aber wenn sie bedrückend wurde und meine Produktivität lähmte, brauchte ich ein vorübergehendes Refugium. Ich möchte denen danken, die mich eine Zeit lang liebevoll bei sich aufgenommen haben und in deren Heim ich die Gesellschaft und Seelenverwandtschaft fand, die mir das Weiterschreiben ermöglichte: Stanley Jepson und Liz Clasen, David und Barbara

Elliott, Kirsten Rudbeck, meinem Bruder Graeme, seiner Frau Alison und ihrer Familie.

Nikki Henriques hilft mir seit jeher mit Homöopathie und ständiger Betreuung; Paola Russell hat mich in einer entscheidenden Phase mit Massagen und anregenden Unterhaltungen über verschiedene Kapitel unterstützt.

Dank schulde ich auch Terry Looker von der Manchester Metropolitan University, der meinen Einblick in andere Forschungsbereiche durch sein großzügig mitgeteiltes Fachwissen unterstützte; Thomas Nielson von der Universität Arhus, dessen Arbeit ich als enorm hilfreich empfand, und Frances Norton von der St. James Library an der Universität Leeds, die mir mit großem zeitlichem Einsatz half, die Literatur über psychosomatische Krankheiten zu sichten.

Mit Computern kenne ich mich immer noch nicht besonders gut aus, doch für seine Hilfe in der Anfangszeit möchte ich Peter Coulson danken, der geduldig auf meine Notrufe reagierte; ebenso danke ich John Elkins, der mir bei ähnlichen Problemen half und sich die Zeit nahm, einen Abschnitt des Manuskripts zu lesen und zu kommentieren.

Auch bei diesem Buch halfen mir Stella Salem, Karen Wood und Pat Hicks beim Tippen der frühen Fassungen – allen dreien gilt mein herzlicher Dank.

Des Weiteren danke ich Clare Manifold für ihre Kommentare in den frühesten Phasen, Kay Barwick und Breda Hill für ihre Unterstützung und Caroline Raymond von *Stress in Perspective* für ihre Hilfe, ebenso Judy Moore, die mit ihren Ermutigungen und Anregungen im letzten Jahr für frischen Wind sorgte und mich dazu brachte, den Aufbau des Buches zu verändern.

Jenny Russell danke ich für ihre einzigartige Mischung von Fragen, Nachforschungen und Liebe zum Detail in der steinigen Schlussphase; ich schätzte ihre Gesellschaft in dieser Zeit sehr.

Schließlich möchte ich denen danken, die mir weniger direkt geholfen haben, aber ein wesentlicher Bestandteil des Projektes waren. John Heron hat mich vor zweiundzwanzig Jahren mit dem Co-Counselling bekannt gemacht; er wurde später zu einem Freund und Kollegen und ich war immer dankbar dafür, dass ich diese Fertigkeiten bei einem so ausgezeichneten Lehrer und Mentor lernen konnte. Später hat David Elliott mir mit seinem Wissen, seiner Erfahrung und seiner angeborenen Gewitztheit das Verlagswesen nahe gebracht.

Die TeilnehmerInnen an meinen Kursen und Workshops in den vergangenen Jahren haben mich immer wieder inspiriert. Zusammen mit FreundInnen und KollegInnen haben sie mich oft gedrängt weiterzumachen – ihnen allen möchte ich für ihre unterstützenden Worte, ihre Einfälle und ihre Gebete danken.

Einführung

Dieses Buch ist aus meiner persönlichen Erfahrung hervorgegangen. Ich bin ein normaler Mensch, der in einer normalen Familie unter Umständen groß wurde, die Mitte der 50er-Jahre normal waren. Meiner Erinnerung nach gab es in unserer Familie wenig Nähe; obwohl es Gelegenheiten gab, bei denen wir zusammen froh oder traurig waren, zusammen feierten oder zusammen litten, konnte von wirklicher Offenheit kaum die Rede sein. Über Gefühle wurde nicht gesprochen. Kindliche Tränen- oder Wutausbrüche wurden stark missbilligt und im Erwachsenenalter wurde jede emotionale Äußerung auf ein Mindestmaß heruntergedämpft. Gelegentliche Eruptionen wurden als vorübergehende Entgleisungen behandelt und wegerklärt – sie waren die Folge von zu viel Alkohol, zu viel beruflichem Stress oder geheimnisvollen Problemen, die nicht erörtert werden konnten.

Wie viele andere Kinder auch nahm ich wahr, dass zwischen meinen Eltern so wie zwischen ihnen und uns, ihren vier Kindern, viele Emotionen hin und her gingen, deren Macht umso stärker war, als nicht offen über sie geredet wurde. Ich hatte keinen Namen für diese unterschwelligen Strömungen, ich spürte sie nur. Das fehlende Bekenntnis zu den Gefühlen kontrastierte stark mit der Intensität, die sich in der Stimme und in den Blicken zeigte, was mich verblüffte und verwirrte.

Wir erlebten die üblichen Höhen und Tiefen des Daseins; auch bei uns gab es Probleme wie Alkoholismus, Entlassung, Teenagerschwangerschaft und Abtreibung, Depression und Anorexie, und doch sprach niemand die Gefühle an. Sogar wenn es um Krankenhausaufenthalte ging, wurden ausschließlich die medizinischen Belange besprochen, nicht auch die emotionalen, mit denen wir auf die gewohnte – stumme – Weise umgingen.

Als junge Erwachsene war ich eine fleißige, tüchtige Lehrerin, aber auf emotionale Intimität war ich nicht vorbereitet. Ich trank regelmäßig Alkohol, um meine Ängste zu betäuben, Anflüge von Selbstkritik zu ersticken und gelegentlich auch, um aggressive Ausbrüche und die Entladung von Spannung zu schüren.

Zu einem Wendepunkt kam es um meinen neunundzwanzigsten Geburtstag: Ich erwarb eine Reihe von Fertigkeiten, die sich für mich als lebenswichtig, ja lebensverändernd, herausstellten. Zum ersten Mal in meinem Erwachsenenleben stand ich vor der Möglichkeit, meine Gefühle in einem Sicherheit bietenden, strukturierten Rahmen zu untersuchen, zu äußern und zu entladen.

Langsam und durch regelmäßiges, eifriges Üben lernte ich, den Reaktionen meines Körpers zu vertrauen. Die emotionale Entladung wurde für mich zu etwas Natürlichem, Unverzichtbarem. Ohne sie wären mir während depressiver Phasen in den letzten fünfzehn Jahren Medikamente wohl nicht erspart geblieben und wie viele andere Menschen auch könnte ich wahrscheinlich nicht mehr ohne sie auskommen.

Das, was ich damals lernte, hat meine gesamte Lehr-, Trainings- und Beratungsarbeit in den letzten dreiundzwanzig Jahren geprägt. Bei allen von mir entwickelten Programmen für Selbstsicherheitstrainings oder Sexualberatungen ist die emotionale Komponente ein integraler Bestandteil. Denn Gefühle, ob geäußert oder nicht, bewusst oder nicht, bilden das Kernstück fast aller Schwierigkeiten, sei es von Problemen mit der Selbstbehauptung wie von scheinbar sexuellen Problemen. Es fasziniert mich immer wieder, dass die TeilnehmerInnen an meinen Workshops jedes Mal sehr daran interessiert sind herauszufinden, warum wann welche Emotionen auftreten, aber nicht wissen, wo sie nach den Antworten suchen sollen.

Kaum einer der Erwachsenen, mit denen ich beruflich oder privat zusammengekommen bin, hatte eine zutreffende Vorstellung von der Funktionsweise von Emotionen, und das ungeachtet seiner persönlichen Qualitäten oder seiner beruflichen Erfahrung. Wir sind, so könnte man sagen, immer noch emotionale Analphabeten. Wir finden kaum die richtigen Worte, um unsere Gefühle zu beschreiben: Es fällt uns schwer, zwischen sentimentalen, manipulativen und aufrichtigen Tränen zu unterscheiden; wir verwechseln Wut mit Aggression, Kummer mit Depression. Wir leiden unter allen möglichen körperlichen Beschwerden und *wissen* im tiefsten Inneren, dass sie mit den Gefühlen zu tun haben, verstehen aber trotzdem nicht, was abläuft. Wir wissen, dass Tränen etwas Natürliches sind, sind aber trotzdem schrecklich verlegen, wenn wir weinen. Fehlendes Wissen schürt die Angst vor den Gefühlen. Sie bleiben – gut abgeschottet – im Reich des Unbekannten und Geheimnisvollen. Trotzdem glaube ich, dass viele Menschen ihre Emotionen besser verstehen wollen.

Über Emotionen sachlich zu reden und schreiben ist so ähnlich, als würde man die chemische Zusammensetzung des Meerwassers erörtern oder die Tiefe der Meeresströmungen analysieren. Egal wie genau die Beschreibung ist – sie kann nie die subjektive Erfahrung vermitteln, wie das Wasser schmeckt oder sich anfühlt. Das *emotionale* Reden und Schreiben über Emotionen ist zwar in gewisser Weise dem Thema angemessener, gerät aber leicht zu einem sentimentalen, wirren Durcheinander.

Dieses Buch ist ein Wegweiser zu unseren Gefühlen, es zeichnet die Strömungen und Bewegungen des Herzens auf. Es erklärt, was Emotionen sind, warum und wo sie auftreten und wie wir konstruktiver mit ihnen umgehen können. Vor allem macht es deutlich, dass Emotionen zum Leben gehören und nicht als Problem betrachtet werden sollten.

Wir halten Emotionen gern für etwas Problematisches und sind deshalb zunehmend von berufsmäßigen Helfern abhängig – Psychologen, Psychiatern, Therapeuten und Beratern; wir verlassen uns auf ihre Sachkenntnis, damit sie den »Fehler« diagnostizieren und korrigieren. Ab und zu lernen wir durch eine Beratung oder Therapie etwas über unsere Emotionen, aber das ist nicht garantiert.

Die Erfahrung hat mich davon überzeugt, dass es genauso wichtig ist, die Wirkungsweise unserer Emotionen zu verstehen, wie die des Verdauungs- oder des Atmungsprozesses. Wir brauchen dazu kein Experte zu sein, genauso wenig wie wir Ernährungswissenschaftler oder Lungenspezialist sein müssen, um zu entscheiden, was wir essen oder wie wir atmen wollen.

Das, was ich auf den folgenden Seiten darstelle, beruht auf fünfzig Jahren persönlicher Erfahrung – modifiziert, geklärt und verbessert durch zwanzig Jahre beruflicher Erfahrung, in denen ich direkt und indirekt mit anderen Menschen und ihren Emotionen gearbeitet habe.

Hier ist eine Warnung angebracht: Der Inhalt dieses Buches wird Ihre Gefühle ansprechen! Emotionen lassen sich nicht untersuchen, ohne dass gelegentlich Aspekte der persönlichen Erfahrung berührt werden – Erkenntnisse, Erinnerungen, Assoziationen –, die für den Leser möglicherweise unbehaglich oder gar schmerzhaft sind. Aber je informierter wir sind, je mehr wir wieder erkennen, desto eher können wir unsere Emotionen akzeptieren und ihnen vertrauen.

Den Gezeiten vertrauen versteht sich als theoretischer und praktischer Wegweiser zu unseren Emotionen. Im ersten Teil stelle ich eine Emotionstheorie vor und erkläre, wie unsere kindliche Erfahrung mit Emotionen unsere Verhaltensmuster und Beziehungen als Erwachsene bestimmt. Ich schildere das Auftreten, die Erregung und die Entladung von Emotionen als natürlichen Prozess, der durch Überzeugungen und Ängste behindert wird, was dazu führt, dass nicht geäußerte Emotionen unser Leben auf verschiedenste Weise beeinträchtigen. In Teil Zwei geht es um das Potenzial zur praktischen Veränderung: Wie könnte eine Lösung aussehen und die emotionale Erziehung verbessert werden; wie können wir das emotionale Alphabet lernen und Gefühle klarer äußern und wie lassen sich manche Auswirkungen von emotionalen Blockaden aus der Vergangenheit von der Wurzel her beheben. Der dritte Teil zeigt, wie wir praktisch mit der Körper-Seele-Verbindung leben können und wie wichtig das Gefühlsmanagement im Alltag ist.

Denken Sie daran, dass Emotionen als Medium für uns nichts völlig Neues sind. Dieses Buch soll Sie auch an etwas erinnern: Auch wenn wir die Sprache der Emotion nicht mehr fließend und sicher sprechen, hat jeder von uns sie früher einmal auswendig gekonnt.

Praktische Anmerkung

Am Ende der meisten Kapitel findet sich ein Abschnitt mit Vorschlägen und Übungen. Interessierte LeserInnen können so die Informationen des vorausgehenden Kapitels einen Schritt weiterführen und das Buch nicht nur als Denkanstoß und Referenz benutzen, sondern auch als Arbeitsbuch zur individuellen Selbsterkundung.

Sie können diesen Anregungen für sich allein nachgehen, aber ich lege Ihnen dringend nahe, die Übungen mit einem Menschen Ihres Vertrauens zu machen, denn dafür wurden sie konzipiert. Zwar ist es auch hilfreich, im stillen Kämmerlein über sich nachzudenken, doch auf Grund der allgemeinen Unsichtbarkeit von Emotionen und der Erwartung, dass ihre Erforschung zu Einsamkeit und Angst führen kann, ist es viel sinnvoller, wenn wir kommunizieren und unsere Erkenntnisse jemandem mitteilen. So kann das Ganze auch viel mehr Spaß machen.

Wenn Sie sich dazu entschließen, sollten Sie zuerst den Abschnitt *Den Rahmen vorbereiten* im Anhang lesen.

TEIL EINS

Die Entstehung der emotionalen Landschaft

Das kulturelle Erbe:
Mythen und Mutmaßungen
über Emotionen

Die diversen Worte, mit denen wir das Leben des Herzens beschreiben, haben eine leicht unterschiedliche Bedeutung. In **Emotion** steckt das italienische Wort *movere*, bewegen: Eine Geste, ein Bild, ein Klang, eine Erkenntnis bewegt uns, sodass unsere Beziehung zu unserer Welt sich verändert. Es kommt zu einer kaleidoskopischen Verlagerung: Wird die Emotion als angenehm erlebt, gehen wir auf ihren Ursprung zu; ist die Erfahrung schmerzlich oder bedrohlich, entfernen wir uns von ihr.

Der Begriff **Gefühl** lässt das Fühlen anklingen und damit den sensorischen Kontakt mit unserer Welt. Genauso wie unsere Finger die Textur, die Form und die Temperatur von Gegenständen unterscheiden können, auch wenn wir die Augen geschlossen haben, geben unsere Gefühle uns unmittelbare Informationen über unsere Umgebung. Als Hilfsmittel zum Sammeln von Erfahrungen sind sie für unser Überleben und unsere Entwicklung genauso wichtig wie das intellektuelle Unterscheidungsvermögen.

Unter dem Begriff **Affekt** verstehen wir im landläufigen Sprachgebrauch eine kurzzeitige, intensive Erregung, einen Zustand außergewöhnlicher seelischer Angespanntheit. Mit dem Wort **Stimmung** und der älteren Bezeichnung **Gemütsbewegung** werden längerfristige Erlebnistönungen ohne klaren Reiz- oder Bedürfnisbezug beschrieben, die ein emotionales »Klima« erzeugen.

In dem Wort **Leidenschaft** schwingen Macht und Leiden mit. Emotionen sind starke Kräfte, die uns zu Taten treiben können, die rational nicht nachvollziehbar sind. Wenn etwa eine unerwiderte oder verloren gegangene Liebe Leidenschaft erregt, ist das auch mit großem Schmerz verbunden.

Ein oft missverstandenes Wort schließlich ist **Sentimentalität**. Bei ihr ist man von der direkten emotionalen Erfahrung schon einen Schritt weit entfernt – die beiden aus dem Lateinischen stammenden Begriffe, aus denen das Wort zusammengesetzt ist, stellen Empfinden und Denken nebeneinander. So hat Großmutters Ring sentimentalen Wert, weil er uns an die Gefühle erinnert, die wir ihr und dem, was sie repräsentierte, entgegengebracht haben. Eine Reise kann sentimental stimmen, weil sie Gefühle weckt, die mit vergangenen Erfahrungen zu tun haben. Grußkarten mit putzigen Bärchenfamilien oder rosenumwucherten Landhäuschen wurden extra dazu entworfen, damit wir sentimental werden – damit die mit diesen Bildern assoziierten Emotionen ihren Weg in die bewusste Wahrnehmung finden. Sentimentalität verhält sich zu echtem Bewegtsein wie eine Fernseh-Seifenoper zum wirklichen Leben – sie ist eine Möglichkeit, nicht selbst, sondern durch Stellvertreter zu fühlen, eine Methode, die Gefühle aufzuwühlen. Sie sollte nicht mit authentischem Fühlen verwechselt werden.

Die Kultur, in die wir hineingeboren werden, gibt uns eine bestimmte Art und Weise mit, die uns umgebende Welt zu sehen. Uns beschäftigt hier, wie wir dazu konditioniert wurden, die Realität zweizuteilen und alles so zu betrachten, als wäre es entweder dies oder das, gut oder schlecht, schwarz oder weiß, denn genauso gehen wir an die Gefühle heran.

Emotionale Apartheid

Wir haben gelernt, Gefühle für positiv oder negativ zu halten. Das machen wir so automatisch, dass wir auf die Bitte, ad hoc eine Liste mit positiven und negativen Gefühlen zusammenzustellen, auf der positiven Seite vermutlich mit Worten wie Liebe, Freude, Glück, Zuversicht und Zufriedenheit enden würden und auf der negativen mit Begriffen wie Trauer, Enttäuschung, Wut und Angst. Auf die Frage nach dem Grund für diese Einteilung würden wir wahrscheinlich antworten, dass der Grenzverlauf doch offensichtlich sei, dass Glück sich besser anfühle als Einsamkeit, Trauer nie angenehm sei und sich wohl noch nie jemand auf Ängstlichkeit gefreut habe.

Obwohl wir dies unzweifelhaft so erleben und es schwer fällt, etwas anderes zu glauben, muss es nicht so sein. Die Positiv/Negativ-Einteilung ist in unserer Kultur seit Tausenden von Jahren fest verankert und daher unmöglich zu vermeiden. Aber diese Sichtweise wurde uns von außen übergestülpt. Ängstlichkeit fühlt sich zum Teil deshalb unangenehm an, weil wir erwarten, dass sie sich unangenehm anfühlt; weil wir bestimmte Gefühle mit etwas Negativem assoziieren, bekommen sie das Etikett »negative Gefühle« verpasst.

Der Einfluss einer Umgebung, in der uns beigebracht wurde, dass Gefühle gut oder schlecht sind, lässt sich kaum unterschätzen. Erste wichtige Folge dieses Denkansatzes ist, dass gute Gefühle erwünscht und schlechte unerwünscht sind, wobei ein Kodex moralischer und medizinischer Korrektheit den Grenzverlauf bestimmt. Ein gutes Gefühl wie etwa Liebe ist erwünscht, weil es eine gute Wirkung auf andere hat, uns in einem sozial akzeptablen Licht zeigt und auch körperlich gut für uns ist. Wut dagegen hat eine schädliche Wirkung auf andere, zeigt uns gesellschaftlich in einem unangenehmen Licht und ist schlecht für unsere Gesundheit.

Als weitere Konsequenz dieser Einteilung tendiert der Wert von Wut gegen null, während Glück und Liebe für jedermann zu wichtigen Zielen geworden sind. Wir strengen uns mächtig an, unser wahres Selbst zu unterdrücken und Wut zu leugnen, weil sie ein moralisches Versagen suggeriert, während Glück sich als ausgesprochen verführerisches Ziel darstellt, weil es den Zustand impliziert, zu dem wir uns berechtigt fühlen. Frustration, Unsicherheit und Trauer gelten als schlecht, und wir hoffen, dass wir stattdessen gute, positive, glückliche Gefühle haben sollten.

Die Einteilung in erwünschte und unerwünschte Gefühle hat einen eigenen kulturellen Impuls in Gang gesetzt. Wir stecken viel Zeit, Energie und Geld in Bemühungen, uns glücklicher zu fühlen – wir machen eine Psychotherapie oder erheben das Geldverdienen zum ultimativen Kick, wir absolvieren Fitnessprogramme um Stress abzubauen oder greifen zu starken Alkoholika, damit die harte Realität ein bisschen freundlicher erscheint.

Infolgedessen sind die meisten von uns nicht in der Lage, Gefühle zu erkennen und zuzugeben. Der innere Zensor ist ständig am Werk, und so werden Gefühle, die wir für negativ und also unerwünscht halten, ignoriert, versteckt oder unterbunden. Es ist doch sehr viel einfacher, nur die positiven Gefühle einzugestehen.

Die zweite Konsequenz dieser Negativ/Positiv-Einteilung ist die uns übergestülpte Überzeugung, Emotionen würden in einander ausschließenden Einheiten agieren. Wir meinen, Wut wäre nicht mit Liebe kompatibel, Ängstlichkeit nicht mit Zuversicht. In der Realität haben diese Entweder-oder-Kategorien keinen Bestand, denn wir wissen aus Erfahrung, dass Emotionen koexistieren. Wir können im selben Moment Wut und Liebe empfinden, etwa gegenüber einem guten Freund; wir können gleichzeitig Trauer und Erleichterung fühlen, zum Beispiel nach dem Tod eines geliebten Menschen, der starke Schmerzen hatte oder dessen Tod für uns auch das Ende einer riesigen Verantwortung bedeutete.

Die Rede vor einem großen Publikum, das Warten auf eine Entbindung oder der erste Sprung mit dem Fallschirm können Ängstlichkeit und Aufregung zugleich auslösen. Eine liebevolle Geste kann unmittelbar Trauer wecken – und gleichzeitig Freude und Vergnügen. Es ist kein Zufall, dass Tränen Glück und Trauer ausdrücken, oder dass Laborforschungen darauf hinweisen, dass die physiologische Erregung bei Angst und Wut praktisch identisch ist. Die Entweder-Oder-Einteilung ist nichts anderes als ein von außen übergestülptes Raster, mit dem das scheinbare Chaos der emotionalen Realität geordnet werden soll, das uns de facto aber nur noch mehr verwirrt.

Dass ein großer Emotionsbereich der Kategorie »unerwünscht« zugeschlagen wird, hat drittens zu der Überzeugung geführt, ein schlechtes Gefühl wäre wie ein Virus. Die Angst vor Ansteckung hat in der ganzen westlichen Kultur zur Isolierung und »Quarantäne« der Menschen geführt, die als psychisch krank oder psychiatrisch gestört gelten. Obwohl es triftige Gründe gibt, manche Menschen »zu ihrem Besten« in Anstalten unterzubringen, ist die Furcht vor einer um sich greifenden Krankheit nie weit weg.

Menschen beschreiben immer wieder, wie verletzt und überrascht sie sind, wenn Freunde, Nachbarn und sogar Verwandte nach einem Todesfall, einer Scheidung, einer Entlassung oder ähnlichen persönlichen Traumata den Kontakt zu ihnen abbrechen. Hilflosigkeit und die Angst, in die »unerwünschten« Gefühle anderer hineingezogen zu werden und sich nicht mehr von ihnen befreien zu können, veranlassen uns dazu, uns zu schützen, indem wir diese anderen meiden oder uns von ihnen zurückziehen. Gerade dann, wenn sie ein bisschen Fürsorge und Kommunikation am dringendsten brauchen, gerade dann, wenn jemand ihren Verlust oder ihre Wut anerkennen muss, damit sie selbst ihre neue Realität bewältigen können, gerade dann halten die gesellschaftlichen Zwänge sie dazu an, ihre Gefühle, dieses unansehnliche Häufchen Elend, zu verbergen oder in ein akzeptables Kostüm zu stecken.

Aber auch wenn von außen keine Missbilligung kommt und das Gegenüber noch so verständnisvoll zuhört, kann es schwer sein, inakzeptable Gefühle zuzugeben. Jeder, der das Ringen eines Menschen erlebt hat, die so genannten »negativen« Gefühle Neid, Hass und Verzweiflung einzugestehen, kennt die damit verbundenen Seelenqualen, und wenn Sie es je selbst versucht haben, wissen Sie, wie schwierig es ist.

Der Versuch »negative« Gefühle zu äußern und also zuzugeben, verschafft uns in der Schlacht zwischen Vernunft und Gefühl einen Platz in der ersten Reihe. Im Wettstreit zwischen dem Rationalen und Emotionalen ist unschwer zu erkennen, welche der beiden Kräfte den Sieg davontragen sollte. Die Bevorzugung des Rationalen trägt vertraute Züge:

>»Ich rede hier über *Fakten*, deine Gefühle interessieren mich nicht.«
>»Können wir einfach vernünftig darüber reden?«
>»Jetzt *versuch* doch wenigstens mal, vernünftig zu sein!«

Aber die Kraft der Emotion ist groß und nicht so leicht zum Schweigen zu bringen. Weil wir sie offenbar nicht einfach wegzaubern können, versuchen wir, sie zu begreifen; wir hoffen, dass die Analyse zum Verständnis führt, das Verständnis zur Beherrschbarkeit, die Beherrschbarkeit zur Verminderung des drohenden Chaos. Wir bestehen darauf, uns die Emotion durch die rationale Brille anzusehen und sie entsprechend zu beurteilen:

> »Es gibt überhaupt keinen Grund, sich so aufzuführen!«
> »Ich kann nicht verstehen, warum sie so depressiv ist – sie hat einen guten Mann, nette Kinder, ein schönes Haus…«
> »Ich hätte nie gedacht, dass er so etwas tun würde – er schien immer so vernünftig zu sein!«

Eine andere Methode, Emotionen zu rationalisieren, besteht darin, ihre Äußerung ungeschriebenen Gesetzen zu unterwerfen. Die Terrains sind klar abgesteckt: Welche Emotion wann wo wie durch wen erlaubt ist. Eine Frau darf bei der Beerdigung ihres Mannes ihren Kummer durch ein paar Tränen äußern, was schicklich wäre, aber nicht durch lautes Schluchzen, Hysterie oder extreme Ausbrüche, was *unschicklich* wäre. Auch einem Mann werden beim Tod seines Vaters ein paar Tränen gestattet, aber nicht etwa Wut auf den toten Vater, der ihn vielleicht fürchterlich missbraucht hat. Erstens wäre Wut unangebracht. Zweitens sollte sie sich auf die Privatsphäre beschränken oder, noch besser, auf die Praxis des örtlichen Psychiaters. Aber selbst die angemessene Emotion Kummer hat ein Zeitlimit und sollte eine schickliche Trauerzeit nicht überschreiten:

> »Inzwischen sollte sie aber wirklich darüber hinweg sein, oder?«
> »Du denkst doch nicht immer noch *daran*? Kannst du dich nicht ein bisschen mehr zusammenreißen!«
> »Warum versuchst du es nicht mit einem anderen Kind/einem anderen Hund?«

Ein Gefühlsaspekt, von dem wir eine falsche Vorstellung haben, ist die Überzeugung, manche Nationen wären »emotional« und andere nicht. Kulturelle Unterschiede sind tatsächlich offensichtlich: Jede Kultur hat ihre eigenen Regeln für das, was sozial akzeptabel ist. Eine irische Trauerfeier ist bekannt für die breite Palette erlaubter Gefühlsäußerungen und ihre Offenheit für das Feiern und Trauern. Die Amerikaner stehen im Ruf, in der Öffentlichkeit extravertierter zu sein, und von den Italienern heißt es, sie würden beim kleinsten Anlass überschwänglich ihre Gefühle zeigen. Die kollektive Trauer bei Bestattungen in afrikanischen oder arabischen Ländern geht mit stimmlichen Äußerungen einher, die stark mit der gedämpfteren Atmosphäre in anderen Ländern kontrastieren.

Diese kulturellen Unterschiede betreffen jedoch nur die *Zurschaustellung* von Emotionen. Sie implizieren nicht, dass die Menschen in diesen Kulturen intensive Emotionen leichter äußern oder mitteilen als diejenigen von uns, die in einer reservierteren Tradition groß geworden sind. In vielen Ländern werden Alkohol und andere Drogen benutzt, um Gefühle abzutöten und zu unterdrücken, und das ungeachtet der offensichtlichen kulturellen Unterschiede.

Bei meiner Arbeit habe ich festgestellt, dass der Gegensatz zwischen Vernunft und Gefühl sich auch dann in der Vorstellungswelt meiner Klienten zeigt, wenn sie ihn nicht explizit äußern. Emotionen werden mit allem assoziiert, was chaotisch, kindisch, primitiv, schwach, hässlich, heimtückisch und dunkel ist. Die Vernunft dagegen hat Konnotationen wie Ordnung, Anständigkeit, Stabilität, Vornehmheit, Sicherheit und Erkenntnis.

Auch wenn wir diese Dinge vom Kopf her wissen, macht die Kraft der Emotion uns Angst. Wir wollen diese Büchse der Pandora nicht öffnen, denn wir erwarten, dass sie sowieso nur Würmer enthält. Unsere diesbezügliche Angst betäuben wir mit allen möglichen Substanzen; hochkommende Emotionen stopfen wir mit Nahrungsmitteln wieder die Kehle hinunter, wir lenken uns ab mit zwanghafter Aktivität, schlagen mit Worten oder Fäusten wild um uns und hoffen, dass unser eigener Schmerz abnimmt, wenn wir ihn auf jemand anders übertragen.

Wenn wir die Emotion von einer Position der Angst aus neutralisieren wollen, steht uns ein erschöpfender Kampf bevor. Wir hören zu, beobachten, beraten, interpretieren, analysieren und legen unerwünschte Gefühle mit Zwangsjacken lahm. Wir entmachten sie durch starke Medikamente und entfernen notfalls auch operativ die Teile des Körpers, die sie zu verursachen scheinen. Wir schließen unerwünschte Gefühle weg, wir bestrafen und verbannen sie. Und irgendwann begraben wir sie auf dem kalten Totenacker der Leugnung.

Aber wenn Aufgeklärtheit und Verständnis unsere Angst begleiten, *können* wir unseren Emotionen vertrauen, ihren Wert schätzen und mit ihnen so vertraut und ungezwungen umgehen wie mit der rationalen Seite unseres Wesens. Aber solange wir Emotionen nicht besser begreifen, bleiben wir misstrauisch. Das soll dieses Buch ändern.

- Listen Sie die Gefühle, die Sie als »Positiv« und »Negativ« bezeichnen würden, auf.
- Kommen in der Positiv-Liste Gefühle vor, die Sie vortäuschen oder gerne fühlen würden, die Sie aber eigentlich gar nicht haben? Schreiben Sie sie auf.
- Kommen in der Negativ-Liste Gefühle vor, die Scham/Schuld/Angst/Verlegenheit auslösen? Fällt es Ihnen schwer, sich oder jemand anders ein Gefühl aus dieser Liste einzugestehen?
- Haben Sie es schon einmal für nötig gehalten, Ihre Ge-

fühle auf irgendeine Weise zu betäuben? Wenn ja: Wie? Vielleicht wird Ihnen klar, dass Sie bestimmte Gefühle durch übertriebene Aktivitäten kompensieren, zum Beispiel zu viel essen, zu viel trinken, zu viel arbeiten. Oder Sie stellen fest, dass Sie bei jeder emotionalen Erregung ein Ausweichmanöver starten. Wie gehen Sie mit Gefühlen um?

Orientierungspunkte –
Der emotionale Kompass

Die Angst vor der Emotion setzt einen Teufelskreis in Gang: Sie verhindert, dass wir uns informieren, und dieser Informationsmangel wiederum verstärkt unsere Angst. Die theoretische Landkarte, die ich auf den folgenden Seiten vorstelle, soll uns mit den Strömungen des Herzens bekannt machen, damit wir mit ihnen vertraut werden und uns weniger unsicher fühlen.

Meist ist es uns ein Rätsel, woher unsere Gefühle kommen. Gerade noch waren wir einigermaßen gelassen, doch plötzlich schießen uns scheinbar grundlos Tränen in die Augen. Wir meinen, wir hätten einen großen Verlust schon lange verwunden, doch ohne Vorwarnung packt er uns wieder. Oder wir reagieren auf eine an sich belanglose Bemerkung mit einer Wut, die absolut unverhältnismäßig ist; wir wissen, dass wir überreagieren, bringen es aber nicht fertig, uns zu stoppen.

Der Eindruck, dass die Gefühle uns aus dem Hinterhalt überfallen, trägt dazu bei, dass sie uns suspekt sind. Oft fühlen wir uns ihnen hilflos ausgeliefert, anstatt dass wir die Zügel in der Hand hätten. Statt angemessen zu reagieren, bedauern wir entweder, unsere Gefühle überschießend geäußert zu haben oder wir wünschen uns, wir hätten unsere Wut, unsere Liebe oder unsere Dankbarkeit offener gezeigt.

So kommt es, dass wir Gefühle für mysteriös, unvorhersehbar und gefährlich halten. Gefährlich deshalb, weil wir, sobald wir dem Druck nachgeben und den Deckel nur ein bisschen lüften, im Handumdrehen und bevor wir wissen, wie
uns geschieht, vor Wut explodieren oder in Tränenfluten ertrinken und für eine Weile unser seelisches Gleichgewicht
dahin ist. Es fällt uns schwer, mit den alltäglichen Verrich-
tungen weiterzumachen, denn wir haben das Gefühl, überrannt worden zu sein.

Mysteriös, unvorhersehbar, gefährlich und unkontrol-
lierbar – es überrascht kaum, dass wir diesen Bereich nur
widerwillig erkunden. Infolgedessen ist unser Verständnis
von Emotionen reichlich krude und simpel. Wir assoziieren
Kummer mit Verlust, Wut mit Enttäuschung und Freude mit
Liebe. Obwohl die Arbeit von Künstlern uns die subtileren
Nuancen der Emotion nahe bringt, bleibt es gewöhnlich bei
der Diskrepanz zwischen poetischer oder literarischer Dar-
stellung einerseits und dem Alltag andererseits. Sehen wir
uns deshalb zunächst eine Karte des Geländes unter der
Wasseroberfläche an – den Meeresgrund sozusagen.

Ich stelle mir das Terrain gern so vor, als würde es aus drei
sich überlappenden, aber voneinander getrennten, verschie-
denfarbigen Schichten bestehen, welche die drei elementaren Emotionsfelder darstellen. Die Tiefe, die Intensität und
die Schattierung dieser drei Farbbereiche ist ganz unterschiedlich, und da, wo sie sich begegnen, vermischen sie
sich zu einem Marmoreffekt.

Dieses Terrain symbolisiert das, was man als die animalischen, instinktiven, primitiven Aspekte des Menschen bezeichnen kann, unser tiefstes Inneres, das Fundament unseres emotionalen Wesens. Der Impuls, das Leben angesichts
des stets drohenden Todes fortzusetzen, gibt diesen Aspekten das Ziel vor. Die Schichten haben deshalb mit dem Überleben zu tun und betreffen das Bedürfnis nach Nahrung, das

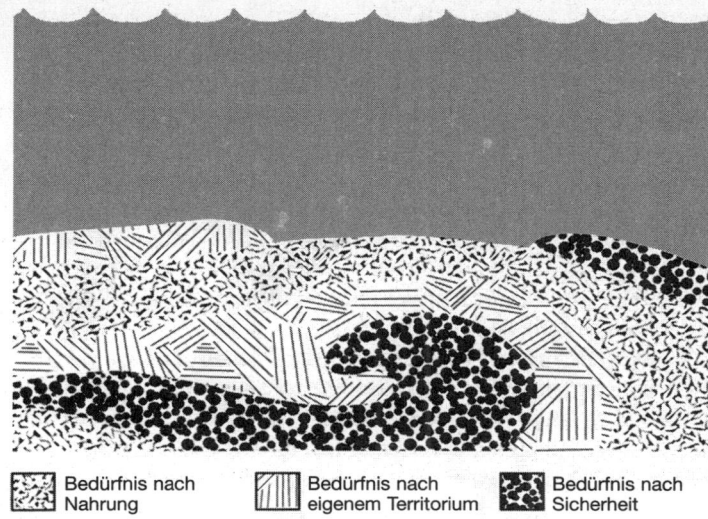

| Bedürfnis nach Nahrung | Bedürfnis nach eigenem Territorium | Bedürfnis nach Sicherheit |

Abbildung 1. *Der Meeresboden: Drei Grundbedürfnisse*

Bedürfnis nach einem eigenen Territorium und das Bedürfnis nach Sicherheit. Nahrung und Schutz vor der Witterung sind notwendig, damit der Organismus am Leben bleibt, und ein eigenes Territorium und die Sicherheit vor Schaden sind für das Überleben ebenfalls unerlässlich.

Jedes Grundbedürfnis treibt zum Erwerb der entsprechenden Fertigkeiten an. Tiere müssen erstens wissen, was sie fressen können und wo sie es finden: Sie müssen in der Nähe des Nahrungsangebots bleiben und ihren Hunger durch Signale zum Ausdruck bringen. Zweitens müssen sie lernen, wo ihre Grenzen sind – ein territoriales Lernen muss stattfinden, durch das sie die Fertigkeit erwerben, zwischen sich und anderen zu unterscheiden. Sie lernen Hierarchieregeln innerhalb des Familienverbandes. Sie lernen, wann sie sich unterwerfen müssen und wann sie angreifen können und wie sie reagieren müssen, damit sie die besten Überlebenschancen haben. Diese Bedürfnisse erfordern Kommunikationsfertigkeiten: das Erkennen und Nachahmen einer Reihe von Zeichen, Gerüchen, Tönen, Bewegungen und Gesten – eine rudimentäre Sprache, die jedem Geschöpf hilft, die eigene Art zu erkennen, zwischen Freund und Feind zu unterscheiden und zu lernen, wo es in Sicherheit ist.

Die drei Bedürfnisse sind voneinander abhängig: Je mehr Nahrung zur Verfügung steht, desto fähiger ist das Tier, sich zu verteidigen; je effektiver es kommunizieren kann, desto größer ist die Wahrscheinlichkeit, dass es Nahrung bekommt und sich schützen kann. Ein Tier, das unter artgerechten Bedingungen aufwächst, schließt sich einem Elternteil oder anderen Tieren der eigenen Art an und erlernt das komplexe Kommunikationssystem, das zur Aufrechterhal-

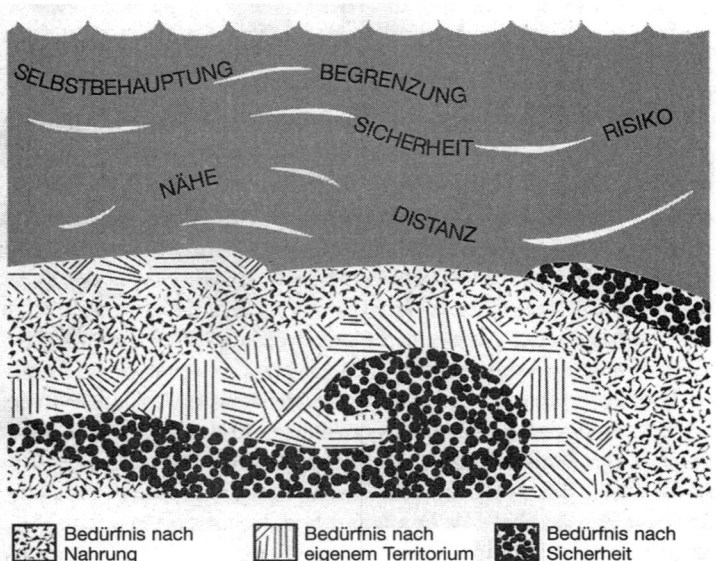

Abbildung 2. *Das Meer: Emotionale Strömungen zwischen den drei Polaritäten*

tung des kompletten Kreislaufs von Gezeugtwerden und Zeugung notwendig ist.

Wenn die genannten Bedürfnisse nicht befriedigt oder auf irgendeine Weise behindert werden, entspricht die physiologische Reaktion des Tieres einer primitiven Emotion: Es empfindet Verlustgefühle, Wut oder Angst. Ich als komplexer und bornierter Mensch wundere mich immer wieder, wie Tiere Angst oder Wut äußern, denn zwischen Reiz und Reaktion gibt es bei ihnen keinen Bewusstseinsriss. Das Tier *ist* seine Angst oder seine Wut. Es hält sie nicht zurück, analysiert sie nicht und macht sich auch keine Sorgen, was die Nachbarn denken könnten.

Kleine Kinder verhalten sich ähnlich wenig ichbewusst, wenn es um die instinktiven Bedürfnisse nach Nahrung, Territorium und Sicherheit geht. Die psychische Entwicklung beginnt sehr früh. Weil Menschenkinder von ihren Betreuern extrem lange abhängig bleiben, sind körperliche und emotionale Bedürfnisse in der frühen Kindheit synonym. Gefüttert werden bedeutet geliebt zu werden; nicht berührt werden bedeutet, nicht geliebt zu werden. Die Trennung zwischen Körper und Denken findet später statt.

Unser ganzes Leben lang bleiben die körperlichen Bedürfnisse bestehen, aber mit dem Fortschreiten der emotionalen und intellektuellen Entwicklung werden sie komplexer und raffinierter. Das Bedürfnis nach Nahrung und körperlicher Unversehrtheit erweitert sich um das emotionale Bedürfnis nach Liebe und Nähe; das Bedürfnis, ein materielles Territorium zu besitzen, entwickelt sich zum Bedürfnis, psychische Grenzen zu haben; neben dem Bedürfnis nach körperlicher Sicherheit entwickelt sich das emotionale Bedürfnis nach Vertrauen.

Jedes dieser menschlichen Bedürfnisse wird durch ein entgegengesetztes Bedürfnis im Gleichgewicht gehalten, das genauso wichtig ist, sodass drei Polaritäten entstehen: Das Bedürfnis nach *Nähe* wird durch das Bedürfnis nach *Distanz* im Gleichgewicht gehalten; das Bedürfnis nach *Selbstbehauptung* durch das Bedürfnis nach *Begrenzung*; das Bedürfnis nach *Sicherheit* durch das Bedürfnis nach *Risiko*. Diese konträren, aber komplementären Bedürfnisse sind entscheidend, um die Basis von Emotionen zu verstehen.

Sehen wir uns die einzelnen Polaritäten an.

Nähe ⟵——————————————————⟶ **Distanz**

Beide Bedürfnisse sind gleich wichtig. Je nachdem, was wir in den verschiedenen Phasen unseres Lebens brauchen, bewegen wir uns zwischen den beiden Polen hin und her. Das Kleinkind muss umsorgt werden, um emotional zu überleben. Es muss auch ein Ichgefühl entwickeln. Das Schwanken zwischen den beiden Bedürfnissen lässt sich während der ganzen Kindheit und Adoleszenz beobachten. Das Kind muss sich als Individuum behaupten, das selbst zurechtkommt, in die Welt hinausgeht und sie erforscht, und dann zurückkommt und Geborgenheit findet. Die Halbwüchsige, die ihr Leben leben und der Welt ihren eigenen, von den Eltern klar abgehobenen Stempel aufdrücken will, muss auch sicher sein, dass die Eltern da sind, wenn sie sie braucht.

Als Erwachsene folgen wir dem gleichen Rhythmus. Das Bedürfnis nach Intimität ist ein Spiegel für das Geben und Nehmen von Fürsorge und Liebe in all ihren Formen. Manchmal wollen wir, dass jemand da ist, mit dem wir reden und eine glückliche oder schwierige Erfahrung teilen können. Wir sehnen uns danach, ganz nah bei jemandem zu sein, fest im Arm gehalten zu werden, Sex zu haben, die magische Dynamik des Gebens und Nehmens, einer völligen geistigen Übereinstimmung, einer Berührung der Herzen zu erleben, jene wortlosen Momente, in denen wir mit dem Herzen, dem Geist oder der Seele des anderen kommunizieren. Wir möchten den anderen umarmen und uns in ihm verlieren.

Erfahrungen, die unser Bedürfnis nach Nähe befriedigen, sind zum Beispiel:

Jemand hört uns zu und versteht uns
Kameradschaft
Gedankliche Übereinstimmung
Nahrung, Erfahrungen, sexuelle Lust gemeinsam genießen
Lob oder Sympathie bekunden oder bekundet bekommen
Eine kleine Hand, die sich in unsere legt
Eine liebevolle Überraschung für jemanden vorbereiten
Jemanden trösten, sodass sein Schmerz vergeht
Jemandem bereitwillig zuhören

Die mit dieser ersten Polarität zusammenhängenden Emotionen basieren auf **Liebe** und **Kummer**. Wenn unser Bedürfnis nach Nähe auf eine oben genannte oder auf andere Weise befriedigt wird, beruht unsere Reaktion auf der Emotion Liebe und mit ihr verbundenen Gefühlen, zum Beispiel Freude, Zärtlichkeit, Fürsorglichkeit, Zufriedenheit, Wärme, Glück.

Das Bedürfnis nach Liebe liegt nahe, aber das komplementäre Bedürfnis nach Distanz wird Sie vielleicht überraschen. Sehr oft werden wir dazu angehalten und konditioniert, nur das erste dieser Bedürfnisse für wichtig zu halten. Der kulturelle Druck, Teil eines Paars zu sein, und das Gefühl, auf der sozialen Ebene versagt zu haben, wenn wir nicht in einer Beziehung sind, haben dem blühenden Geschäft der Partnerschaftsinstitute und Kontaktanzeigen, die uns die »bessere Hälfte« versprechen, mächtigen Auftrieb verschafft. Eine Anleitung oder Ermutigung zum Alleinleben gibt es in der westlichen Kultur nicht. Trotzdem ist dieser Impuls für uns genauso vital wie das Bedürfnis nach erwiderter Liebe. Manchmal sehnen wir uns danach, allein zu sein, Frieden und Stille zu erleben und zu uns selbst zurückzufinden, die Zugbrücke hochzuziehen, die Tür zuzumachen, Zeit zu haben, das innere Chaos zu klären, damit wir unsere seelische Integrität und unser Gleichgewicht wieder finden.

Wir finden Wege, dieses Bedürfnis zu befriedigen, auch wenn wir uns seiner oft nicht bewusst sind.

Erfahrungen, die unser Bedürfnis nach Distanz befriedigen, sind zum Beispiel:

Im Gartenschuppen herumwerkeln
In einer Situation »dichtmachen«
Mit dem Hund spazieren gehen
Die Zeitung lesen
Sich in eine Fernsehsendung, ein Buch oder ein Musikstück vertiefen
Mit dem Fahrrad eine Runde drehen
Joggen gehen
In die Kneipe gehen
Einen Grund finden, um ins Bett zu gehen

Wenn das Bedürfnis nach Distanz befriedigt wird, gleichen unsere Emotionen denen, die in Reaktion auf die Befriedigung des Bedürfnisses nach Nähe entstehen: Liebe, Freude, Genugtuung und Zufriedenheit. Wir haben das Gefühl, wieder zu Hause zu sein, zu unserem »Basislager« zurückzukommen, ein freudiges Wiedersehen zu erleben, wieder behaglich in die eigene Haut zu schlüpfen – eine, die uns perfekt passt. Wir empfinden Liebe und Mitgefühl für unser eigenes Wesen.

Um konstruktiv mit unseren Gefühlen umzugehen, müssen wir die Verbindung zwischen dem Bedürfnis und den mit ihm assoziierten Emotionen verstehen. Die Befriedigung des Bedürfnisses, zum Beispiel auf eine der oben genannten Arten, ruft Gefühle hervor, die mit Liebe verbunden sind; eine Blockade des Bedürfnisses ruft die komplementäre Emotion des Kummers auf den Plan. Was passiert, wenn unsere Bedürfnisse nach Nähe und Distanz nicht befriedigt werden? Wie kann es dazu kommen?

Erfahrungen, die unser Bedürfnis nach Nähe blockieren, sind zum Beispiel:

Tod eines Menschen, der uns nahe stand
Jemand, der uns nah war, zieht sich zurück
Trennung von geliebten Menschen
Das Ende einer Beziehung
Unfähigkeit, jemandem zu vertrauen
Alleine leben
Ein bedeutender Verlust
Extreme Kritik
Lieblos berührt werden
Zurückgewiesen werden

Wenn wir die Erfahrung machen, dass dieses Bedürfnis blockiert wird, reicht das Spektrum der mit *Kummer* zusammenhängenden Emotionen von Niedergeschlagenheit und Verletztheit bis zu Schwermut und Trostlosigkeit.

Erfahrungen, die unser Bedürfnis nach Distanz blockieren, sind zum Beispiel:

Der Partner oder Freunde mischen sich übermäßig in unser Leben ein

Die Beachtung der Bedürfnisse anderer nimmt jede Minute des Tages in Anspruch
Reizüberflutung
Fehlende Stille
Zu wenig sein, weil man zu viel tut
Ständig die Anforderungen verschiedener Rollen erfüllen müssen
Immer Rechenschaft über sich ablegen müssen
Widerwillige Teilnahme an sexuellen Aktivitäten
Nie in der Lage sein, die Einsamkeit zu genießen, ohne sich einsam zu fühlen

Wenn unser Bedürfnis nach Distanz nicht befriedigt oder geleugnet wird, kommt es ebenfalls zu Trauer und Verlustgefühlen. Diese Gefühle können wir oft weniger gut beschreiben, weil wir uns im Allgemeinen auf das konzentrieren, was wir an Liebe zu anderen fühlen, und selten auf die Liebe zu uns selbst. Zunächst fühlen wir uns extrem müde; unsere Energie und unsere Lust, uns mit den Bedürfnissen anderer Menschen zu beschäftigen, nehmen ab, auch wenn dies zu unserer Arbeit gehört. Oft sprechen wir dies nicht aus, denn diese Gefühle passen einfach in keinen Rahmen; stattdessen schwanken wir zwischen Verbitterung und Schuldgefühlen.

Im Lauf der Zeit schleicht sich das Gefühl ein, dass etwas fehlt, wir empfinden Leere oder Unrast, eine unerklärliche Traurigkeit, deren Ursprung dieses unbefriedigte Bedürfnis ist. Langfristig kommt uns das Selbstwertgefühl abhanden, wir verlieren den Kontakt zu uns selbst, zu unserer inneren Quelle, und das tut weh. Ein Same, eine Möglichkeit, verdorrt und stirbt, und der Kummer darüber liegt uns schwer auf der Seele, oft ohne je benannt zu werden.

Sobald wir das Bedürfnis nach Distanz erkennen, wird uns klar, dass wir den Kontakt zu diesem Bedürfnis fast völlig verloren haben. Es passiert leicht, dass wir uns so in unseren Rollen, Pflichten und emotionalen Verbindlichkeiten verstricken, dass wir das elementare Bedürfnis, uns Zeit für uns selbst zu nehmen, aus den Augen verlieren. Am Schluss sind wir überlastet und unser Gleichgewicht ist dahin.

Wenn wir das Bedürfnis nach Distanz und Eigenliebe aus den Augen verlieren, können wir uns nicht mehr klar um die Anforderungen kümmern, die andere an uns stellen. Erst wenn wir dem Bedürfnis, *bei uns* zu sein, wieder Geltung verschaffen, können wir auch für andere da sein, wenn es notwendig ist, und so das Gleichgewicht wieder herstellen. Das wieder entdeckte Mitgefühl mit uns selbst weckt auch die Liebe, das Mitgefühl und die Zärtlichkeit für andere.

Kommen wir jetzt zur zweiten, von der Anlage her vielleicht ungewöhnlichen Polarität.

Selbstbehauptung ◄─────────────► **Begrenzung**

Die zweite Polarität umfasst die Bedürfnisse, uns einerseits selbst gegen andere zu behaupten und andererseits durch sie begrenzt zu werden. Unter dem ersten Pol verstehe ich, dass jemand uns entgegentritt, uns fordert und uns zu Bestleistungen antreibt, das Bedürfnis, uns durch die Interaktion mit anderen zu spüren und zu erleben. Das Bedürfnis nach Begrenzung meint, dass wir auf Grenzen stoßen müssen, die andere uns setzen. Das erste Bedürfnis drängt zum Selbstausdruck, das zweite verlangt Selbstbeschränkung und eine feste Struktur, in der wir die zügelnde Macht des anderen erleben können.

Bei Kindern zeigt sich dies deutlich am ersten »Nein«, das Einschränkungen und Regeln entgegengesetzt wird:

»Darf ich bitte?«
»Warum darf ich nicht?«
»Ich mach es sowieso!«

Auch Kleinkinder, die noch nicht sprechen können, treten und strampeln, um Grenzen zu finden, an denen sie ihre körperliche Kraft testen können. Und bis weit in die Adoleszenz hinein zeigt das Bedürfnis, sich zu widersetzen und die eigene Macht und Identität geltend zu machen, sich an der rebellischen Wahl der Kleidung, der Musik, der Aktivitäten oder der Freunde. Aber eben dieser Kampf bringt uns zum entgegengesetzten und nicht weniger essenziellen Bedürfnis nach Begrenzung. Teenager brauchen Grenzen, damit sie gegen sie aufbegehren können. Diese schwierige Phase zeigt ganz klar, dass Grenzen notwendig sind, damit der Protest wahrgenommen werden kann.

Das Bedürfnis nach Selbstbehauptung äußert sich in unserem ganzen Leben auf verschiedenste Weise: Wir müssen Sachen beherzt anpacken, Herausforderungen begegnen und bewältigen; wir müssen andere zur Rechenschaft ziehen, Widerstand leisten, Dinge ändern, Einspruch erheben, in Frage stellen.

Erfahrungen, die unser Bedürfnis nach Selbstbehauptung befriedigen, sind zum Beispiel:

Sich für eine Sache einsetzen
Ungerechtigkeit bekämpfen
Mauern niederreißen
Gegen das System ankämpfen
Über die Ampel kommen, bevor sie rot wird
Eine Prüfung bestehen
Die Krankheit eines anderen heilen
Etwas bewirken
Eine hitzige Diskussion
Die Initiative ergreifen
Ein Tor erzielen
Begrenzungen überwinden

Bei dieser Polarität basieren die Emotionen auf *Freude* und *Wut*. Wenn das Bedürfnis nach Selbstbehauptung dadurch befriedigt wird, dass wir unser Selbst ausdrücken, ein Hindernis überwinden, uns von einer Beschränkung befreien können, ist Freude die Basis unserer Gefühle, die von Hochstimmung, Aufregung und Lebenslust bis zu Macht- und Unbesiegbarkeitsgefühlen, Feierlichkeit, Stolz und Ausgelassenheit reichen.

Den komplementären Gegenpol dazu bildet das Bedürfnis nach Begrenzung, das heißt nach Strukturen, in deren Grenzen wir unseren Willen geltend machen können. Erst durch die Begegnung mit jemandem, der uns ebenbürtig ist, können wir ganz zu dem werden, der wir sind – wir können unsere Macht in dem Vertrauen testen, dass der andere da ist und dagegenhält. An diesem Punkt, an dem unsere eigenen Grenzen auf die des anderen treffen, erleben wir die Quelle wahrer persönlicher Macht.

Wenn das Bedürfnis nach Begrenzung befriedigt wird, reagieren wir mit den gleichen Emotionen wie oben: Wir fühlen uns mächtig, sind in Hochstimmung, dynamisch und ausgelassen.

Erfahrungen, die unser Bedürfnis nach Begrenzung befriedigen, sind zum Beispiel:

Sich darauf verständigen, dass man nicht einer Meinung ist
Sich dem Willen eines anderen beugen
Gehorchen
Einen Vertrag erfüllen
Die Bedürfnisse des anderen an die erste Stelle setzen
Für sich selbst Verantwortung übernehmen
Eine Ablehnung akzeptieren

Sich zu seinen Grenzen bekennen
Wissen, wann wir loslassen müssen
Den Unterschied zwischen Ausdauer und sinnloser Hart-
näckigkeit beachten
Nachgeben, ohne verstimmt zu sein

*Erfahrungen, die unser Bedürfnis nach Selbstbehauptung
blockieren, sind zum Beispiel:*

Drangsaliert werden
Extreme Kritik
Ein Sandkorn im Getriebe sein
Beraubt werden
Nicht die richtigen Qualifikationen oder nicht genug Geld
haben
Das Opfer irgendeiner Art von Unterdrückung sein
Zu Unrecht bestraft werden
Betrogen werden
Schockiert werden
Nicht angehört werden
Ignoriert werden
Keine Wahl bekommen

Wenn dieses Bedürfnis blockiert wird, beruht die emotionale Reaktion auf *Wut* und den ihr verbundenen Gefühlen Frustration, Verärgerung, Reizbarkeit, Aufgebrachtheit,
Zorn und Entrüstung. Wenn das komplementäre Bedürfnis
nach Begrenzung nicht angemessen befriedigt oder vernachlässigt wird, fühlen wir ebenfalls Wut, Frustration, Depression und Verzweiflung.

Erfahrungen, die unser Bedürfnis nach Begrenzung blockieren,
sind zum Beispiel:

Inkonsequente Regeln und Vorschriften
Willkürliche Bestrafung
Als Objekt betrachtet werden
Jemand ändert die Regeln, ohne uns zu informieren
Jemand zieht uns den Boden unter den Füßen weg
Unklare Grenzen
Nicht erfüllte Verträge
Jemand bricht eine heilige Tradition
Vergewaltigung
Sexuelle Belästigung

Wenn das Bedürfnis nach Selbstbehauptung oder das komplementäre Bedürfnis nach Begrenzung eingeschränkt oder erstickt werden, ist die Basis-Emotion *Wut*. Ganz wichtig ist, dass wir verstehen, was in diesem Kontext mit Wut gemeint ist, denn wahrscheinlich ist sie die am häufigsten missverstandene Emotion. Das, was wir gewohnheitsmäßig Wut nennen, ist eigentlich nicht Wut, sondern ein verzerrter Ausdruck von ihr, der in der vertrauten Form der *Aggression* zum Vorschein kommt.

Aggression ist nicht gleich Wut

Die soeben beschriebenen komplementären Bedürfnisse nach Selbstbehauptung und Begrenzung sind im Grunde Ausdruck der Sehnsucht nach *Gleichheit*. Nur durch die Begegnung mit jemandem, der uns gleichwertig ist, lernen wir unsere wahren Grenzen kennen. Die Selbstbehauptung, nach der ein kleiner Mensch drängt, muss dadurch Grenze und Halt bekommen, dass jemand anders sie erkennt, zugesteht und ihr entgegentritt. Wenn dieser Drang auf irgendeine Weise beschnitten, gezügelt oder verweigert wird, fühlt der kleine Mensch Wut – eine natürliche und gesunde Reaktion auf die Behinderung der nach vorne und außen gerichteten persönlichen Energie – und äußert sie auf irgendeine Weise.

Wenn die Wut entladen wird und auf ein gleichwertiges Gegenüber trifft, erlebt das Kind Begrenzung, das heißt eine Barriere, an deren Messlatte es sich ausrichten, entwickeln und seine eigenen Fähigkeiten erproben kann. Dass der eigene Wille getestet (Selbstbehauptung) und die größere Macht des anderen erkannt und akzeptiert wird (Begrenzung), ist beides für die weitere Entwicklung ganz wichtig. Wir müssen die Grenzen unseres Willens, unserer Fähigkeiten und unserer Kraft erfahren, um zu akzeptieren, dass wir manchmal nachgeben müssen, und wir müssen das Bedauern und die Frustration erleben, die mit diesem Akzeptieren vielleicht einhergehen werden.

Wenn wir als Kinder oder Erwachsene die Erfahrung machen, dass wir kein gleichwertiges Gegenüber haben, sondern unterdrückt werden, ist das Ergebnis anders. Wenn zwei *ungleiche* Kräfte als Gegner aufeinander treffen, ist Gemeinsamkeit nicht möglich: Die größere Kraft wird die kleinere noch kleiner machen, sich selbst noch mehr aufblasen, während die kleinere Kraft weiter reduziert wird. Mit anderen Worten: Anstatt uns von der Grenze gehalten und stabilisiert zu fühlen, fühlen wir uns von ihr zermalmt und machtlos. In diesem Sumpf aus Ohnmacht brütet das Virus der Aggression. Aggression ist eine konditionierte und erlernte Reaktion auf eine Erfahrung, deren Kennzeichen Ungleichheit und Unterdrückung sind.

Diese Verwirrung wirkt sich auf unsere Einstellung zum Bedürfnis nach Begrenzung aus. Dass Gesten, die Gehorsam, Zustimmung oder Ergebenheit anzeigen, Freude oder Zufriedenheit auslösen sollen, ist in einer Welt, die ein solches Verhalten als Niederlage, Demütigung und Versagen interpretiert, kaum zu verstehen. Trotzdem ist das Bedürfnis, die Grenze des anderen zu erfahren, elementar, denn so wissen wir mit Sicherheit, wo unsere Grenzen liegen, und können sie akzeptieren. Das ist nicht dasselbe, wie die eigene Position in der Hackordnung zu erkennen. Es bedeutet, dass wir lernen, wie Macht ausgehandelt und ohne Unterdrückung ausgeübt wird.

Der Unterschied zwischen Wut und Aggression ist zum Teil deshalb so schwer zu verstehen, weil die beiden in unserem Tun und Denken so eng miteinander verflochten sind, dass wir sie für synonym halten. Aber von ihrem Wesen und ihrem Ausdruck her sind sie völlig verschieden, was in den folgenden Kapiteln deutlich werden wird.

Kommen wir jetzt zur dritten und letzten Polarität

Sicherheit ←————————————————→ Risiko

Unter dem ersten Pol verstehe ich das menschliche Bedürfnis nach dem Bekannten, nach Wiederholung, Routine und Vertrautheit, das Bedürfnis, zu wissen, wo wir hingehören, und nach so viel Gleichmäßigkeit um uns herum, dass wir eine eigene Identität aufbauen können und wissen, wer wir sind und wo wir stehen. Triebfeder dieses Bedürfnisses ist der Wunsch, die Willkürlichkeit unserer Umgebung zu verstehen, ihr einen Sinn zu geben und sie zu ordnen. Das ist unerlässlich, um vertrauen zu können.

Die aus diesem Vertrauen erwachsende Sicherheit ist ein zentraler Aspekt der emotionalen und intellektuellen Entwicklung. Schon sehr früh erkennt ein Säugling das Gesicht seiner Mutter wieder und mit etwa sieben Monaten zeigt er bei unvertrauten Gesichtern Angst. Ein älteres Kind sträubt sich, vertraute Menschen zu verlassen und mit einem Fremden zu gehen, auch wenn von ihm keinerlei Gefahr ausgeht.

Oft wollen Kinder dieselbe Geschichte immer wieder hören, denn dass sie das Ende schon kennen, vermittelt ihnen ein Gefühl von Sicherheit. Auch ansonsten ganz intelligente Jugendliche fallen zu Hause in kindische Feindseligkeiten zurück, eben weil sie sich dort so sicher fühlen, dass sie die draußen erlebte Angst und Anspannung zumindest teilweise herauslassen.

Am entgegengesetzten Ende dieser Polarität ist das Bedürfnis nach **Risiko** angesiedelt. Wir brauchen den Reiz des Unsicheren, wenn wir expandieren, lernen und unser Wissen und unsere Erfahrung erweitern wollen. Irgendwann wird das Vertraute stumpfsinnig und beengend, das Bekannte reizlos, die Routine zum geisttötenden Trott. Dann spüren wir bewusst oder unbewusst, dass wir das Gleichgewicht verlagern müssen. Wir müssen etwas oder jemanden zurücklassen, etwas ändern, unsere Ängste konfrontieren und es mit etwas Anderem, Neuem versuchen.

Erfahrungen, die unser Bedürfnis nach Sicherheit befriedigen, sind zum Beispiel:

Eine eigene Wohnung nehmen
Im Zusammensein mit anderen man selbst sein können
Verstanden werden
Mit einem Lächeln erkannt werden
Jemandem etwas klar machen
Vertraute Gegenstände in unserer Umgebung
Jemand, der uns liebevoll den Arm umlegt, wenn wir uns verletzbar fühlen
Teil einer gesellschaftlichen/beruflichen/gleich gesinnten Gruppe sein
Jemanden in einem geschützten Umfeld das Lernen ermöglichen
Jemandem die Hand halten, wenn er Angst hat

Zutrauen in eine neue Fertigkeit gewinnen
Die richtigen Worte finden
Unsere Lieblingspantoffel
Jemand, der uns die Wahrheit sagt

Die Emotionen dieser letzten Polarität gehen von *Vertrauen* und *Angst* aus. Wenn unser Bedürfnis nach Sicherheit befriedigt wird, reagieren wir mit Gefühlen wie Glück, Zufriedenheit, Entspannung, Frieden, Vertrauen, Zuversicht, Zugehörigkeit und Geborgenheit, Freude darüber, akzeptiert zu werden, dieselbe Sprache zu sprechen. Dieselbe Gefühlspalette stellt sich als Reaktion auf die Befriedigung des komplementären Bedürfnisses nach Risiko ein.

Erfahrungen, die unser Bedürfnis nach Risiko befriedigen, sind zum Beispiel:

Eine neue Fertigkeit erlernen
Ein neues Verhalten ausprobieren
Aus einer schalen Beziehung, einem langweiligen Job ausbrechen
Ein schwieriges Gespräch anfangen
In der Minderheit sein
Sich äußern, ohne genau zu wissen, was man sagen wird
In fremde Länder reisen
Sich ein neues Image zulegen
In einer neuen Beziehung den ersten Schritt tun
Missbilligung mutig in Kauf nehmen
Beschließen, Weihnachten mal etwas anderes zu machen

Was passiert, wenn unsere Bedürfnisse nach Sicherheit bzw. Risiko blockiert werden? Dann ist die Basis-Emotion Angst, und die Gefühle reichen von Ängstlichkeit über Besorgnis, Panik und Bestürzung bis zu Entsetzen.

Erfahrungen, die unser Bedürfnis nach Sicherheit blockieren,
sind zum Beispiel:

Angelogen werden
Nicht die richtigen Worte finden
Mit jemandem zusammenleben, dessen Stimmungen un-
  vorhersehbar sind
Auf das Ergebnis einer Biopsie warten
Jemand leitet unsere Identität von unserer Hautfarbe oder
  unserer körperlichen Gestalt ab
Drohende Entlassung
Machtlos in den Händen von »Experten« sein
Allein und verletzlich sein
Sich Sorgen machen, ob man die Rechnungen bezahlen
  kann

Erfahrungen, die unser Bedürfnis nach Risiko blockieren, sind
zum Beispiel:

Überbehütet werden
Lächerlich gemacht werden, weil man verliert
Als dumm bezeichnet werden
Extreme Abhängigkeit von der Bestätigung durch andere
Meinen, wir müssten die richtigen Worte zur richtigen
  Zeit sagen
Ein Vorurteil unterstützen
Nie Verantwortung übernehmen müssen
Meinen, es gäbe nur einen richtigen Weg
Keine Fehler zulassen

Es gibt Phasen, in denen zu viel Unsicherheit darauf hin-
deutet, dass es klüger wäre, für eine Weile zum Sicheren,
Vertrauten zurückzukehren. Manchmal aber müssen wir ausbrechen, unsere Ängste konfrontieren und ein Risiko einge-

hen. Auch bei dieser Polarität ist eher das komplementäre Bedürfnis überraschend. Es ist einfacher, Besorgtheit und Angst mit fehlender Sicherheit zu assoziieren als mit fehlendem Risiko. Oft gehen wir keine Risiken ein, weil wir ganz bewusst der Angst keine Chance geben wollen, wir verstecken uns hinter anderen und wagen es nicht, die Kontrolle aufzugeben und eine bekannte persönliche Grenze zu überschreiten, denn unsere generelle Ängstlichkeit ist zu groß. Da Angst kulturell als negative Emotion gilt, werden wir permanent ermutigt, sie zuzugeben oder zu erleben. Stattdessen werden wir zu dem Glauben angehalten, es wäre besser, jegliches Risiko von vornherein zu vermeiden. Ironischerweise führt dies sowohl auf der individuellen als auch auf der kollektiven Ebene dazu, dass nicht unser Zutrauen oder unser Sicherheitsgefühl zunehmen, sondern unsere Ängstlichkeit.

Die Einsicht, dass Emotionen und Gefühle eine gesunde Reaktion auf bestimmte Erfahrungen sind, macht uns mit allen drei Polaritäten vertrauter. Die Herstellung eines Gleichgewichts zwischen den Polen ist ein wichtiger Aspekt unserer emotionalen und mentalen Gesundheit und lässt uns deutlicher sehen, wie diese Spannungsfelder in unserem Leben wirksam sind. Ohne entsprechendes Wissen müssen wir oft feststellen, dass Emotionen unser Leben ganz schön durcheinander bringen – manchmal so sehr, dass dies unseren Alltag beeinträchtigt.

Louise zum Beispiel, eine junge Frau, war von ihren Sorgen und ihrer Unentschlossenheit regelrecht gelähmt. Die belanglosesten Entscheidungen versetzten sie in Panik und ließen sie an ihrer Fähigkeit zweifeln, die richtige Entscheidung zu treffen. Als Kind hatte sie von ihren Eltern alles bekommen und das hatte sich in Form von regelmäßigen finanziellen Zuwendungen bis ins Erwachsenenalter fortgesetzt. Ihre Eltern hatten sie zweifellos geliebt, aber Louise hatte nie mit dem Risiko leben müssen, selbstständig zurechtkommen zu müssen; sie hatte sich nie beweisen müssen, dass sie fähig war, unabhängig zu sein. Je länger dieser Zustand andauerte, desto ängstlicher fragte sie sich, ob sie je in der Lage sein würde, auf eigenen Füßen zu stehen; ein Gleichgewicht zwischen den Bedürfnissen nach Risiko und Sicherheit hatte sie nie erlebt. Diese Angst schließt sich in alle Bereiche ihres Lebens ein und zerstört ihr Selbstvertrauen.

Gavins Problem war seine Aggressivität. Er war von Natur aus ein aufbrausender Mensch und jetzt fiel es ihm immer schwerer, seine aggressiven Ausbrüche zu beherrschen; er machte sich Sorgen, denn er wurde immer gewalttätiger. Wie viele Männer reagierte er auf jedes Gefühl mit Aggression, denn als Junge hatte er gelernt, Trauer oder Angst nicht zuzulassen. Der Einblick in die vollständige Palette seiner emotionalen Reaktionen ermöglichte ihm, sein Verhalten zu beobachten und zu verändern.

Dawn half eine andere Achse der drei Polaritäten weiter. Seit einem Jahr war sie völlig apathisch und hatte jegliches Interesse an ihrer Familie, ihren Klienten und anderen Menschen in ihrem Umfeld verloren. Nachdem sie sich dreißig Jahre lang um die Bedürfnisse anderer gekümmert hatte, hatte sie sich vom Leben zurückgezogen, ohne zu wissen weshalb. Als sie vom Bedürfnis nach Distanz erfuhr, erkannte sie, dass sie es allzu lange vernachlässigt hatte, und konnte es nun in ihre Pläne für die Zukunft konstruktiver einbeziehen.

Für die Umsetzung meiner Polaritäten-Theorie in die Praxis Ihres Lebens ist die Einsicht hilfreich, dass *alle* genannten Emotionen – *Liebe* und *Kummer*, *Freude* und *Wut*, *Vertrauen* und *Angst* – für unsere Existenz und unsere Entwicklung wertvoll und wichtig und wesensmäßig in uns angelegt sind. Ich habe die drei Polaritäten hier getrennt dargestellt,

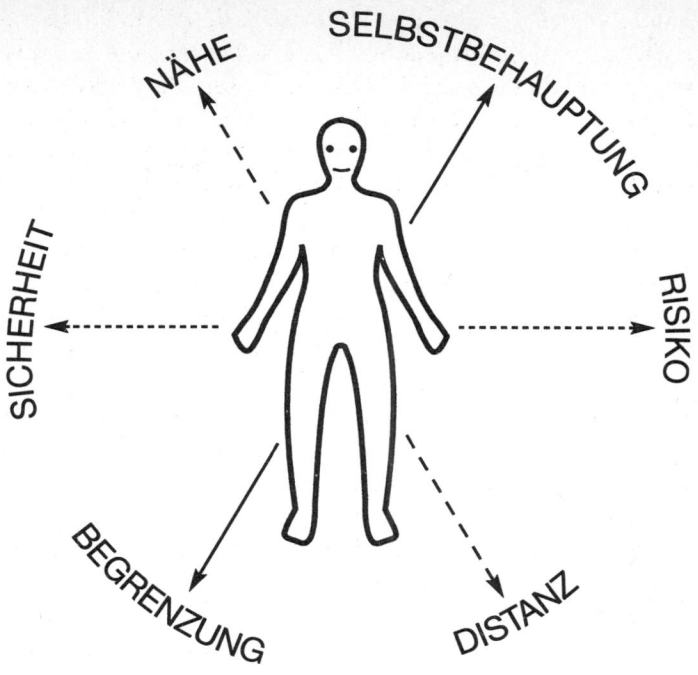

Abbildung 3. *Die drei Polaritäten*

um sie deutlicher erklären zu können; aber in unserem Erleben sind sie natürlich alle gleichzeitig vorhanden, wobei mal die eine, mal die andere stärker im Vordergrund steht. Zusammen bilden sie das Rohmaterial für die emotionalen Fähigkeiten, die wir – genauso wie biologische, intellektuelle und spirituelle Fähigkeiten – von Geburt an in uns tragen.

- Sehen Sie sich noch einmal die Beispiele für die verschiedenen Polaritäten in diesem Kapitel an. Lassen Sie dann die letzten sieben Tage Ihres Lebens Revue passieren und machen Sie dabei mindestens zwei, eventuell ganz triviale, unbedeutende Gelegenheiten aus, bei denen Ihre Bedürfnisse nach Nähe, Selbstbehauptung und Sicherheit befriedigt wurden.
- Folgen Sie den obigen Anweisungen, aber identifizieren Sie diesmal zwei Gelegenheiten, bei denen Ihre Bedürfnisse nach Distanz, Begrenzung und Risiko befriedigt wurden.
- Haben Sie das Gefühl, dass die Pole sich in Ihrem Leben die Waage halten, oder war es schwierig, für einen Pol Beispiele zu finden? Wenn ja, können Sie überlegen, ob das schon Ihr ganzes Leben lang so war oder nur für Ihr jetziges Alter/Ihre jetzige Lebensphase gilt.
- Sie brauchen nichts zu verändern. All diese Übungen und Anregungen sollen Ihnen lediglich bewusster machen, welche Kräfte in Ihrem emotionalen Leben am Werk sind.

Die Landschaft des Herzens

Zur Anwendung dieser Theorie auf unser Leben brauchen wir als Nächstes einen gewissen Einblick in die Wirkung, die unsere bisherigen Erfahrungen auf diese emotionalen Fähigkeiten hatten; sie haben die derzeitige **Landschaft unseres Herzens** geformt – unsere individuelle emotionale Struktur. Durch ihre Zusammensetzung und ihre unendliche Komplexität ist jede Herzenslandschaft so einzigartig wie ein Fingerabdruck. Trotzdem gibt es, genauso wie beim Körperbau, strukturelle Merkmale, die allen Menschen gemeinsam sind. Wir alle haben die Fähigkeit zu Emotionen, genauso wie das intellektuelle oder das spirituelle Element in uns angelegt ist – was uns unterscheidet, ist unsere emotionale Veranlagung.

Denken Sie über Ihre emotionale Veranlagung nach: Würden Sie sich als emotionalen Menschen beschreiben oder als insgesamt eher unemotional? Emotional sein bedeutet nicht, dass Sie überdurchschnittlich viele Emotionen haben; unemotional sein impliziert nicht zwangsläufig, herzlos zu sein. Zur Verdeutlichung der Spannweite unserer emotionalen Veranlagung ziehe ich gern das Bild von einem Küstenstrich heran, der unter dem Einfluss emotionale »Gezeiten« steht.

Bedingt durch die Anziehungskraft von Sonne und Mond

schwappt zwei Mal am Tag eine Flutwelle auf die unsere Meere begrenzenden Küsten zu. Sie ist etwa einen Meter hoch und bewegt sich wie ein Uhrzeiger, allerdings gegen den Uhrzeigersinn; für einen kompletten Umlauf braucht sie knapp zwölf Stunden. Wenn der »Zeiger« sich einem Küstenabschnitt nähert, steigt der Wasserspiegel an der Küste langsam an und erreicht einen Höchststand. Wenn der Kamm der Welle zurückweicht, fällt die Flut. So wechseln Ebbe und Flut sich etwa alle sechs Stunden ab, unaufhörlich, Tag für Tag.

Bei manchen Menschen treten mit ähnlicher Regelmäßigkeit und Frequenz emotionale »Fluten« auf. Diese Menschen, die ich als *Küstenbewohner* bezeichne, bewohnen ihr ganzes Leben lang einen emotionalen Küstenstrich und sind für Stimmungs- und Strömungswechsel bei sich, anderen und in der Umgebung extrem sensibel.

Andere Menschen, die *Binnenlandbewohner*, siedeln die psychischen Regionen im Landesinneren und bekommen das Auf und Ab an der Küste nicht so hautnah mit. Ihr emotionaler Rhythmus ist langsamer. Sie haben lieber festen Boden unter den Füßen, als in ungewissen Strömungen herumzuschwimmen, aber sie wissen, dass das Meer existiert und dass es sie beeinflusst, auch wenn sie es nicht sehen.

In unserer Kultur wird eine Küstenbewohnerin schnell als »überemotional« und möglicherweise »krank« identifiziert, wenn für ihre Probleme ihre Emotionen verantwortlich gemacht werden und nicht ihre Unfähigkeit, Emotionen zu verstehen und konstruktiv mit ihnen umzugehen. Ein Binnenlandbewohner mag in unserer Kultur als absolut stabil und als Vorbild an Rationalität durchgehen, bis seine Frau verkündet, dass sie sich nach zwanzig Jahren Ehe scheiden lassen will, weil sie seine »Distanz« und den Mangel an emotionaler Wärme satt hat. Erst dann ist er vielleicht so schockiert, dass er sich seine eigene emotionale Realität ansieht.

Manchmal, wenn der Mond am vollsten oder am dunkelsten ist, wird die normale Diskrepanz zwischen Ebbe und Flut größer. Ähnlich verstärken oder dämpfen zyklische Veränderungen die Emotionen beim Menschen. Manche erleben regelmäßig emotionale Fluten, weil sie von zyklischen Hormonveränderungen beeinflusst werden, andere nehmen eine Emotion nur als Reaktion auf von außen kommende, erwartete oder unerwartete, direkte oder indirekte Störungen und Veränderungen in ihrem Leben wahr.

Wenn wir den Umgang mit Gefühlen lernen, können wir eher die Gefahren vermeiden, die auf beiden Seiten im Extremfall drohen. Küstenbewohner werden leicht ins Meer hinausgeschwemmt und verlieren vollkommen den Boden unter den Füßen; sie kämpfen darum, über Wasser zu bleiben, schlagen wild um sich und ertrinken manchmal in Depression und Sucht. Binnenlandbewohner laufen Gefahr, von zu viel Land umschlossen zu sein; sie verlieren gänzlich den Kontakt zum Herzen, stranden in unfruchtbarer, eintöniger Bewegungslosigkeit und unterdrücken jede emotionale Äußerung bei sich und anderen.

Die meisten Menschen befinden sich irgendwo auf dem Kontinuum zwischen Küstenbewohnern und Binnenlandbewohnern und bewegen sich entsprechend den sich ändernden Umständen ein bisschen vor oder zurück, aber nie viel. Obwohl die Langzeiteinnahme von Medikamenten oder der Missbrauch von Drogen unsere emotionale Veranlagung verändern können, ist es unwahrscheinlich, dass jemand von seinem tiefsten Wesensgrund her sensibler oder gleichmütiger wird. Die Grundveranlagung bleibt ziemlich konstant, auch dann, wenn wir lernen, unsere Herzenslandschaft zu erkunden und konstruktiver mit unseren Emotionen umzugehen.

Was verursacht die individuellen Unterschiede innerhalb der Grundveranlagung? Die Entstehung der individuellen

Herzenslandschaft hängt von vielen persönlichen Umständen ab: dem Alter und der Veranlagung unserer Eltern, ob wir eine oder zwei Betreuungspersonen hatten, ob Geschwister da waren, ob wir als Junge oder Mädchen geboren wurden, welche Position wir in der Familie hatten. Auch unpersönliche Faktoren spielen eine Rolle, etwa die Epoche, in die wir hineingeboren werden, und die jeweils herrschenden gesellschaftlichen Trends.

In der westlichen Gesellschaft etwa werden Väter heute zu einer aktiveren Rolle angehalten als vor fünfzig Jahren; mehr Ehen werden geschieden, sodass mehr Kinder die Erfahrung machen, von einem einzigen Elternteil großgezogen zu werden. Moden des Stillens, Trends in den Erziehungs- und Disziplinierungsmethoden, die Berufstätigkeit der Frau, Phasen sozialer Unruhe oder politischer Stabilität, Wirtschaftsboom oder Börsenflaute: All diese Faktoren beeinflussen, wie wir die Kindheit erleben.

Nehmen wir an, ein Kind kommt weder als *Tabula rasa* noch völlig vorherbestimmt zur Welt, sondern besitzt das Potenzial zu spiritueller, intellektueller, emotionaler und physischer Entwicklung und Reifung. Dieses Potenzial ist bei jedem Kind anders, wird aber bei jedem Kind durch die Erfahrung geformt und kann ganz, teilweise oder gar nicht verwirklicht werden.

Egal, ob in unserer Erinnerung die Kindheit überwiegend glücklich oder unglücklich, voller Geborgenheit oder voller Gefahren war, wir unsere Eltern als zugänglich und liebevoll oder aber als distanziert und gleichgültig erlebt haben – jeder von uns hat die Erfahrung gemacht, dass einige seiner Bedürfnisse befriedigt und andere nicht befriedigt wurden. Egal was uns passiert ist, egal welche Umstände unsere frühe Kindheit begleitet haben oder in welche Zeit wir hineingeboren wurden, eins steht fest: Wir erleben eine Vielzahl von Emotionen unterschiedlichster Schattierung und

Stärke. Emotionen begleiten uns in der Kindheit genauso konstant wie in unserem restlichen Leben.

Von frühester Kindheit an entwickelt ein menschliches Wesen sich dadurch, dass es sich im Spannungsfeld der dargestellten drei Polaritäten ständig hin und her bewegt. Durch dieses Austesten lernen, entfalten und entwickeln wir uns. Obwohl jeder von uns individuelle Erfahrungen macht, gibt es ein paar übergreifende Faktoren, die uns als Kind für das, was uns geschieht, besonders empfänglich machen.

Da ist als Erstes unsere *Verletzbarkeit*. Aufgrund seiner absoluten Abhängigkeit ist der Säugling extrem verletzbar. Weil der Riss zwischen Psyche und Soma fehlt, sind körperliche und psychische Bedürfnisse identisch: Gut mit Essen versorgt werden *ist* dasselbe wie gut mit Liebe versorgt werden, während es später, wenn wir erwachsen sind, ein *Symbol* für Fürsorge ist. Der Säugling hat nicht die Fähigkeit zum Begreifen, zur Toleranz gegenüber einem Bedürfnis und zunächst auch nicht die Fähigkeit, zwischen sich und der Mutter, zwischen sich und dem Bedürfnis zu unterscheiden. In den ersten Wochen und Monaten der frühesten Kindheit verursacht jede Abwesenheit, jede körperliche Entbehrung oder Misshandlung einen tieferen und dauerhafteren Schaden als später im Leben.

Auf den langfristigen Einfluss unserer Erfahrungen wirken sich außerdem zwei weitere wichtige Faktoren aus: Die Intensität und die Frequenz der Erlebnisse. *Intensität* bezieht sich auf die Qualität des Stimulus – die Tiefe, die Kraft und das Ausmaß seiner Wucht und seine Fähigkeit, uns zu berühren. Mit *Frequenz* ist gemeint, wie oft wir den Stimulus erleben: Je öfter etwas geschieht und verstärkt wird, desto größer ist offenbar das Potenzial zur Erregung. Dies gilt die gesamte Kindheit hindurch: Die mit einer Erfahrung verbundene Lust oder Unlust prägt sich unserer Psyche einfach deshalb tiefer ein, weil das Wachs weicher und formbarer ist; wenn dieselben Linien immer wieder nachgezogen werden, weil eine bestimmte Erfahrung sich wiederholt, entsteht schließlich eine Kerbe, die sich nie mehr schließt.

Diese Kombinationen von Verletzbarkeit, Abhängigkeit, biologischer und intellektueller Unreife ist auf das Kleinkindalter beschränkt. Auch im späteren Leben sind Verletzbarkeit und Abhängigkeit nicht ausgeschlossen, aber anders als das Kleinkind kann der Erwachsene Erlebnisse begreifen und im Zusammenhang sehen, auch körperlich ist er widerstandsfähiger.

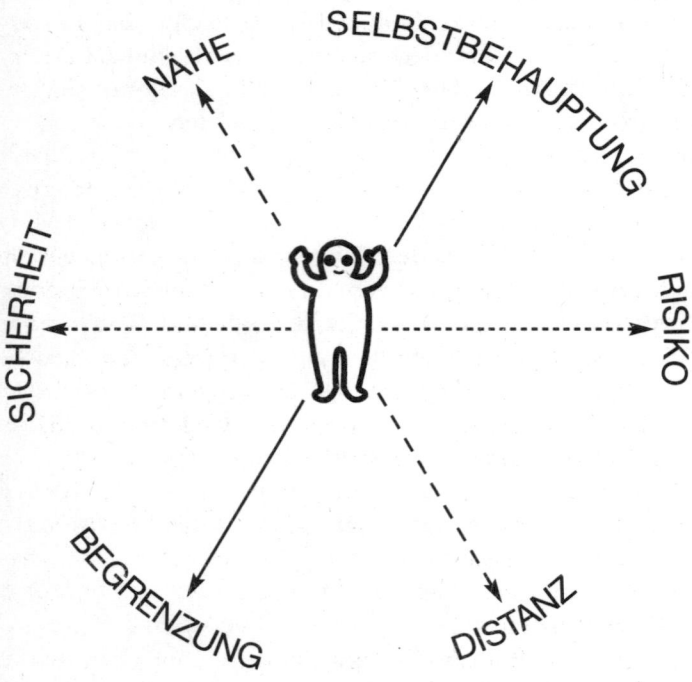

Abbildung 4. *Das Kind im Spannungsfeld der drei Polaritäten*

Sehen wir uns zunächst an, durch welche Erfahrungen unsere Bedürfnisse in den Spannungsfeldern zwischen Nähe/Distanz, Selbstbehauptung/Begrenzung und Sicherheit/Risiko befriedigt oder blockiert werden. Die Erfahrungen gleichen denen im vorigen Kapitel, anders ist aber die Art, wie das Kind sie erlebt. Trost oder Ablehnung, Strafe oder Lob haben für Kinder ganz eigene Implikationen.

Auch hier ist es einfacher, wenn wir uns die drei Polaritäten nacheinander ansehen. Versuchen Sie sich vorzustellen, wie wahrhaft überwältigend diese Erfahrungen für ein Kind sein können; erinnern Sie sich daran, wie dringlich unsere Bedürfnisse damals waren und wie intensiv wir unsere Reaktion spürten. Wichtigstes Kennzeichen der kindlichen Reaktionen ist ihre Unkompliziertheit und die enorme Bedeutung dessen, was ohne Worte vermittelt wird.

Nähe  **Distanz**

Auch ein Kind, das noch nicht sprechen kann, entwickelt die Fähigkeit, sein Bedürfnis nach Nähe oder Distanz zu vermitteln. Wir lernen, den Wunsch nach Liebe und Trost mit der Erfahrung ins Gleichgewicht zu bringen, dass wir manchmal warten müssen. Wir lernen, alleine zu sein und eine zeitweilige Trennung in dem Wissen zu ertragen, dass Mama oder Papa gleich wiederkommen werden.

Erfahrungen, die unser kindliches Bedürfnis nach Nähe befriedigen, sind zum Beispiel:

Jemand hört uns zu
Jemand küsst unsere Schmerzen weg
Ein Blick, ein Kommentar oder eine Berührung, die uns sagt, dass wir geliebt werden

Der sechsjährige Jack hat das Gefühl, Schutz zu brauchen. Der Kopf tut ihm weh, denn er ist im Fußballstadion gegen ein Drehkreuz gerannt. Beim Gang durch die Menge ist er froh, dass seine kleine Hand warm und fest von der größeren Hand seines vierzehnjährigen Bruders Jim umschlossen wird.

Jemand interessiert sich wirklich für uns
Geliebt werden, auch wenn wir alles falsch machen
Uns so verhalten, dass jemand, den wir lieb haben, sich besser fühlt

Emma, fünf Jahre alt, hat mit Feuereifer an einer speziellen Karte für ihre Mutter gearbeitet, die seit Omis Tod ziemlich traurig ist. Sie sagt der Mutter nichts von der Karte und lässt sie als Überraschung auf dem Küchentisch liegen. Als die Mutter die Karte findet und öffnet, fliegt ein Lächeln über ihr Gesicht, und Emma ist überglücklich.

Gelobt und ermutigt werden
Das Gefühl, etwas Besonderes zu sein
Wenn unsere Eltern stolz auf uns sind

Ben ist neun. Dieses Jahr ist bei einem Schulwettbewerb seine Zeichnung als Motiv für ein T-Shirt ausgesucht worden, mit dem an den jährlichen Schul-Marathon erinnert wird. Jedes Kind der Schule trägt an diesem Tag »sein« T-Shirt. Seine Eltern kommen, um sich den Marathon anzusehen, und Ben sieht in ihren Augen, wie unendlich stolz sie auf seine Leistung sind.

Erfahrungen, die unser kindliches Bedürfnis nach Distanz befriedigen, sind zum Beispiel:

Die Hausaufgaben in einem eigenen Zimmer machen

Die Erlaubnis haben, sich in die eigene Welt zurückzuziehen

Ohne die Familie mit einem Lieblingsverwandten zusammen sein

Zeit zu spielen, zu träumen und eigene Regeln zu erfin-
den

Der siebenjährige Gary wohnt unter beengten Verhältnis-
sen. Keines der fünf Kinder hat ein eigenes Schlafzimmer.
Bei schönem (und auch nicht so schönem) Wetter verschwindet er ab und zu ganz hinten im Garten, wo er sich
an einer lichten Stelle in einem großen Busch einen Platz frei
gemacht hat. Die Eltern sind damit einverstanden, dass dies
sein Raum ist, in dem er sich bei Bedarf »verstecken« und
allein sein kann.

Weggehen und sauer sein dürfen und dabei wissen, dass
wir zurückkommen können

Mit dem Fahrrad eine Runde drehen

Sich in die Lektüre einer Geschichte vertiefen

Unsere Privatsphäre wird respektiert

Die elfjährige Rebecca überrascht ihre Eltern manchmal mit
der Ankündigung, dass sie früh ins Bett gehen will. Sie will
nicht schlafen. Sie will nur ihre Ruhe haben. In ihrem Leben
ist zu viel los – die Laune ihres Stiefbruders wechselt ständig, den neuen Lehrer mag sie nicht, ihr Onkel plant seine
Hochzeitsfeier, das tägliche Auf und Ab ihres eigenen Lebens – und diese Zeit im Bett gibt ihr die Möglichkeit nachzudenken, die Dinge in ihrem Kopf zu ordnen und zu sich
selbst zurückzufinden.

Wenn die mit dieser Polarität zusammenhängenden Bedürfnisse befriedigt werden, fühlen wir *Liebe, Zufriedenheit,
Glück, Freude, Seligkeit, Wärme, Frieden.*

Erfahrungen, die unser kindliches Bedürfnis nach Nähe blockieren, sind zum Beispiel:

Verspottet, herabgesetzt, gedemütigt werden
Ein unfreundliches Etikett oder ein Spitzname, der hängen bleibt
Verlust von Mutter, Vater, Schwester oder Bruder durch Tod
Permanente Kritik
Verlust der vertrauten Umgebung

Debbie ist acht und vor kurzem mit ihrer Familie sehr weit von ihrem früheren Wohnort weggezogen. Ihre Eltern sind mit dem Einrichten beschäftigt, ihr älterer Bruder ist in der Schule. Die Kinder in ihrer neuen Schule hänseln sie, weil sie nicht so spricht wie sie. Sie vermisst ihre beste Freundin Mandy und fühlt sich schrecklich einsam.

Für etwas kritisiert werden, das wir nicht ändern können, zum Beispiel unser Aussehen oder unsere körperlichen oder geistigen Fähigkeiten
Körperliche, sexuelle, emotionale Grausamkeit oder entsprechender Missbrauch
Extreme Bestrafung
Fehlendes Interesse

David war sieben, als sein Vater starb und die Einstellung seiner Mutter zu ihm sich plötzlich änderte. Es fiel ihr schwer, ihn anzusehen oder ihn zu berühren, denn sie musste dann an ihren verlorenen Mann denken. Für David bedeutete das, dass seine Mutter ihm ihre Zärtlichkeit genau in der Zeit entzog, in der er ihre Liebe am meisten brauchte.

Erfahrungen, die unser kindliches Bedürfnis nach Distanz blockieren, sind zum Beispiel:

Extrem besitzergreifendes Verhalten
Jemanden küssen oder umarmen müssen, wenn wir es nicht wollen
Mitmachen müssen, obwohl wir es nicht wollen
Fehlende Privatsphäre
Eltern, die uns ihre emotionalen Probleme und Schwierigkeiten auf unangemessene Weise offenbaren

Wenn Brians Vater weg ist, was meist der Fall ist, zeigt seine Mutter oft deutlich ihre Traurigkeit und ihre Frustration. Brian ist sechs und sensibel. Er weiß, dass sie wegen seines Vaters unglücklich ist, und seit der Geburt seiner kleinen Schwester hat er sie viel weinen sehen. Er versucht sein Bestes, um ihr »kleiner Mann« zu sein, aber das Gewicht von all dem lastet schwer auf seinen kleinen Schultern und behindert sein Bedürfnis, sich von ihr abzusetzen.

Essen müssen, wenn wir nicht essen wollen
Zu viel emotionale Anregung und Beanspruchung
Fehlende Akzeptanz

Abbie machte es richtig Spaß, auf einem alten Klavier herumzuklimpern, das in der Garage stand. Sie verlor sich in den Klängen und vergaß eine Zeit lang alles andere. Als sie eines Tages aus der Schule zurückkam, war das Klavier weg: Ihre Eltern, denen seine Bedeutung für sie nicht klar war, hatten es weggegeben. Selbst als Abbie in Tränen ausbrach, konnten sie kaum verstehen, weshalb sie so ein Theater machte. Wenn die mit dieser Polarität zusammenhängenden Bedürfnisse derart *blockiert* werden, fühlen wir *Trauer, Kummer, Verlust, Verletzbarkeit, Schmerz, Einsamkeit, Kälte* und *Leere*.

Beschäftigen wir uns jetzt mit der zweiten Polarität. Wie bei der ersten kann es sich bei den Beispielen um singuläre Vorfälle oder um Erfahrungsmuster handeln, die das Kind kurze Zeit oder viele Jahre begleiten.

Selbstbehauptung ←——————————→ **Begrenzung**

Im Spannungsfeld zwischen Selbstbehauptung und Begrenzung lernt ein Kind, in Beziehung zu anderen zu bestehen. Es lernt, dass es eine Identität, einen Namen hat, dass manches – materielle Besitztümer, Fähigkeiten, sein Körper, seine Eltern – zu ihm gehört, und dass anderes zu anderen gehört: Es lernt den fundamentalen Bereich »Grenzen« kennen.

Erfahrungen, die unser kindliches Bedürfnis nach Selbstbehauptung befriedigen, sind zum Beispiel:

Körperlich und geistig gefordert werden
Die Erlaubnis, Gefühle zu äußern
Probleme lösen
Etwas selbst tun

Der dreijährige Kevin besteht darauf, sich am Tag eines Familienbesuches bei den Großeltern selbst anzuziehen. Obwohl es seiner Mutter lieber gewesen wäre, wenn er die Kleidungsstücke nicht mit der Innenseite nach außen und der Rückseite nach vorn angezogen hätte, lässt sie ihn so gehen, wie er will, ohne ihn zu korrigieren.

An Aufgaben und Gesprächen beteiligt werden
Spielerisch mit gleichwertigen Partnern rangeln
Nützlich sein
Verantwortung übertragen bekommen

Toby ist begeistert, dass er den Hund des Nachbarn Gassi führen darf. Es macht ihm großen Spaß, die erforderliche Autorität auszuüben, die passenden Befehle zu erteilen und gleichzeitig auf Sicherheit zu achten und aufzupassen, wenn er anderen Hunden begegnet.

Eltern, die stolz darauf sind, dass wir so sind, wie wir sind
Effizient sein
Wenn unser »Nein« manchmal akzeptiert wird

Sally und ihr Bruder machen Hausaufgaben. Er fragt, ob sie die Hauptstadt von Australien kennt. »Sydney«, mischt der Vater sich ein. »Nein, stimmt nicht. Canberra«, erwidert Sally. Der Wortwechsel geht weiter, bis ein Lexikon beweist, dass der Vater Unrecht hat. »Ich hatte Recht«, erklärte Sally. »Ja, Schätzchen, gut gemacht«, antwortet der Vater. Sie wirft ihm einen Blick zu, um zu sehen, ob es ihm etwas ausmacht, aber seine offenkundige Freude darüber, in Frage gestellt worden zu sein, zeigt ihr, dass sie sich keine Sorgen zu machen braucht.

Ein spielerischer Wettstreit
Wut äußern können, ohne bestraft zu werden
Unsere Gefühle, Bedürfnisse, Meinungen, Entscheidungen werden berücksichtigt
Erwachsenen etwas beibringen können

Shaheen ist zehn und hört, wie ihre Tante sich darüber beklagt, dass sie nichts von Computern versteht. Shaheen bietet an, ihr eine Lektion zu geben, was begierig akzeptiert wird; sie fühlt sich wichtig und ist stolz, ihr etwas beibringen zu können.

Sehen wir uns jetzt das komplementäre Bedürfnis nach Begrenzung an, dessen wir uns als Erwachsene nur selten bewusst sind. Kinder nehmen es noch seltener zur Kenntnis, aber unser sich entwickelndes Selbstwertgefühl ist genauso stark auf die Befriedigung dieses Bedürfnisses angewiesen wie auf die des vorigen.

Erfahrungen, die unser kindliches Bedürfnis nach Begrenzung befriedigen, sind zum Beispiel:

> Die Regeln lernen
> Klare Grenzen, die konsequent gesetzt werden
> Ein »Nein« zu hören bekommen, wenn es notwendig ist

Der achtjährige Darren ist sauer auf seine Mutter. Er hat zu viel von seinem Taschengeld für Süßigkeiten ausgegeben und kann sich jetzt kein neues Video mehr leisten. Sie weigert sich, ihm Geld zu geben oder zu leihen, denn sie besteht darauf, dass er den Umgang mit Geld lernt. Er muss akzeptieren, dass ein »Nein« manchmal wirklich nein heißt.

> Lernen, Autorität zu akzeptieren
> Erleben, dass Wut eine Form von Liebe sein kann
> Eine gerechte und konsequente Strafe

Stuart bekommt nach der Schule eine ganze Woche Hausarrest, wenn er und seine Kameraden beim Rauchen erwischt werden. Er ärgert sich, denn es bedeutet, dass er sein Fußballtraining verpasst, aber er kennt die Regeln, auch wenn er sie nicht mag.

> Lernen, die Bedürfnisse von jemand anders vor die eigenen zu stellen

Teilen lernen
Lernen, die Eltern als eigenständige Menschen zu sehen

Nachdem es wegen der Frage, wann Clare abends zu Hause sein soll, endlose Streitereien und Wutanfälle gegeben hat, bittet die Mutter Clare, sich hinzusetzen und zuzuhören. Die Mutter erklärt, wie viel Sorgen sie sich macht, wenn Clare noch spät unterwegs ist. Clare mit ihren vierzehn Jahren beginnt zu verstehen, was ihre Mutter durchmacht, und dass es bei dem Konflikt nicht darum geht, dass sie wie ein Kind behandelt wird, sondern eher darum, dass von ihr erwartet wird, sich wie eine Erwachsene zu benehmen.

Wenn dieses Bedürfnis befriedigt wird, fühlen wir *Stolz, Freude, Begeisterung, Vitalität, Hoffnung, Macht* und *Kraft*.

Erfahrungen, die unser kindliches Bedürfnis nach Selbstbehauptung blockieren, sind zum Beispiel:

Nötige oder unnötige Verhaltensbeschränkungen
Ein »Nein!« zu hören bekommen
Von allen Entscheidungen ausgeschlossen werden
Wenn unsere Talente/Anstrengungen ständig herabgesetzt oder missbilligt werden

Ruth wird andauernd mit ihren Schwestern verglichen und oft daran erinnert, wie hübsch, intelligent oder begabt diese sind. Wenn sie in der Schule gelobt wird oder häusliche Arbeiten gut erledigt, reagieren die Eltern mit stummer, aber unmissverständlicher Enttäuschung. Ihre Geschwister haben gelernt, ihr die Rolle des Aschenputtels zuzuweisen, eine Rolle, die sie in Anbetracht ihres gegen null tendierenden Selbstwertgefühls akzeptiert: Vom wirklichen Familienleben ist sie ausgeschlossen.

Ständig gesagt bekommen »Das kannst du nicht«, »Du
  bist nicht gut genug«
Für die Traurigkeit oder das Versagen von Eltern oder Ge-
  schwistern verantwortlich gemacht werden
Ständig gesagt bekommen: »Sag, dass es dir Leid tut!«
Sich nie beteiligen dürfen
Missbilligung, wenn der Status quo in Frage gestellt wird
Äußeren Regeln und Vorschriften unterworfen sein
Extreme Bestrafung
Verletzung unserer körperlichen/seelischen Grenzen
  durch körperlichen, sexuellen oder emotionalen Miss-
  brauch
Für spontanes Verhalten bestraft werden

Es ist Stephens siebter Geburtstag. Voll Vorfreude auf seine
Freunde, die zum Tee kommen, springt er durch das ganze
Haus. Als es klingelt, rennt er zur Tür, reißt sie auf und
kräht, als er seinen Freund sieht: »Hast du mir ein Geschenk
mitgebracht?«

Sein Vater hat im ersten Stock die Frage mit angehört, und
während die Kinder ins Haus kommen, brüllt er: »Stephen!
Komm sofort zu mir rauf!« Stephen bekommt beim Ton in
der Stimme seines Vaters weiche Knie und bedrückt schleicht
er nach oben. »Wie kannst du so unverschämt sein! Man
fragt die Leute doch nicht, ob sie ein Geschenk mitgebracht
haben! Geh sofort in dein Zimmer.«

»Aber Papa, ich wollte doch nicht…«

»Geh in dein Zimmer«, insistiert der Vater.

»Meine Freunde kommen…« Der Vater packt Stephen am
Kragen und schleift ihn in sein Zimmer. Dabei zischt er: »Du
tust, was ich dir sage…«

»Frank«, ruft Stephens Mutter von unten. »Sei nicht so
hart mit ihm«, versucht sie ihn zu beschwichtigen, »es ist
sein Geburtstag.«

»Es ist mir verdammt noch mal egal, ob es sein Geburtstag ist. Irgendwann muss er schließlich Benimm lernen«, erwidert ihr Mann. Sie ist so an seine Herumkommandiererei gewöhnt, dass sie aufgibt.

Unten ist die Atmosphäre unbehaglich und die anderen Kinder sind verlegen, denn sie wundern sich natürlich, wo Stephen bleibt. Oben hört Stephen seine Freunde, er kämpft seine Tränen nieder und sein kleines Herz ist hart vor Bitterkeit und Hass.

Erfahrungen, die unser kindliches Bedürfnis nach Begrenzung blockieren, sind zum Beispiel:

Inkonsequente Regeln
Nie ein klares und unbeugsames »Nein« zu hören bekommen
Nie die Grenzen kennen

Martin war ein Wunschkind, auf das die Eltern lange gewartet hatten. Es fiel ihnen schwer, ihm etwas abzuschlagen. Er lernte, immer weiter zu drängeln, denn er wusste, dass er am Schluss seinen Willen bekommen würde. Er hatte bisher nur diese Erfahrung gemacht. Die üblichen Grenzen waren immer dehnbar, egal, ob es sich um die Zubettgehzeiten, die Hausaufgaben, die Essgewohnheiten, das Geldausgeben, akzeptable und inakzeptable Verhaltensweisen handelte. Martins Bedürfnis nach etwas, *gegen* das er kämpfen konnte, das ihm aber auch Halt gab, wurde nicht befriedigt. Jetzt, mit zwölf Jahren, ist er genauso groß wie seine Mutter, und er hat schon angefangen, sie zu schikanieren und zu bedrohen.

Nie Verantwortung übernehmen müssen
Überbehütet werden

Extrem strenge Bestrafung
Inkonsequente Bestrafung

Katie ist ein Einzelkind. Ihr Vater ist ein unglücklicher Mensch: Seine Arbeit, seine Frau, sein ganzes Leben frustriert ihn. Er hat ein bisschen Angst vor der scharfen Zunge seiner Frau und hält es für einfacher, auf Katie einzuschlagen, wenn seine Gefühle durchkommen. Sie weiß nie, wann das nächste Mal sein wird. Sie hat keine Möglichkeit, sich vor der anrollenden Gewalttätigkeit zu schützen, außer sich mehr und mehr in ihre eigene Welt zurückzuziehen.

Nur die Rollen des Schlägers und des Opfers kennen lernen
Lernen, dass Gehorsam bedeutet, das Gesicht zu verlieren
Ausgenutzt werden
Zielscheibe für das destruktive Verhalten eines Elternteils
 sein

Wenn unsere mit dieser Polarität zusammenhängenden Bedürfnisse blockiert werden, fühlen wir *Zorn, Frustration, Wut, Hass, Ohnmacht, Depression, Enttäuschung* und *Verzweiflung*.

Sehen wir uns jetzt die letzte Polarität an.

Sicherheit ◄───────────────────────► **Risiko**

Im Spannungsfeld zwischen Sicherheit und Risiko kann ein Kind ein Gefühl für das Öffentliche und das Private erwerben, für die inneren und die äußeren Aspekte seines Selbst. Das beinhaltet, dass wir abwägen, was wir offen äußern, was wir nur vertrauten Menschen mitteilen und was wir für uns behalten.

Erfahrungen, die unser kindliches Bedürfnis nach Sicherheit be-
friedigen, sind zum Beispiel:

Wenn mit uns gesprochen, nicht auf uns eingeredet wird
Ausreichend Konsequenz und Routine
Ernst genommen werden, auch wenn wir das, was wir
   ausdrücken wollen, nicht in Worte fassen können
Jemand, hinter dem wir uns verstecken können, wenn wir
   Angst haben
Lernen, sich mit Gesten und Worten verständlich zu ma-
   chen
Dazugehören
Ein tröstlicher Gegenstand, den wir streicheln oder an
   dem wir saugen können
Wahrheitsgemäße Antworten auf unsere Fragen

Saras Mutter ist schon seit einiger Zeit krank und wird immer dünner. Sara hat schon ewig furchtbare Angst, und ihr
ist ziemlich schlecht, aber niemand sagt ihr etwas, auch
wenn sie fragt, was los ist. Als sie dann einmal mit ihrer Mutter allein ist, fasst sie sich ein Herz und fragt sie, ob sie sterben wird. Die Mutter sieht sie ein paar Sekunden schwei-
gend an und erwidert dann: »Ja, ich werde sterben, Sara. Es
ist Zeit, dass wir miteinander reden, nicht wahr?«

Wir selbst sein können
Andere verstehen
Unsere Andersartigkeit wird akzeptiert
Jemand versteht, was wir zu sagen versuchen
Ein abgewetzter Teddybär
Versprechen werden gehalten

Jamie, dessen Eltern geschieden sind, sieht seinen Vater
nicht besonders oft. Beim letzten Mal, vor ein paar Wochen,

hatte der Vater ihm zu seinem achten Geburtstag ein neues Fahrrad versprochen. Jamie ist ziemlich aufgeregt, als er darauf wartet, dass sein Papa ihn abholt. Würde er sich an sein Versprechen erinnern? Oder hat er es vergessen, weil er ihn nicht mehr so oft sieht? Hat sein Vater ihn noch lieb?

Das Auto fährt vor. Jamie beobachtet seinen Vater durch das Fenster. Er sieht, wie er mit einem großen Paket aus dem Auto steigt. Er macht die Tür auf; das verschmitzte Grinsen im Gesicht seines Vaters und die Form des Pakets sagen ihm, dass das Versprechen gehalten wurde.

Erfahrungen, die unser kindliches Bedürfnis nach Risiko befriedigen, sind zum Beispiel:

Man traut uns Entscheidungen zu
Ermutigt werden, den eigenen Instinkten zu vertrauen
Gelobt werden, weil man ein Risiko eingegangen ist
Zum Träumen und Spielen ermuntert werden
Zu einem Versuch ermuntert werden, egal, was dabei herauskommt

Michelle wollte nicht eine Woche lang mit den Brownies zelten gehen. Sie war neun und noch nie so lange von zu Hause weg gewesen. Sie war furchtbar nervös und machte sich alle möglichen Sorgen. Ihre Eltern hörten sich ihre Ängste mitfühlend an, ermunterten sie aber dazu, mitzufahren. Sie erinnerten sie daran, dass sie jeden Abend anrufen könne, und wenn es absolut schrecklich wäre, würden sie sie abholen kommen.

Am ersten Abend rief sie weinend an und sagte, es wäre grauenvoll. Die Eltern schlugen vor, sie solle es noch einen Tag lang probieren. Am zweiten Abend klang sie sehr viel froher. Sie hielt es nicht mehr für notwendig, noch einmal anzurufen, denn es gefiel ihr so gut.

Jemand, der geduldig einfach nur da ist, während wir versuchen, etwas selbst hinzukriegen

Jemand, der das Fahrrad hält, wenn wir zum ersten Mal fahren

Eine neue Fertigkeit erlernen

Ermutigt werden, etwas zu erkunden und eigene Antworten zu finden

Es wird akzeptiert, dass wir die Antwort nicht wissen

Es ist in Ordnung, wenn wir etwas falsch machen

Anna wäre am liebsten vor Scham im Boden versunken. Sie hatte ein paar Zeilen des Stücks vergessen und wusste, dass ihre Eltern irgendwo im Publikum saßen und beobachteten, wie sie sich blamierte. Ängstlich suchte sie nach ihnen in der Menschenmenge, die die Schule verließ, und dann sah sie sie. Im gleichen Augenblick hatten ihre Eltern sie gesehen, sie lief zu ihnen und sagte, wie Leid es ihr tue. Aber sie brauchte sich nicht zu entschuldigen. Ihre Mutter umarmte sie ganz fest und sagte, sie sei so tapfer gewesen, dort aufzutreten, und ihr Fehler sei kaum aufgefallen; ihr Vater sagte, es sei der beste Ausgeh-Abend seit ewigen Zeiten gewesen und sie würden gemeinsam noch irgendwohin gehen, um zu feiern.

Wenn die mit dieser Polarität zusammenhängenden Bedürfnisse befriedigt werden, fühlen wir *Vertrauen, Furchtlosigkeit, Zuversicht, Entspanntheit, Zugehörigkeit, Sicherheit, Aufregung*.

Erfahrungen, die unser kindliches Bedürfnis nach Sicherheit blockieren, sind zum Beispiel:

Etwas wird uns verweigert
Unehrlichkeit

Gebrochene Versprechen
Als dumm bezeichnet werden, weil wir Angst haben

Thomas ist vier und seine Familie macht Urlaub am Meer. Sein Vater ist am Meer groß geworden und hat beschlossen, dass Thomas sich ans Wasser gewöhnen soll. Thomas mag das Wasser nicht. Er will nicht schwimmen. Er hat Angst. Sein Vater sagt ihm, er soll nicht so dumm sein, er brauche keine Angst zu haben. Er nimmt ihn hoch und watet ins Wasser. Thomas schreit und wehrt sich.

Seine Angst wird immer größer. Seine Anstrengungen, sich zu befreien, werden zu einem verzweifelten Kampf, sich an seinem Vater festzuklammern. Er bettelt ihn an, ihn nicht loszulassen. Der Vater wirft ihn ins Wasser: Der Schock, das Wasser in Nase und Mund, das Hämmern in den Ohren, das blanke Entsetzen des ganzen Geschehens überwältigen ihn. Er schnappt nach Luft und paddelt wild mit den Armen. Dabei sieht er aus den Augenwinkeln seinen Vater, der noch dort steht und überzeugt ist, für seinen Sohn das Richtige getan zu haben.

Plötzliche oder nicht erklärte An- oder Abwesenheit
Falschheit und Verstellung
Drohungen, im Stich gelassen zu werden
In ständiger Angst vor Strafe oder Missbrauch leben

Tracey ist neun. Sie liegt im Bett. Es ist mitten in der Nacht, und sie hat entsetzliche Angst, denn sie hört, wie ihr achtzehnjähriger Halbbruder die Treppe heraufkommt. Sie weiß, dass er sich in ihr Zimmer schleichen wird, dass er nicht sprechen wird, dass er die Bettdecke und ihr Nachthemd hochheben wird, dass er anfangen wird, sie zwischen den Beinen zu streicheln und seine Finger in sie legen wird. Sie weiß, dass er sich auf sie schieben und sie drücken wird, dass er seinen Penis dahin legen wird, wo vorher seine Finger waren, und dass es wehtun wird. Sie weiß, dass er seine schwitzige, klebrige Hand auf ihren Mund legen wird, wenn sie einen Ton von sich gibt. Sie weiß, dass sie dafür beten wird, dass er schnell zu dem ruckelnden Teil kommt, denn dann ist es vorbei. Sie erzählt es niemandem. Sie hat Angst, denn er hat ihr einmal gesagt, sie solle es nie erwähnen. Er ist der einzige Sohn ihrer Mutter.

Willkürliche Bestrafung oder Gewalttätigkeit
Unsere vertraulichen Mitteilungen werden öffentlich besprochen
Nicht vorhersehbare emotionale Abwesenheit eines Elternteils durch Depression, Alkoholismus, Drogen etc.

Sobald Simon hört, dass sein Vater nach Hause kommt, wird sein Körper vor Anspannung ganz starr. Er weiß nie, in welcher Stimmung sein Vater sein wird. Manchmal, wenn er getrunken hat, kommt er gut gelaunt nach Hause, manchmal ist er zu jedem gemein und ekelhaft, manchmal ist er erst freundlich und wird dann plötzlich anders. Simon kann sich nie entspannen.

Erfahrungen, die unser kindliches Bedürfnis nach Risiko blockieren, sind zum Beispiel:

Fehlende mentale Anregung
Fehler oder Ungeschicklichkeit werden nicht akzeptiert
Die Gefahren des Versagens/Sich-lächerlich-Machens etc. werden überbetont
Überbehütet werden

Helen will unbedingt den Skitrip mitmachen, der von der Schule angeboten wird; all ihre Freundinnen fahren mit. Ihr

Vater ist noch nie Ski gefahren und hält es für einen gefährlichen Sport. Ihre Mutter ist nicht schwindelfrei und tendiert generell zu einem risikofreien Leben. Die Eltern sagen ihr immer wieder, dass sie sich beim Skifahren leicht verletzen, wenn nicht sogar umbringen kann. Weil sie so um ihre Sicherheit besorgt sind, halten sie es für das Beste, wenn sie nicht mitfährt.

Kreative Äußerungen werden missbilligt
Es immer richtig machen müssen
Immer etwas »Intelligentes« sagen müssen
Kritik, wenn man Fehler macht

Peter hasst Französisch. Sein Lehrer ist ein strenger Mann, der bei Fehlern rigoros einschreitet. Nur die wirklich guten Schüler melden sich, denn wenn man es versucht und es falsch macht, äfft er einen auf unangenehme Weise nach. Peter hat es versucht, aber weil er nicht noch einmal vor allen als Idiot dastehen will, meldet er sich nicht mehr. Er hat eine Heidenangst davor, an die Reihe zu kommen und eine Frage beantworten zu müssen. Seine Angst macht es ihm unmöglich, überhaupt irgendetwas zu lernen.

Gesagt bekommen, dass es nur *einen* richtigen Weg gibt
So lange bearbeitet werden, bis wir davon überzeugt sind, dass wir Versager sind
Beigebracht bekommen, dass man auf seine Intuition nicht zu hören braucht

In Reaktion auf diese Erfahrungen fühlen wir *Ängstlichkeit, Besorgtheit, Nervosität, Anspannung, Angst, Entsetzen, Einschüchterung, Grauen.*

Ich habe die drei Polaritäten und ihre wichtigsten Emotionen hier getrennt dargestellt, damit der Ursprung von Gefühlen deutlicher wird; aber wie wir in Kapitel 2 gesehen haben, erleben wir in der Realität Emotionen als eine *Kombination* von Faktoren aus allen drei Polaritäten. Wenn Sie sich die kleinen Geschichten mit den Erfahrungen der Kinder noch einmal durchlesen, erkennen Sie leicht, dass die beteiligten Gefühle sich vermischen. Ein Kind, das geliebt wird und Liebe geben kann, hat mehr Vertrauen und Zuversicht, mehr Energie und Spontaneität. Wenn ein Kind verächtlich oder lieblos behandelt wird, reduzieren die dadurch ausgelösten Gefühle automatisch seine Fähigkeit zu vertrauen; sie hemmen seine Zuversicht und seine Risikobereitschaft, sein Machtgefühl und sein Selbstbewusstsein.

Wahrscheinlich haben Sie wenigstens ein paar Beispiele gefunden, die Sie aus Ihrer eigenen Erfahrung als Kind und vielleicht auch als Elternteil kennen. Auch wenn unsere Eltern besten Willens waren, haben wir alle als Kind ein Konglomerat von befriedigten und behinderten Bedürfnissen erlebt. Wichtig ist nicht, was wann geschah oder ob unsere Eltern ihren Job hätten besser machen können; am allerwichtigsten beim Einblick in die Landschaft unseres Herzens ist die *Erkenntnis, wie wir mit den Emotionen umgegangen sind,* die in Reaktion auf das wie immer geartete Erlebte aufgetreten sind. Denn so wurde das Rohmaterial unseres Wesens zu dem geformt, was wir sind und was wir werden.

- Nehmen Sie sich Zeit für einen Rückblick. Vielleicht machen Sie eine einfache Zeichnung von sich und den wichtigen anderer Menschen in Ihrem Leben – Eltern, Geschwister, Großeltern, Verwandte, Lehrer etc. – und setzen dann willkürlich dazu, an welche wichtigen Ereignisse Sie sich erinnern. Erinnern Sie sich an einzelne Vorfälle oder eher an generelle Trends des elterlichen Einflusses, des Schulalltags usw.? Wahrscheinlich kennen Sie das meiste von dem, was Sie notieren, aber seien Sie immer auf Überraschungen gefasst. Warten Sie auf das, was hochkommt, anstatt das aufzuschreiben, was klar ist.

- Lesen Sie sich, wenn Sie Ihre Zeichnung für vollständig halten, noch einmal die Beispiele für die Nähe-Distanz-Polarität durch und wie die Bedürfnisse blockiert oder befriedigt wurden. Trifft irgendetwas davon auf Ihre Erfahrung zu? Schreiben Sie es auf.
- Machen Sie das Gleiche für die Selbstbehauptung-Begrenzung-Polarität.
- Machen Sie das Gleiche für die Sicherheit-Risiko-Polarität.

Die Verarbeitung von Emotionen
in der Kindheit

Die Beispiele mit den Erfahrungen der Kinder im vorigen Kapitel zeigen zumindest ansatzweise, wie zart unsere Psyche in diesem Alter ist und wie stark wir von den Menschen um uns herum abhängig sind. Das ist normal und natürlich. Genauso normal und natürlich ist der angeborene Wille zu überleben. Dabei hilft uns etwas ganz Wichtiges: Die Fähigkeit zur psychosomatischen – Seele und Körper umfassenden – Entladung. In dieser Zeit, in der wir extrem verletzbar sind, ist sie intakt.

Ein Säugling äußert seine Reaktion auf Hunger, Kälte oder Schmerz (unbefriedigte Bedürfnisse nach Nahrung, Wärme und Wohlbefinden) spontan, direkt und vollständig: Er schreit, brüllt, weint, wimmert, schluchzt, zappelt, zittert, tritt. Die Entladung ist automatisch und ungehemmt. Das ichbewusste, kognitive Denken funkt noch nicht dazwischen. Dass ein so winziges Wesen so viel Wut und Trauer von sich geben kann, überrascht manchmal, aber es veranschaulicht hervorragend die angeborene Fähigkeit zur natürlichen und spontanen Entladung. Sie signalisiert unseren Betreuern eine psychosomatische Notlage und bewegt sie dazu, uns zu füttern, in den Arm zu nehmen, zu trösten oder auf andere Weise zu retten und so das psychosomatische *Gleichgewicht* wieder herzustellen.

Die Modifikation und Einschränkungen dieser vitalen Fähigkeit des Kindes, Emotionen zu äußern und zu entladen, bilden die Grundlage für die emotionale Entwicklung des Erwachsenen. Sehen wir uns zunächst an, was mit dieser Fähigkeit passiert, bevor wir sprechen lernen.

Vorsprachliche Erfahrung

Jede Unterbrechung oder Erfüllung, Befriedigung oder Behinderung eines Bedürfnisses erregt eine Emotion direkter, stärker und mit nachhaltigerer Wirkung als in späteren Jahren. Die Befriedigung eines Bedürfnisses – geliebt, im Arm gehalten, gefüttert werden – nimmt die Dimension einer allumfassenden Glückseligkeit an. Die Nicht-Befriedigung eines Bedürfnisses – Verlust, Schmerz, Verärgerung, Verlassenwerden – nimmt die Ausmaße einer Existenzbedrohung an. In Reaktion auf unbefriedigte Bedürfnisse werden unsere Emotionen daher maßlos und übersteigert: Wut kann als zu stark und gefährlich erlebt werden, Trauer als zu schmerzlich, Angst als alles verzehrend. Jede Emotion gefährdet unser psychisches und physisches Überleben auf ihre Weise.

Die Kombination von starken Emotionen einerseits und einem winzigen Körper andererseits ruft extreme Fantasien auf den Plan, in denen es um Verlust, Verwirrung, Verlassenwerden und Zerstörung geht, die alle einzeln oder gemeinsam unser psychisches Überleben bedrohen können. Der hilflose Säugling muss vor allem überleben. Zu seinem Schutz stellt der psychosomatische Mechanismus zuweilen seine Arbeit ein. Das ist als *Verdrängung* bekannt. Die Emotion wird mit der dazugehörigen Erfahrung in unserer Erinnerung gespeichert, dort abgelegt im rohen Urzustand, und bleibt wahrscheinlich für immer unzugänglich, sodass wir sie nie wirklich verstehen können.

Da diese Erinnerungen aus der Zeit vor dem Spracherwerb stammen und Worte beim Aussortieren und Schönfrisieren von Emotionen sehr nützlich sind, haben wir kaum Zugang zu ihnen. Deshalb bleibt die Stärke dieser frühen Emotionen erhalten. Unbewusste früheste Bilder, Erinnerungen, Ängste und Phantasien durchziehen das Gewebe unserer Psyche, verflochten mit der normalen emotionalen Erfahrung des Erwachsenen.

Manchmal finden wir eine Spur dieser vorsprachlichen Erinnerungen in den tieferen, oft unartikulierbaren Schichten der menschlichen Psyche. Wir berühren sie bei extremen Emotionen: dem physischen und psychischen Magnetismus des erotischen Erlebens; dem unwiderstehlichen Bedürfnis, sich zusammenzurollen und in einem anderen Menschen zu verlieren; den unergründlichen Tiefen, in die ein Verlust oder unfreiwilliges Alleinsein uns stürzen können; dem Entsetzen vor der Auflösung des Körpers; dem tief sitzenden Grauen davor, in einer Beziehung zu ersticken; den vermeintlich verheerenden Folgen der Äußerung von Wut.

Die Verdrängung ist ein langfristiger Kontrollmechanismus, mit dem wir unsere Vorstellungen und Wahrnehmungen von einem Ereignis unbewusst so verändern, dass wir nicht nur das Geschehene »vergessen«, sondern auch unsere emotionale Reaktion darauf, weil die Erregung im Moment des Geschehens selbst unerträglich schmerzhaft ist. Dies gehört zu einem eingebauten Sicherheitsmechanismus, der folgendermaßen funktioniert: Jedes Mal, wenn wir extrem bedroht sind, wenn unser Leben in Gefahr ist oder wir meinen, es wäre so, wenn unsere Energien auf das reine Überleben konzentriert sind, werden unsere emotionalen Reaktionen auf das, was geschieht, suspendiert. Unsere Reaktionen – unsere Fähigkeit, sie zu äußern und zu entladen – werden so lange suspendiert, bis wir – irgendwann einmal, vielleicht nie – das Gefühl haben, in Sicherheit zu sein, bis die Gefahr abgewendet, die Bedrohung vorbei, das Überleben garantiert ist: Dann, und erst dann, erlaubt unser Körper uns, die beteiligten Gefühle zu fühlen. Dieser Mechanismus ist das ganze Leben hindurch wirksam (Beispiele finden sich in Kapitel 7).

Im Kleinkindalter ist diese »Suspendierung« mehr oder weniger eine Dauereinrichtung. Der Verdrängungsmechanismus funktioniert wie eine schwere Tür, die den Zugang zu dem, was dahinter liegt, verschließt. Die in der Vergangenheit erlebten, aber verdrängten Emotionen können durch Auslöser in der Gegenwart aufgewühlt und in Bewegung versetzt werden, ohne dass wir sie bewusst mit der Vergangenheit verbinden können. Diese Erfahrung machen wir alle in größerem oder kleinerem Ausmaß, und die meisten von uns werden dadurch nicht dauerhaft beeinträchtigt. Bei einigen Menschen jedoch kann die Verbindung von verletzlich und einem schweren, wiederholten Trauma in der ganz frühen Kindheit dazu führen, dass dieses Erlebnis immer wieder in ihre äußere Realität einbricht, sodass es zu einer rekurrierenden psychischen Krankheit kommt.

Die ersten Jahre

Die meisten von uns machen als Kleinkind die Erfahrung, dass ihre Bedürfnisse in ausreichendem Maße befriedigt werden. Die meisten von uns können ihre Gefühle durch den uns verfügbaren körperlichen Mechanismus entladen. Der Beschützerinstinkt des normalen Erwachsenen gegenüber einem winzigen Kind sorgt dafür, dass Tränen, Geschrei und Gebrüll mit einer gewissen Toleranz aufgenommen werden. Im Säuglingsalter und in der ganz frühen Kindheit ist das Fortschreiten von der Reaktion zur Erregung über maximalen Druck zur Entladung und Befriedigung deutlich sichtbar.

Ich erinnere mich an eine Massage, die ich der dreijährigen Freya gab. Sie lag völlig zufrieden auf dem Bauch, während ich etwa zwanzig Minuten lang ihren kleinen Rücken massierte. Als ich fertig war und meine Hände sanft von ihrem Körper löste, reagierte sie sofort: Ihre Rippen zogen sich zusammen, und sie fing an, heftig zu schluchzen. Sie stand auf und rannte zu ihrer Mutter; etwa eine Minute lang weinte sie in deren Armen. Dann war die Welt wieder in Ordnung, der Schmerz vergessen. Es war ein wunderbares Beispiel für die Reaktion von Menschen auf etwas, das zu Ende geht – es kam zu Trauer, Verlustgefühlen und Tränen; die psychosomatische Entladung war einfach, ungehemmt und deutlich, und weil die Kleine sich sicher fühlte, war der ganze Zyklus in ein paar Minuten abgeschlossen.

Dass ein Zyklus abgeschlossen ist, zeigt sich daran, dass wir mit etwas anderem weitermachen können. Kleine Kinder etwa können ungeheuer wütend, traurig oder ängstlich sein, wenn ihnen etwas verweigert wird, ein Spielzeug kaputtgeht oder sie unvermittelt stürzen; aber schon kurze Zeit später, wenn der Entladungs-Zyklus abgeschlossen ist, haben sie den Vorfall fast vergessen. Wir haben eine kurze Aufmerksamkeitsspanne. Wir interessieren uns für Themen und Menschen, die gegenwärtig da sind; wichtig ist das *Jetzt*, weniger das Vorher oder Nachher. Die Art, in der ein Kind einen Stimulus wahrnimmt, spiegelt zwangsläufig seine unreife Fähigkeit, die komplexe Realität zu begreifen.

Die fünfjährige Jenny hatte für die Halloween-Party mit ihren Freundinnen ein wunderschönes Clownskostüm angezogen. Sie sprudelte vor Aufregung und Entzücken über sich selbst, bis sie plötzlich ein anderes kleines Mädchen entdeckte, das als zauberhafte Fee verkleidet war. Damit war es mit ihrer Freude erst einmal vorbei. Sie schluchzte untröstlich, ihre Träume waren zerplatzt, und sie konnte nicht verstehen, warum ihre Mutter ihr nicht sofort ein ähnliches Feenkostüm schneidern konnte. Ihre Enttäuschung war maßlos, heftig und unmittelbar.

Jedes Kind braucht Sicherheit, um seine Gefühle zu entladen. Sehen wir uns den siebenjährigen Joe an: Er stotterte merklich, und seine älteren Schwestern und seine Eltern neckten ihn manchmal liebevoll, indem sie seine Versuche, die Worte herauszubringen, nachahmten. Als das bei einer Gelegenheit wieder losging, explodierte Joe plötzlich vor Wut und schrie: »Hört auf, über mich zu lachen!« – und das mit einer Vehemenz, die den Rest der Familie überraschte. Aber sie merkten es sich. Der Wutausbruch informierte sie darüber, dass die Hänselei zu weit gegangen war, und ermöglichte ihnen, in Zukunft feinfühliger mit ihm umzugehen. Die Sicherheit, die Joe in seiner Familie empfand, ermöglichte ihm, seine Gefühle zu äußern und zu entladen.

Das ist nicht immer so. Je unabhängiger wir werden, desto weniger akzeptabel und notwendig halten viele von uns die emotionalen SOS-Rufe. Während ein kleines Kind getröstet wird, wenn es in Reaktion auf einen plötzlichen Sturz weint, wird ein älteres Kind dazu angehalten, tapfer zu sein, seinen Schmerz zu verbergen und sich zu beherrschen. Ein solcher Notruf ist Erwachsenen oft deshalb unangenehm, weil er sie unbewusst an die Abhängigkeit, die Verletzbarkeit und generell die Gefühle erinnert, die sie selbst beim »Erwachsenwerden« unterdrücken mussten.

Je weiter unser Bewusstsein sich entwickelt, desto mehr lernen wir, unsere Emotionen zu unterdrücken. Die *Unterdrückung* ist ein psychischer Mechanismus, den wir bewusst einsetzen, um unsere emotionalen Reaktionen kurzfristig zu beherrschen. Sie ist eine notwendige Fertigkeit, die aber, wie wir sehen werden, überbeansprucht wird und fast zu einem Automatismus geworden ist.

Wenn wir lernen, unsere Gefühle zu unterdrücken, ändert das nichts daran, dass wir weiter Gefühle haben: Wir fühlen sie dann nur stärker. Dies liegt an unserer Verletzbarkeit in den ersten Lebensjahren, die uns, wie wir gesehen haben, beeindruckbarer und anfälliger macht. Zudem sind wir intellektuell noch nicht soweit, dass wir den Gesamtzusammenhang begreifen könnten. Wir fühlen, was wir fühlen. Als Kind sehen wir die Welt in Schwarz oder Weiß, ohne ambivalente oder spitzfindige Nuancen. Wir halten uns für den Nabel des Universums. Wenn alles gut läuft, sind unsere Eltern mit uns zufrieden; sie lieben uns, und alles ist in Ordnung. Wenn es schlecht läuft, sind unsere Eltern nicht mit uns zufrieden; wenn sie uns ablehnen, bricht unsere Welt zusammen. Diese Empfindlichkeit, diese Naivität dauern die ganze Kindheit hindurch an. Deshalb müssen wir lernen, unsere Emotionen zu verstehen und in dem Moment zu *bearbeiten*, in dem sie in Reaktion auf eine Erfahrung entstehen.

Unsere kindlichen Bedürfnisse werden nicht immer befriedigt. Aus allen möglichen Gründen kann es sein, dass wir Nahrung wollen und nicht bekommen, dass wir uns danach sehnen, berührt zu werden, aber darauf verzichten müssen; es wird Dinge geben, die uns erschrecken, und wir werden allen möglichen Einschränkungen begegnen, oft zu unserem Besten. Emotionale Lernprozesse sind allen anderen Lernprozessen zwangsläufig inhärent. Sonia wird gesagt, sie solle nicht mit Streichhölzern spielen, aber weil sie mit ihnen spielen *will*, bringt diese Einschränkung sie möglicherweise in Rage – eine natürliche Reaktion. Wenn die Wut bestraft wird, lernt Sonia, dass es falsch ist, mit Streichhölzern zu spielen, und außerdem, dass die spontane Äußerung von *Wut falsch* ist.

Wenn die Mutter des vierjährigen Christopher aus dem Zimmer geht und er mit einem anderen Erwachsenen allein ist, der ihm nicht geheuer ist, kann es durchaus sein, dass er weint, damit seine Mutter zurückkommt. Wenn er seiner Mutter sagt, dass er Angst hat und sie den Grund dafür zwar nicht versteht, aber glücklich ist, ihn zu trösten, lernt er, dass *Angst akzeptabel ist.* Wenn er ausgeschimpft, als dumm und babyhaft bezeichnet und nicht getröstet wird, lernt er das Gegenteil.

Die emotionale Erziehung ist ein Prozess ständiger Verstärkung; sie geschieht direkt durch Instruktionen und indirekt durch das Aufschnappen von Hunderten von Bildern, Empfindungen, Assoziationen und Erinnerungen.

Direkte Lernprozesse: Instruktionen

Was wir in der Kindheit über den Ausdruck von Gefühlen lernen, ist meist in die ex- oder implizierte, allgegenwärtige Lektion des Nein gekleidet.

Hör mit dem Krach auf.
Red nicht in diesem Ton mit mir.
Sei nicht so ein Baby.
Sei nicht so frech.
Hör auf zu flennen.
Geh nach oben und komm erst wieder runter, wenn du besserer Laune bist.
Sei nicht albern.
Du brauchst keine Angst zu haben.
Wie kannst du dich unterstehen, so mit mir zu reden?
Jetzt sei ein großer Junge.
Sei ein liebes Mädchen.
Benimm dich jetzt wie ein Erwachsener.
Ja, jetzt kommt es langsam hin.
Wenn du jetzt nicht aufhörst zu heulen, kriegst du

gleich von mir etwas, wegen dem du wirklich heulen kannst.

Die Liste ließe sich fortsetzen. Das jeweils erwünschte Verhalten wird durch Belohnung oder Bestrafung verstärkt. Die Verstärkung kann subtil und nonverbal sein: eine hochgezogene Augenbraue, ein bedeutungsschwangerer oder drohender Blick, die kalte Schulter, ein anerkennendes Lächeln.

Indirekte Lernprozesse: Nachahmung

Eine andere grundlegende Lernmethode beruht auf der Nachahmung. Als Kinder sind wir empfänglich für die Atmosphäre um uns herum, für alle vorhandenen Emotionen, und obwohl wir unsere Wahrnehmungen nicht verstehen, analysieren oder artikulieren können, »bekommen wir mit«, was um uns herum los ist. Wir fühlen Spannung, wir spüren Trauer, Wut oder Angst, und weil wir sehen, dass die Erwachsenen diese Gefühle leugnen, verstecken oder in etwas anderes umbiegen, weil sie alle möglichen Anstrengungen unternehmen, um das, was sie fühlen, abzuschütteln oder herunterzuschlucken, lernen wir, genau dasselbe zu tun.

Als Kinder sind wir zweifellos nicht in der Lage, ein Gleichgewicht herzustellen zwischen unseren Emotionen auf der einen Seite und Einsicht oder dem Blick für die Verhältnismäßigkeit auf der anderen Seite. Deshalb brauchen wir Anleitung und Hilfe, um die lebenswichtigen Lektionen über Emotionen genauso zu lernen wie die Lektionen über andere wichtige Aspekte des Daseins.

Welche Erfahrung haben wir als Kind gemacht? War ein Erwachsener da, der uns Halt gegeben und uns geholfen hat, unsere Gefühle zu verstehen? Konnten wir lernen, dass das Entladen von Emotionen akzeptabel, in bestimmten Umgebungen aber unpassend ist und dann besser in den eigenen vier Wänden stattfindet? Haben wir gelernt, dass Emotionen in Reaktion auf Dinge auftreten können, von denen wir eine falsche Vorstellung haben? Dass es nicht bedeutet, dass jemand uns im Stich lässt, wenn er abwesend ist oder verschwindet? Dass eine Bemerkung oder Geste nicht die Bedeutung haben muss, die wir ihr gegeben haben, sondern eine andere? Haben wir von einem weisen Erwachsenen gelernt, dass jemand anders unglücklich oder wütend sein kann, nicht weil wir etwas falsch gemacht haben, sondern weil etwas in *ihm* diese Zustände ausgelöst hat? Haben wir von einem liebevollen Erwachsenen gelernt, dass starke, ja sogar laute und erschreckend intensive Gefühle geäußert werden können, ohne dass jemand oder etwas verletzt oder zerstört werden muss?

Haben wir gelernt, dass Gefühle für so wichtig gehalten wurden wie Meinungen? Haben wir die Nuancen von Gefühlen genauso entdeckt wie die Nuancen in anderen Bereichen unseres Lebens? Hatten wir einen Erwachsenen neben uns, der uns half, unsere Gefühle zu begreifen, vor allem dann, wenn sie überwältigend waren? Mit dem wir lernen konnten, Gefühle zu identifizieren, mit ihnen umzugehen und sie zu äußern, und dass dieses Lernen ein normaler Bestandteil des Heranwachsens ist?

Haben wir gelernt, dass Frauen mehr als Männer weinen, oder dass Männer mehr als Frauen schreien? Haben wir erlebt, dass Emotionen manipulativ geäußert wurden: als Waffe, zum Einschüchtern, Angstmachen oder Nötigen, um Schuldgefühle zu wecken oder ein bestimmtes Ziel zu erreichen? Haben wir gelernt, dass emotionale Äußerungen, genauso wie die Werkzeuge jeden Handwerks, verschieden eingesetzt werden können: dass die Äußerung des einen Gefühls ein Lächeln auf das Gesicht der Eltern zaubert, während ein anderes starke Missbilligung auslöst?

Was wir in diesen ersten Jahren aufschnappen, bereitet den Boden für die wichtigste emotionale Lernphase. Die ersten sieben Jahre sind entscheidend, denn wir sind alt genug zum Denken und immer noch jung genug, um instinktiv zu handeln. Diese »subliminalen« Lernvorgänge wirken auf Kinder besonders prägend.

Wenn wir am Verhalten Erwachsener sehen, dass Gefühle erregt, geäußert, entladen und vergessen werden können und dass dann ein echter Seelenfrieden wieder hergestellt ist, lernen wir, dass Emotionen, auch wenn sie manchmal erschreckend intensiv und plötzlich sind, nicht andauern und nicht gefährlich sind. Wenn wir sehen, dass Tränen und Wut sich zu einer beängstigenden Spirale von Aggressionen und Gewalttätigkeit hoch schrauben, die damit endet, dass geliebte Menschen oder wir selbst schweren Schaden nehmen, lernen wir, dass Emotionen Gefahr signalisieren.

Was wir durch Instruktionen und Nachahmung lernen, legt den Grundstein für unsere emotionale Entwicklung – oder ihr Fehlen. Dieses Lernen findet durch Interaktionen mit der Außenwelt statt. Genauso wie wir als Kind jede Sprache leicht und für immer lernen, können wir die Sprache der Emotionen erlernen – oder stumm bleiben. Genauso wichtig ist, was in diesen Jahren *in* unserem Kopf, unserem Herzen und dem Rest unseres Körpers geschieht.

Trotz vieler Ähnlichkeiten gibt es auch einen Unterschied zwischen dem emotionalen Lernen und anderen Arten des Lernens. Das liegt an der angeborenen Körper-Seele-Verbindung: Die Erinnerung an unsere Erfahrungen ist nämlich nicht nur in unserem Kopf, sondern auch in unserem Körper gespeichert. Um ganz zu verstehen, wie sich das auf unser Verhalten auswirkt, müssen wir die kognitive Ebene hinter uns lassen.

- Lesen Sie sich die Fragen auf S. 87f. noch einmal durch und beantworten Sie sie aus Ihrer eigenen Erfahrung.
- Was haben Sie über Emotionen sonst noch gelernt? Welches Bild taucht bei Ihnen auf, wenn Sie an das Mitteilen und Entladen von Emotionen denken?

Die emotionale Reaktion:
Auftreten und Erregung

Für das Verständnis der psychosomatischen (Körper-Seele-) Verbindung müssen wir wissen, wie die emotionale Reaktion abläuft. Die Physiologie der Emotion war Wissenschaftlern, die diesen Vorgang im Labor untersucht haben, lange ein Rätsel. Sie haben eine dreiteilige Sequenz erkannt: erstens ein Ereignis, das heißt einen Reiz bzw. einen Stimulus; zweitens die Interpretation und Bewertung dieses Stimulus, die auf unseren vergangenen Erfahrungen beruht; drittens unsere Reaktion, die auf der Basis dieser Interpretation erfolgt. Die Reaktion wird bezüglich der psychologischen Erregung gemessen und von den Ergebnissen wird angenommen, sie würden dieser oder jener Emotion entsprechen.

Diese Abfolge ist logisch plausibel, aber im Labor sind Forscher und Testpersonen Teil einer simulierten Situation, mit der ein spezieller und isolierter Aspekt der emotional-physiologischen Reaktion untersucht werden soll. Das ist etwas ganz anderes als eine Erfahrung im realen Leben, in dem wir willkürlichen, plötzlichen und manchmal überwältigenden Gefühlen ausgesetzt sind, die aus dem Nichts zu kommen scheinen. Das Auftreten von Emotionen liegt oft außerhalb unserer bewussten Kontrolle, deshalb ist es eine häufige Erfahrung, dass wir uns von den Gefühlen hinterrücks überfallen glauben.

Wenn uns klar wird, dass Emotionen in jedem von uns ein konstantes Potenzial sind, erkennen wir, wie wichtig die **Wahrnehmung** ist.

Zahlreiche Faktoren beeinflussen, wie wir interpretieren, was wir hören und sehen und wie wir infolgedessen reagieren: psychische, physiologische und situationsspezifische Umstände genauso wie kulturelle Erwartungen und der Einfluss vergangener Erfahrungen in Form von bewussten oder unbewussten Assoziationen. Der Wahrnehmungsvorgang ist extrem komplex und deshalb können wir nie mit absoluter Sicherheit behaupten, dass das, was wir wahrnehmen, und das, was wir in Reaktion darauf fühlen, richtig ist.

Wenn eine Gruppe von Menschen dasselbe Ereignis sieht und hört, wird jeder entsprechend seiner persönlichen Wahrnehmungen anders reagieren. Stellen Sie sich etwa vor, wie verschieden Zuhörer auf ein Konzert reagieren können. Die Wahrnehmungen werden erstens durch gewohnheitsbedingte oder langfristige Faktoren beeinflusst: die Vertrautheit mit dem Stück, den musikalischen Geschmack und die musikalischen Kenntnisse. So kann es zum Beispiel sein, dass jemand emotional auf die Musik reagiert, ohne eine Flöte von einer Posaune unterscheiden zu können; eine andere Zuhörerin ist geneigt, das, was sie hört, zu genießen, weil der Dirigent gut aussieht. Auch kurzfristige Faktoren wirken sich auf unsere Wahrnehmungen aus: Der eine freut sich über das seltene Vergnügen, ausgehen zu können, und hat vor, sich zu amüsieren, egal, wie die Musik ist; ein anderer ist ängstlich, weil er die neue Freundin beeindrucken will; die Wahrnehmung eines Dritten wird durch einen größeren Streit im Auto auf dem Weg zum Konzert beeinträchtigt. Wieder jemand anders hat im Publikum eine Kollegin entdeckt, der er lieber aus dem Weg gehen möchte. Ein Mann, der stolz ist, weil sein Sohn in dem Konzert mitspielt, und eine Frau, die hart gearbeitet hat, um das ganze Ereignis zu organisieren, haben in Bezug auf dasselbe Konzert ganz unterschiedliche Wahrnehmungen und Reaktionen.

Ein zweiter wichtiger Aspekt der Wahrnehmung ist, dass *Erregung* sie verändert und verstärkt. Hier ist ein geniales Feedbacksystem am Werk, das die nicht auseinander zu dividierende, konstante Interaktion zwischen Seele und Körper einbezieht. Dieses System funktioniert wie der Vorgang der sexuellen Erregung, der ebenfalls veranschaulicht, dass Psyche und Soma nicht voneinander zu trennen sind. Je stärker die sexuelle Erregung wird, desto stärker nimmt der oder die Betreffende Bilder und Empfindungen als erregend wahr; dies verstärkt die körperliche Erregung, was wiederum die mentale Fähigkeit steigert, Stimuli als sexuell erregend wahrzunehmen.

Die emotionale Erregung funktioniert genauso. Ein Reiz löst eine Wahrnehmung aus, die ein Gefühl hervorruft. Wenn wir traurig und verletzbar sind, berühren traurige Geschichten oder traurige Musik uns eher, und es fällt uns schwer, die Tränen zurückzuhalten. Wenn wir uns geliebt und mit uns selbst im Einklang fühlen, betrachten wir andere eher mit Wohlwollen und Entgegenkommen – auch dies ist eine gängige Erfahrung. Das funktioniert auch in die andere Richtung. In den Wochen nach einem großen Verlust, in denen wir besonders dünnhäutig und hypersensibel sind, nehmen Tod, Verlust und Kummer in unserer Umgebung uns besonders mit und machen unser eigenes Leid noch drückender.

Je wütender wir werden, desto wahrscheinlicher werden wir Kommentare als ärgerlich und provokativ wahrnehmen, was wiederum unsere Wut verstärkt. Stellen Sie sich vor, Sie fahren auf einer engen Landstraße zu einem wichtigen Termin, sind sowieso schon spät dran und haben es eilig. Sie fahren hinter einem langsam dahinschleichenden Fahrzeug her, das von einer älteren Dame gesteuert wird. Gestern hätten Sie sie vielleicht als reizend bezeichnet, aber jetzt wird sie in Ihrem Kopf zu einem Hindernis, zu einer blöden Kuh, die ganz offensichtlich vom Autofahren nichts versteht und am besten ihren Führerschein abgeben sollte. Auf der körperlichen Ebene verspannen sich Ihre Muskeln in den Schultern, im Nacken, in den Armen, in der Wirbelsäule und im Kiefer, und wenn das Schreckgespenst des Zuspätkommens an Konturen gewinnt, eskaliert die psychosomatische Erregung zu Aggression: Sie fangen mit einem inneren Monolog an, der Sie so richtig zur Weißglut bringt – jetzt fährt sie absichtlich langsam, nur um Sie zu ärgern. Das kann zu allen möglichen gefährlichen und riskanten Manövern auf der Straße eskalieren, denn der aufsteigende Zorn verzerrt Ihre Wahrnehmung. Oder Sie kochen für den Rest der Fahrt bis zu Ihrem Ziel grimmig vor sich hin und reagieren Ihre Wut mit einer Reihe von Flüchen ab, nachdem Sie aus dem Auto ausgestiegen sind.

Sobald Besorgtheit und Angst uns im Griff haben, erhöht sich die Wahrscheinlichkeit, dass wir Situationen als beängstigend wahrnehmen, was wiederum die Angst verstärkt. Stellen Sie sich vor, Sie gehen an einem dunklen Abend allein nach Hause und hören hinter sich Schritte. Verschwommene, aber Furcht erregende Bilder und warnende Worte schießen Ihnen durch den Kopf und erregen noch mehr Angst. Ihr Körper reagiert auf den schneller werdenden Herzschlag: Sie gehen schneller und blicken suchend nach vorne, um zu sehen, wie weit Sie noch kommen müssen, bis Sie in Sicherheit sind. Ihr Körper beschließt zu laufen, die mentale und die körperliche Anspannung richten sich gebündelt darauf, die Wohnung zu erreichen. Sie kommen an, drehen sich am Eingang noch einmal um, sehen niemanden, gehen nach drinnen und schließen die Tür. Erst jetzt können Sie die Angst ein bisschen entladen, indem Sie zittern oder sich ein Glas Cognac einschenken, von dem Sie wissen, dass er Sie tröstet und beruhigt; wenn jemand da ist, bauen Sie weitere Anspannung möglicherweise durch einen Wortschwall ab.

Jede Emotion, egal, ob schwach oder stark, löst immer einen Veränderungsprozess im **Kopf** (Erinnerungen, Assoziationen, Bilder, Gedanken) und im **Körper** (Blutdruck, Muskelspannung, Haut- und Nervenrezeptoren, Herzschlag) aus. Die Wechselwirkung zwischen Psyche und Soma (Seele und Körper) ist **konstant**.

Bei Erwachsenen verläuft die emotionale Erregung nicht in einer einfachen Kurve von einem niedrigen zu einem hohen Stand, an dem der Druck nach Entladung verlangt. Manchmal kommt es zu Ruhephasen, in denen der Bogen eine Weile leicht abknickt, bevor er gemächlich oder steil wieder ansteigt.

Auch hier bietet sich der Vergleich mit der sexuellen Erregung an. Ein sexueller oder nicht-sexueller, körperlicher oder seelischer Stimulus setzt den Prozess in Gang. Sie nehmen wahr, dass ein bestimmter Mensch Sie »anmacht«, oder Sie sind generell sexuell erregt, ohne eine bestimmte Person im Sinn zu haben. Manchmal erkennen wir erst, dass der Prozess abläuft, wenn die höheren Erregungsphasen bereits erreicht sind. Sobald wir ihn bemerken, diktieren unsere Entscheidungen und die Umstände, was als Nächstes passiert.

Wenn Zeit oder Ort nicht passen oder Sie sich aus irgendeinem Grund nicht in der Stimmung fühlen, kann es sein, dass der Prozess zum Stillstand kommt und sich auflöst. Wenn Sie beschließen, sich auf Ihr Verlangen zu konzentrieren und es weiterzuverfolgen, wird Ihr Körper wahrscheinlich einem bestimmten Reaktionsmuster folgen, wenn das Niveau der sexuellen Erregung ansteigt.

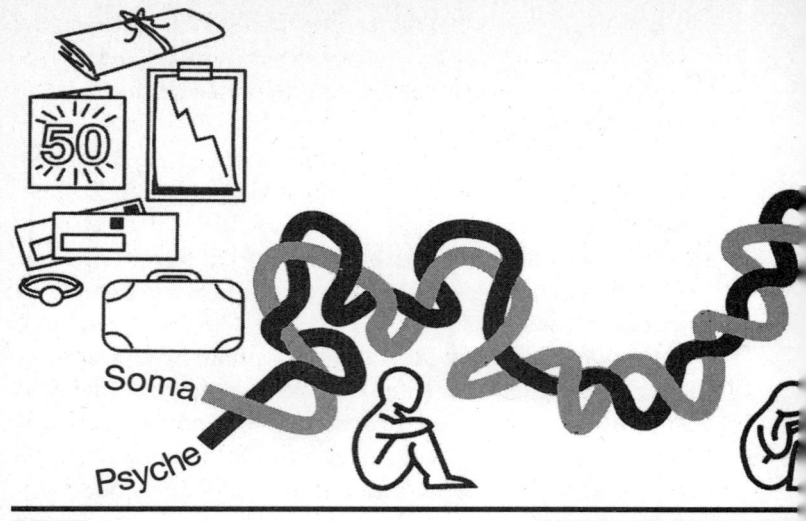

REIZE   WAHRNEHMUNGEN

Abbildung 5. *Die emotionale Erregung*

Wenn eine Emotion erregt wird, kommt die Energie in Schwung; physiologische und psychische Anspannung und Druck bauen sich auf. Das Tempo der emotionalen Erregung ist bei jedem von uns anders. Das liegt unter anderem an langfristigen Faktoren wie den Temperamentsunterschieden: Bei dem einen brennt schnell einmal die Sicherung durch, bei dem anderen dauert es lange, bis der Geduldsfaden reißt; manche Menschen sind übersensibel, andere von Natur aus dickhäutiger.

Die Unterschiede hängen auch von der Verletzbarkeit des Einzelnen ab: Unser Potenzial, von dem, was wir wahrnehmen, berührt und erregt zu werden, variiert, weil wir nicht immer gleich offen und verletzbar sind.

Mit *Verletzbarkeit* ist ein Zustand gemeint, in dem wir für

96

Umgebungsreize besonders empfänglich sind. Erwachsene sind im Allgemeinen verletzbarer, wenn in ihrem Leben Veränderungen stattfinden, denn in solchen Phasen sind wir generell offener. Die Veränderung kann die Form eines wichtigen Lebensereignisses annehmen: einen Todesfall, eine Scheidung, eine neue Schule, die Pensionierung. Veränderungen werden auch durch das periodische Auf und Ab der Hormonspiegel bewirkt, das uns für die emotionale Erregung sensibler macht. Orts- und Wetterveränderungen können unsere Verletzbarkeit ebenfalls beeinflussen, genauso wie extreme mentale oder physische Müdigkeit, denn dann sind unsere rationalen Abwehrmechanismen weniger widerstandsfähig. Auch die Nachwirkungen einer Operation, eine längere Stressphase oder das Ende eines hektischen Lebensabschnitts können uns emotional verletzbarer machen.

Wesen und Zweck von Emotionen

Um die emotionale Erregung zu verstehen, müssen wir uns noch einmal das Wesen und den Zweck der Emotion ansehen. Sie ist ein Energie-Impuls, der wie eine Welle durch uns hindurchgeht, zu einem Höhepunkt anschwillt, dann wieder abfällt und schwächer wird. Im Spannungsfeld der eingangs dargestellten Polaritäten zeigt eine Emotion, ob wir im Gleichgewicht sind oder nicht. Wenn unsere Bedürfnisse befriedigt werden, erleben wir die Emotionen Liebe, Freude und Vertrauen, weil wir im Gleichgewicht sind. Wenn unsere Bedürfnisse behindert werden oder unbefriedigt bleiben, erleben wir die Emotionen Kummer, Wut und Angst. An eben diesen letzteren Emotionen können wir also ablesen, dass unsere Bedürfnisse nicht befriedigt wurden: Dann muss etwas passieren, damit das entstandene Ungleichgewicht korrigiert werden kann. Dieses »Etwas« kann die direkte Befriedigung der Bedürfnisse oder eine angemessene Entladung der zuvor erregten psychosomatischen Spannung sein. Die beiden oben genannten Beispiele veranschaulichen dies.

Wenn Sie nachts alleine durch die Straßen gehen, ist die aufsteigende Ängstlichkeit ein Warnsignal, das Sie darüber informiert, dass Sie wachsam sein und Schutz und Sicherheit suchen sollten, weil Gefahr im Verzug ist. Sobald wir in Sicherheit sind – sobald wir das Bedürfnis nach Sicherheit befriedigt haben –, ist das Gleichgewicht wieder hergestellt. Einige der aktivierten biochemischen Stoffe werden aufgebraucht, während wir uns bemühen, in Sicherheit zu kommen; die überschüssigen werden abgebaut, sobald wir in Sicherheit sind.

Die Erregung von Frustration und Wut bei der Behinderung durch die langsame Fahrerin illustriert eine andere mögliche Abfolge. Die Anstrengungen, uns von dem Hindernis zu befreien, brauchen einen Teil der erregten Emotion auf, und der Rest vergeht wahrscheinlich, sobald wir unser Ziel erreicht haben. Trotzdem können wir immer noch eine Rest-Erregung wahrnehmen, die sich je nach den Umständen langsam oder schnell auflöst.

Bei der sexuellen Erregung bauen die Muskelspannung und die kombinierte Wirkung von beschleunigtem Herzschlag, Blutandrang und gesteigerter Sensibilität der Nervenendigungen sich bis zu einem Punkt auf, an dem die Entladung automatisch erfolgt. Wie die Luft in einem Reifen erreicht die Spannung den Sprengpunkt. Der Orgasmus ist eine Reflexreaktion. Die Muskelkontraktionen bei der Auflösung der Spannung werden je nach Erregungsniveau und der Menge der aufgestauten Spannung als stark oder schwach erlebt. Der Orgasmus kann ein paar Sekunden dauern oder sich krampfartig über ein paar Minuten erstrecken. Die Entladung kann als vollständig oder partiell empfunden werden: Wenn das Entladungsniveau genauso hoch ist wie das Erregungsniveau, ist die Erfahrung befriedigend; wenn das Entladungsniveau niedriger ist als das Erregungsniveau, empfinden wir die Entladung als partiell.

Bei der emotionalen Erregung kommt es zu einem ähnlichen Sprengpunkt. Wenn wir bemerken, dass die emotionale Anspannung steigt, können wir die emotionalen Luken weiter fest geschlossen lassen. Aber irgendwann muss unser psychosomatisches System nachgeben: Wir erreichen die Grenze der psychischen und physischen Toleranz. Es kommt zu einem Punkt, an dem keine weitere Anspannung mehr ertragen und eine wie immer geartete *Entladung* zu einer natürlichen und unvermeidlichen Konsequenz wird.

Die Entladung ist psychosomatisch, weil die Emotion eine psychosomatische Erfahrung ist. Der körperliche und der psychische Spannungsüberhang werden entladen. Genauso wie die subjektive Erfahrung des Orgasmus sich schwer mit

Worten beschreiben lässt, weil sie auf einer Ebene stattfindet, auf die das rationale oder artikulierbare Denken keinen Zugriff hat, ist es auch mit der Erfahrung der emotionalen Entladung.

Die Entladung beim Orgasmus setzt voraus, dass die Person »verschwindet«, das heißt vorübergehend das rationale Bewusstsein verliert, um sich dem körperlichen Erleben hinzugeben. Auch die authentische Entladung einer Emotion erfordert, dass wir den Körper einem natürlichen Prozess folgen lassen und nicht gegen ihn ankämpfen. Weil in dieser Hinsicht viel Unverständnis, Angst und Verwirrung herrscht, möchte ich im nächsten Kapitel darstellen, wie die emotionale Entladung von *innen* aussieht.

- Um die Emotion da zu lokalisieren, wo sie hingehört – in den Körper – können Sie einmal darauf achten, ob Sie in Ihrem Körper Anzeichen für eine emotionale Erregung erkennen. Welche Muskeln sind angespannt? Welche Empfindungen nehmen Sie wahr?
- Können Sie anhand der körperlichen Signale unterschiedliche Emotionen identifizieren? Mit anderen Worten: Wodurch fühlt Traurigkeit sich anders an als Frustration oder Ängstlichkeit? Vielleicht können Sie den Unterschied anfangs nicht erkennen; notieren Sie trotzdem alle körperlichen Empfindungen, die Sie bemerken.

Die emotionale Reaktion:
Entladung und Auflösung

Die Entladung ist leichter zu verstehen, wenn wir uns die Polaritäten nacheinander ansehen, denn jede der drei primären Emotionen wird anders entladen.

Nähe  **Distanz**

Die Textur und Entladung von Kummer. Die Erregung einer zu dieser Polarität gehörenden Emotion zeigt sich körperlich unter anderem an Prickeln/Kribbeln/Brennen/Schmerzen hinter den Augen, in die Augen treten Tränen, einen Knoten in der Kehle, Schluckbeschwerden, einer laufenden Nase. Solche Signale sagen uns, dass in uns ein gewisses Maß an Traurigkeit, Verletzbarkeit, Sehnsucht, Liebe, Kummer, Glück erregt wurde. Wenn die Erregung weitergeht, werden diese Empfindungen deutlicher. Die Wechselwirkung zwischen Körper und Seele verstärkt die Intensität dieser Gefühle in der Psyche und im Soma, sodass die Spannung zunimmt und die Tränen reichlicher fließen.

Das Entladungsmuster bei dieser Polarität sieht wie folgt aus: Wenn der Kummer zugelassen wird, folgt die Entladung einer allmählichen Abwärtsbewegung: Zunächst ist es der Brustkorb, der sich krampfartig hebt und senkt, dann folgen das Brustbein, der Oberbauch und der Unterbauch, wo die

Kontraktionen stärker werden, sodass das Weinen zum Schluchzen wird; der Rhythmus verlangsamt sich, die Kontraktionen zwischen den Atemzügen werden ausgeprägter. Bei dieser natürlichen Abfolge beugt der Körper sich bei den tiefen Unterbauch-Kontraktionen automatisch vor und wenn sehr tiefer Kummer entladen wird, verfällt der oder die Betreffende oft spontan in eine Schaukelbewegung.

Zu jeder natürlichen Entladung gehören Töne. Natürliche Töne entspannen den Körper automatisch, während eine völlig stumme Trauerarbeit auf Widerstände gegen den Prozess hinweist und die Muskelspannung verstärkt. Die Entladung von Leid und Kummer geht oft mit Wimmern und Stöhnen einher, leisen Tönen zunächst, die, wenn sie nicht eingeschränkt werden, auf natürliche Weise zu den tiefen Tönen werden, die wir mit der Äußerung von körperlichem Schmerz assoziieren: einem Stöhnen, einem dumpfen Ächzen und schließlich einem lauten Wehklagen, das aus den tiefsten Tiefen der Psyche zu kommen scheint. Die Tonhöhe und die Kadenz des Ganzen können einem Beobachter das Herz zerreißen, aber für den Betreffenden ist es essenziell, dass er den tiefen Schmerz über einen Todesfall, eine Trennung oder einen Verlust ganz entladen kann.

Die Entladung folgt einem gleichmäßigen Rhythmus, ruhigen Wellenbewegungen, deren Höhe beträchtlich variiert, die aber immer eher sanft als abrupt, eher bogenförmig als linear sind. Wie jede authentische Entladung steigt und fällt auch diese auf natürliche Weise, sie hat ein Crescendo und ein Diminuendo, Ebbe und Flut, einen Beginn und ein Ende – wenn erlaubt.

Selbstbehauptung ◄————————————► **Begrenzung**

Die Textur und Entladung von Wut. Die Körperempfindungen, die darauf hinweisen, dass die Emotion Wut erregt wurde, beschreiben wir so: unruhig, gereizt, erstickt, blockiert, kochend, glühend, explosiv.

Oft wird Hitze empfunden – im Kopf, im Gesicht, vielleicht auch im ganzen Körper. Die Energie ist massiv und drängt uns dazu, kraftvoll zu agieren, Druck auszuüben, gegen jemanden oder etwas entschieden vorzugehen. Das Ringen darum, diese Energie zurückzuhalten und zu begrenzen, erhöht die Spannung in den Muskeln: Der Kiefer, die Muskeln in den Armen, im Gesäß, in Ober- und Unterschenkeln straffen sich, die Hände ballen sich zu Fäusten, das Herz und der Puls schlagen schneller.

Wut wird mit großen Bewegungen entladen – sie sind expansiv, weit ausholend, bewegen sich von der eigenen Person weg und auf eine äußere Grenze hin. Wir schlagen auf ein Kissen ein, stampfen mit den Füßen, hauen auf den Schreibtisch, werfen mit Gegenständen, treten auf Dinge ein, knallen die Tür zu. Wenn die Entladung nicht gezügelt wird, kann sie so weit gehen, dass wahllos auf Menschen eingeschlagen wird. Ziel ist vor allem eine durchgreifende *Wirkung*. Auch hier sind Töne ein wesentlicher Bestandteil der Entladung; diesmal sind sie verhältnismäßig voluminös und laut: zunächst Rufe und Schreie aus der Kehle, dann, wenn die Entladung an Tiefe gewinnt, ein Brüllen tief aus dem Bauch.

Der Rhythmus ist bei dieser Entladung plötzlich, elektrisierend und für einen Beobachter wegen seiner konzentrierten Wucht oft sehr schockierend. Auch der Betreffende selbst wundert sich oft, dass so viel Krach und Kraft in ihm stecken. Die Entladung ist intensiv, gewaltig und, was am wichtigsten ist, *kurz*. Sie ist wie eine Eruption: Als riesige, schnell nachlassende Kraft hat authentische Wut einen Anfang und ein Ende; anders als nicht geäußerte und also nicht entladene Wut grollt sie nicht endlos weiter. Wenn die Entladung ihrem natürlichen Verlauf folgen darf, wird sie als vollständig erlebt. Die Flammen lodern hoch auf und verlöschen dann. Die Spannung ist weg, wenn die Entladung so stark ist wie die Erregung. Es kann kurze Zeit dauern, bis die Energie sich ganz aufgelöst hat, aber am Schluss kehren Körper und Psyche zum Normalzustand zurück.

Sicherheit ◄————————————————————————► **Risiko**

Die Textur und Entladung von Angst. Auch bei dieser Polarität können die körperlichen Signale eine schwache oder eine starke Erregung anzeigen, je nachdem, ob wir ein bisschen ängstlich oder rundweg entsetzt sind. Der psychosomatische Kern klingt in den Wendungen an, mit denen wir die dieser Polarität zugehörigen Gefühle beschreiben: Wir sind nervös, angespannt, auf dem Sprung, schockiert, das Blut gefriert uns in den Adern, wir haben ein Kribbeln im Bauch, kalter Schweiß bricht aus. Die Muskulatur im Nacken und an den Schultern ' strafft sich, die Hände spannen sich krampfartig der Angst entgegen.

Genauso wie die Entladung von Kummer durch Entspannung erfolgt, kommt es zur Entladung der Angst, wenn der Körper nicht mehr gegen die Emotion ankämpft. Hier geht die Entladung mit Zittern einher, das je nachdem, wie stark die Entladung ist, leicht oder heftig sein kann: Ein Schauder fährt durch den Körper, der von der Wirbelsäule zu den Extremitäten fließt; die Kiefernmuskulatur zuckt, sodass die Zähne klappern; eventuell ist die Haut blass und fühlt sich kalt an, wobei sie oft gleichzeitig leicht schwitzt.

Wenn die Entladung zugelassen wird, eskaliert sie, und auch hier bilden Töne die natürliche Begleitung. Dies kann als ein leichtes Wimmern anfangen, das sich zu Rufen steigert, und wenn die Atmung tiefer und die Angst zu Entsetzen wird, stoßen wir gellende Schreie aus.

Der Rhythmus ist bei Angst ganz anders als bei Kummer

oder Wut. Im Gegensatz zur sanften Wellenbewegung des Kummers und der explosiven Kraft der Wut sind Rhythmus und Tempo der Angst ungleichmäßig, abgehackt, schneller; in den krampfartigen Phasen ist die Intensität unterschiedlich und unvorhersehbar. Aber auch die Entladung von Angst hat ihre spezielle Verlaufsform, einen Anfang, einen Höhepunkt, einen Rückgang und einen Endpunkt. Nach der Hauptentladung kommt es oft zu plötzlichen, aber kurzen Krämpfen, Schaudern oder Beben entlang der Wirbelsäule, wenn die Restspannung sich entlädt. Dies kann sich minuten- oder stundenlang fortsetzen, und möglicherweise

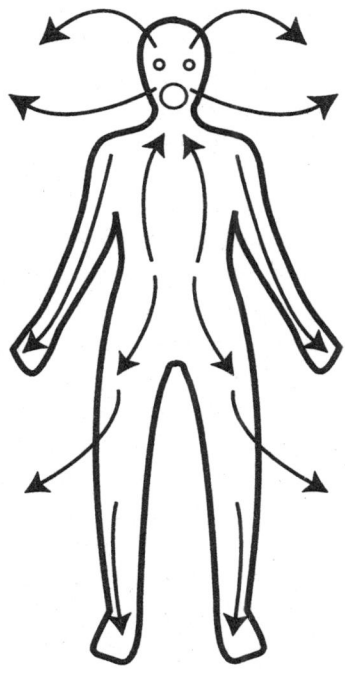

Abbildung 6. *Die emotionale Entladung*

ist Ihnen eine Zeit lang kalt, aber schließlich kehrt der Körper zum Normalzustand zurück.

Wenn der Prozess der emotionalen Entladung vollständig abgeschlossen wird, stellen Wohlbefinden und Entspannung sich wieder ein, die Anspannung ist weg, die Lebensenergie wieder da. Dieser gelöste Zustand gilt für die Psyche und den Körper. Wir registrieren ihn kurz, wenn wir uns besser fühlen, wenn wir uns ordentlich ausgeheult, ausgeschrien oder ausgezittert haben.

Wenn wir die aufgestaute psychosomatische Spannung – muskuläre Spannung und ausgeschüttete biochemische Stoffe – ganz loswerden, wird die Entladung als komplett empfunden. Mit der Auflösung stellt das Gleichgewicht sich wieder her: Die mentalen Verzerrungen werden beseitigt, die Wahrnehmungen schärfer und der gesamte Organismus kehrt zum Normalzustand zurück.

Das alles mag sich für einen natürlichen Prozess ziemlich merkwürdig anhören. Die Vorstellung, zwecks Emotionsentladung zu schluchzen, zu schreien oder zu zittern erscheint Ihnen vielleicht ziemlich weit hergeholt. Das liegt daran, dass wir als Erwachsene den Kontakt zu diesem natürlichen Mechanismus verloren haben.

Der soeben beschriebene Ablauf von Auftreten, Erregung und Entladung einer Emotion wird beim Erwachsenwerden so oft und so heftig unterbrochen, dass wir nicht nur lernen, Emotionen nicht zu entladen, sondern generell den Kontakt zur Körperlichkeit der Emotion verlieren – wir nehmen die Körper-Seele-Verbindung nicht mehr wahr. Erst tritt die Verbindung zum Körper so in den Hintergrund, dass wir über Gefühle reden, als wären sie mentale Ereignisse, die nur vom Hals aufwärts stattfinden, und dann geht auch die mentale Wahrnehmung zurück, sodass wir gar nicht mehr merken, dass wir überhaupt Gefühle haben – sie verschwinden einfach aus dem bewussten Erleben.

Hemmung und Unterdrückung

Der beeinflusste, ungehemmte Ablauf des natürlichen Zyklus, der aus dem Auftreten, der Erregung und der Entladung von Emotionen besteht, wird am deutlichsten, wenn wir uns noch einmal das spontane Verhalten ganz kleiner Kinder ansehen. Je jünger das Kind ist, desto näher ist es dem natürlichen Ablauf einer Emotion, denn der psychosomatische Mechanismus ist intakt und noch nicht insofern aufgespalten, dass der Geist über der Materie steht.

Die meisten von uns verlieren die kindliche Fähigkeit zu unmittelbaren, nicht-ichbewussten emotionalen Reaktionen, wenn sie erwachsen werden. Das liegt unter anderem daran, dass wir uns nicht sicher fühlen: Wir nehmen von vornherein an, dass andere unser Verhalten für peinlich oder sogar anstößig halten. Denn egal ob Kind oder Erwachsener – **Sicherheit** ist eine Vorbedingung für die emotionale Entladung. Ohne Sicherheit können wir keine Emotionen herauslassen, denn Sicherheit und Entladung gehen Hand in Hand.

Die Sicherheit meint die Abwesenheit von Bedrohung – der Bedrohung zu sterben, verletzt zu werden, in Gefahr zu geraten, bestraft, abgelehnt oder verspottet zu werden. Der psychosomatische Organismus muss sich in Sicherheit fühlen. Wenn der Körper oder die Psyche bedroht werden, kommt es nicht zu einer Entladung der Emotion. Es gibt viele Situationen im Leben, in denen wir aus allen möglichen Gründen nicht in Sicherheit sind.

In einer Krise. In einer Notsituation wird das Bedürfnis nach Entladung vorübergehend suspendiert. Das Bedürfnis zu überleben wird prioritär und unsere Aufmerksamkeit richtet sich gebündelt auf die anstehende Aufgabe. Wir konzentrieren unsere gesamte mentale und physische Energie darauf, Hilfe zu finden, von der Gefahr wegzukommen oder sie zu beseitigen.

Ein Mann steuert sein Fahrzeug zum örtlichen Krankenhaus; er weiß, dass irgendetwas mit ihm nicht in Ordnung ist, aber er funktioniert lange genug, um sein Auto zu parken, an der Rezeption zu sagen, dass er zum Ausfüllen der Formulare keine Zeit hat, auf sofortiger Hilfe zu bestehen und bis zum Notfallteam durchzukommen; erst *dann* bricht er zusammen.

Eine Frau verliert in einem überfüllten Geschäft ihr Kind aus den Augen, und die Panikwellen werden suspendiert, während sie herumhastet und sucht, herausfindet, wie man eine Durchsage veranlasst, mit ihren Augen überall ist; die ganze Zeit über atmet sie kaum. Erst als das Kind wieder auftaucht, lässt sie los und entlädt einen Teil ihres Entsetzens in einer Mischung aus Tränen und Vorwürfen.

Nach dem Tod eines nahe stehenden Menschen können wir die wichtigsten praktischen Dinge erledigen und so lange wie notwendig funktionieren. Erst *danach* erlauben wir uns, vor Kummer zusammenzubrechen.

Akuter Stress. Wenn wir in einer gewalttätigen Beziehung oder mit den Folgen von Terror und Feindseligkeit leben, wenn wir in einer Belagerung, einer Hungersnot, Verwüstung oder Inhaftierung leben, brauchen wir unsere gesamten körperlichen und emotionalen Ressourcen für das bloße Überleben. Es gibt keine Möglichkeit zur Entladung, bis die Bedrohung oder die Gefahr vorüber sind.

Alltagsstress. Die emotionale Entladung wird nicht nur in Krisensituationen suspendiert. Wenn der psychosomatische Organismus unter Stress steht, wird der Entladungsmechanismus aufgeschoben, weil wir unsere körperliche und mentale Energie ganz für den Alltag brauchen: Wir müssen aufstehen, zur Arbeit gehen, uns im Verkehrsstau durch die Straßen quälen, Mahlzeiten zubereiten, einkaufen, an geschäftlichen Besprechungen teilnehmen, dem Chef gefallen, darauf achten, was hinter unserem Rücken passiert, uns mit Krankheiten herumschlagen, mit dem Geld auskommen, die Kinder durch die Schule schleusen, die Zukunft planen. Solange wir unsere gesamte Energie dafür brauchen, dass unser Leben möglichst reibungslos weiterläuft, wird die Entladung von Emotionen suspendiert.

Verpflichtungen erfüllen. Berufliche Verantwortlichkeiten verlangen einen zusätzlichen Tribut. Ein Arzt, der mit den Notfallbedürfnissen von Patienten umgehen muss; ein Soldat, der inmitten von Kriegsgräueln standhaft bleiben und rational funktionieren muss; eine Therapeutin, die distanziert und objektiv bleiben muss, während sie sich mit den Tragödien und dem Leid der Menschen beschäftigt – sie alle machen weiter, ohne Emotionen zu entladen, weil es zu ihren Aufgaben gehört.

Meist müssen wir eine Emotion bewusst zügeln. Egal, in welchem Stadium wir eine Emotion wahrnehmen, wir können die Entladung unterbinden, indem wir uns *mit Absicht* dazu entscheiden, den Impuls zu zügeln und die Entladung zu unterdrücken. Aus persönlichen, beruflichen und sozial angemessenen Gründen müssen wir die emotionale Entladung manchmal bremsen. Wir verzichten bewusst darauf, die Gereiztheit herauszulassen, die sich gegenüber einem Kind aufgebaut hat; bei einer geschäftlichen Besprechung verbeißen wir uns bewusst die Tränen; wir halten bewusst unsere Angst im Zaum, wenn wir unsere rationalen und beruflichen Fertigkeiten brauchen, um mit dem, was wir tun, weiterzumachen.

Wenn diese Kontrolle jedoch zu einer Dauereinrichtung wird, entstehen Probleme. Wenn der Notfall vorbei ist, die Verantwortung ruht, lassen die meisten von uns auch dann keine Gefühle heraus, wenn sie es könnten. Jedenfalls nicht ganz. Denn gleichzeitig ist auf einer weit weniger bewussten Ebene ein anderer Prozess am Werk, der uns dazu veranlasst, die Äußerung und Entladung von Gefühlen *unabsichtlich* zurückzuhalten, das heißt nicht, weil wir uns dazu entschlossen hätten, sondern weil wir uns schämen, verlegen sind und Angst vor den negativen Folgen haben. Wegen der in Kapitel 1 beschriebenen kulturellen Konditionierung und all dem, was wir über die kindischen, schmerzlichen und gefährlichen Aspekte von Emotionen verinnerlicht haben, unterdrücken wir die Entladung, denn im tiefsten Inneren haben wir Angst, die Kontrolle zu verlieren. Deshalb ist der vollständige Emotionszyklus, der aus dem Auftreten, der Erregung, der Entladung und der schließlichen *Auflösung* besteht, uns nicht mehr vertraut.

Wenn irgendeine Emotion auftaucht, wird die Entladung wahrscheinlich nicht vollständig sein, denn wir fühlen uns nicht sicher genug. Statt des Gefühls, dass es uns wieder gut geht und wir psychosomatisch über dem Berg sind, nehmen wir oft einen unbehaglichen Rückstand an psychischer und physischer Erregung und Bewegung wahr: Wir sind unruhig, haben Kopfschmerzen, fühlen uns blockiert oder haben nicht genug körperliche oder mentale Energie, um unseren Alltag zu bewältigen.

Es ist etwas ganz anderes, ob wir uns *entscheiden*, die emotionale Erregung und Entladung kurzfristig zurückzuhalten, weil sie nicht angemessen ist, oder ob wir uns aus *Angst* gezwungen fühlen, die Entladung von Emotionen ein Leben lang zu verstecken, hinunterzuschlucken und zu unterbinden. Für die allermeisten Erwachsenen ist die langfristige Unterdrückung zur Norm geworden.

Der Grund für diese Gewohnheit ist teilweise die in der frühen Kindheit erlernte Einstellung zu Gefühlen. Was wir in den ersten formenden Lebensjahren über Emotionen lernen, wirkt sich genauso aus wie das, was wir über andere signifikante Aspekte des Lebens – die Sexualität, den Tod, die Sterblichkeit, Beziehungen – lernen: Es sitzt tief und beeinflusst unser Verhalten für den Rest unseres Lebens.

Was auch immer wir persönlich erlebt haben, die meisten von uns lernen als Kind direkt oder indirekt ein paar der folgenden elementaren Lehrsätze über Emotionen. Auch wenn wir uns ihrer nicht bewusst sind, geben sie unseren Einstellungen im späteren Erwachsenenleben eine dauerhafte Form.

1. Gefühle sind entweder gut oder schlecht.
2. Gefühle werden von anderen Menschen verursacht, im Allgemeinen absichtlich.
3. Schlechte Gefühle sind unerwünscht und werden am besten weggelogen.
4. Schlechte Gefühle werden am besten dadurch niedergehalten, dass man sie leugnet oder sie sich nicht anmerken lässt.
5. Wer Gefühle zeigt, ist schwach.
6. Wenn Erwachsene Gefühle äußern, ist das verheerend.

7. Manche Gefühle sind für Mädchen, andere für Jungen.
8. Manche Gefühle sind in Ordnung, wenn jemand stirbt oder Sie auf der Autobahn schneidet.
9. Es ist akzeptabel, jemand anders für die eigenen Gefühle verantwortlich zu machen.
10. Wir können verhindern, dass andere bestimmte Verhaltensweisen unterlassen; umgekehrt können wir gute Gefühle bei anderen dadurch auslösen, dass wir uns bewusst anders verhalten.

Weil Eltern, Pädagogen und das soziale und kulturelle Umfeld diese zehn Gebote verstärken, verlieren die meisten Erwachsenen den Kontakt zur Unmittelbarkeit und Vollständigkeit des an sich natürlichen Prozesses der emotionalen Entladung. Disziplin und Unterscheidungsvermögen sind sicher notwendig, aber viele von uns lernen, dass erwachsenes Verhalten bedeutet, Gefühle zu verstecken und nicht zu erwähnen. Wenn wir dann als Erwachsene unsere diversen Rollen und Verantwortlichkeiten übernehmen, bilden diese Überzeugungen die Grundlage für die generelle Tendenz, emotionale Erwägungen im Heuhaufen des Lebens ganz nach unten zu verbannen.

Das wäre nicht so wichtig wie es ist, wenn wir aufhören könnten, Gefühle zu haben – wenn wir einen Schalter betätigen, »Schluss jetzt« sagen und das Fühlen generell einstellen könnten. Die Einnahme von Medikamenten ist eine Möglichkeit, dieses Ziel zu erreichen. Richtig ist auch, dass manche Menschen so von ihren Gefühlen abgeschnitten sind, dass man sie als gefühlstaub bezeichnen könnte. Die meisten von uns reagieren jedoch weiter auf das Leben und lassen sich von ihm berühren. Wir können nicht verhindern, dass Gefühle auftreten, denn sie sind Teil des Menschseins.

Gefühle werden auch durch Ereignisse erregt, die uns nicht direkt betreffen. Wir sind bewegt von Geschichten über Mut und Sieg, über Unglück, gerührt über die unzähligen Formen der Liebe, schockiert von Bildern, die Leid und Verzweiflung zeigen, erschreckt durch Geschichten von Gräueln und Gewalt, wütend über Korruption und Ungerechtigkeit und unsere eigene Unfähigkeit, den Mund aufzumachen oder etwas zu verändern. In Reaktion auf den Jammer des Daseins *fühlen* wir Emotionen.

Auch durch unsere Beziehungen sind wir Emotionen ausgesetzt. Wir haben Gefühle in Reaktion auf die Menschen, mit denen wir zusammenleben und -arbeiten, egal, ob wir sie lieben oder hassen, sie bewundern oder ihnen misstrauen. Wir haben Gefühle in Reaktion auf die üblichen Höhen und Tiefen des Lebens, und obwohl wir vielleicht weder die Zeit noch die Lust haben, uns mit unseren Gefühlen zu beschäftigen oder sie überhaupt zu registrieren, haben sie auf uns eine Wirkung.

Bei vielen Menschen gibt es Ereignisse, die aus dem normalen Rahmen herausfallen, traumatische Umstände, bei denen sie vielleicht zum ersten oder einzigen Mal erkennen, dass sie wirklich Emotionen *haben*. Persönliche Erfahrungen wie die, dass ein Freund, ein Kind oder ein Partner an einer tödlichen Krankheit stirbt und wir nicht helfen können, dass wir überfallen oder beraubt, plötzlich verletzt oder in einen tödlichen Unfall verwickelt werden – all dies verursacht emotionale Brüche.

Denken wir daran, dass eine Emotion eine Energie ist, die sich mit einer *Absicht* durch Körper und Psyche bewegt: um das psychosomatische Gleichgewicht wieder herzustellen, das durch einen hohen Pegel an emotionaler Erregung destabilisiert wurde. Am unteren Ende der Erregungsleiter ist die Störung leicht. Im Leben von uns allen nehmen die unterschiedlichsten Gefühle zu und wieder ab, sie entstehen und vergehen, tun uns weh oder gut, und wir kommen mit all dem zurecht. Ein Anflug von Neid, ein Aufflackern alter

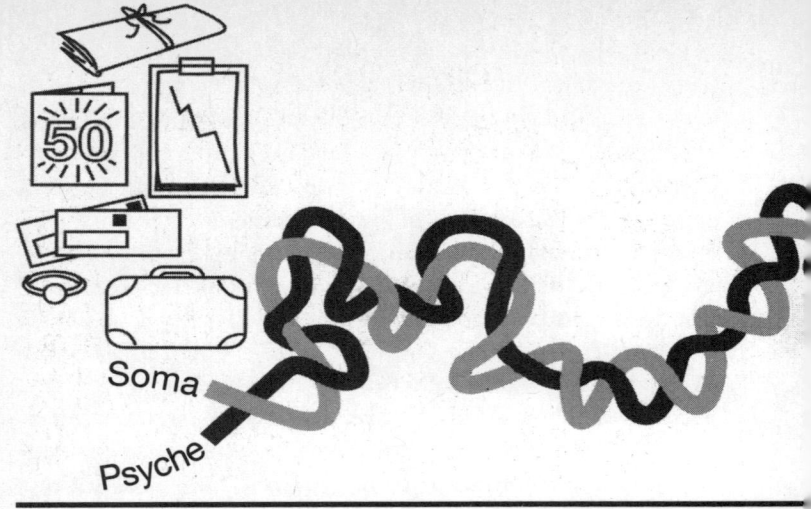

Soma

Psyche

Abbildung 7. *Blockierte emotionale Erregung*

Trauer, der vertraute Ärger über jemanden, eine momentane Ängstlichkeit, ein Aufwallen von Freude und Seligkeit oder der wiederkehrende Kummer über den Verlust eines wichtigen Menschen: All diese Gefühle kommen vor, bleiben aber peripher. Wir können mit ihnen umgehen und ihnen erlauben, problemlos an- und abzuschwellen. Die Erregung ist nicht hoch genug, um zu verhindern, dass wir zuhören, arbeiten und uns generell so verhalten können, wie wir es wollen – sie beeinträchtigt nicht unseren Alltag.

Wenn wir die kleineren Kiesel und die größeren Steine, die Felsen, Findlinge, Edelsteine und Splitter unserer Lebenserfahrungen aufnehmen und mit uns herumtragen, steigt die Spannung an. Wenn wir uns den höheren Stufen der Erregungsleiter nähern, hören wir gelegentlich ein Poltern, das drohend die bevorstehende Lawine ankündigt.

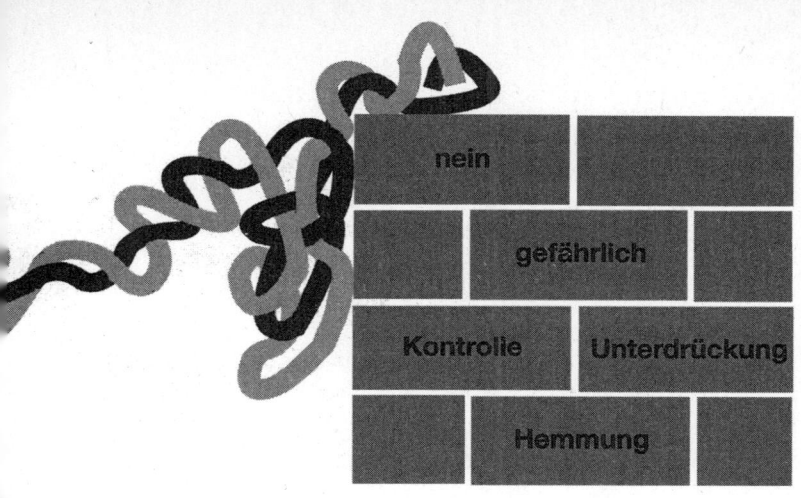

& GEFÜHLE

Was passiert, wenn die emotionale Erregung ein Ventil braucht, wir aber darauf bestehen, dass der Deckel zu bleibt? Vielleicht fühlen wir uns gestresst oder überarbeitet. Diese Wahrnehmung drängt uns zu einer bewussten Entscheidung: Wie wollen wir verhindern, dass das Niveau weiter steigt? An diesem Punkt, der von Mensch zu Mensch verschieden ist, nehmen wir wahr, dass sich eine psychosomatische Spannung aufgebaut hat.

Körperliche Entladung. Manchmal signalisiert der Körper uns eine hohe Erregung. Viele, oft starke Schmerzen im Nacken, im Kopf, im Rücken, in den Schultern und Beinen können durch aufgestaute psychosomatische Anspannung verursacht sein. Oft beunruhigen uns auch gravierende Symptome, welche die Verdauung, die Atmung oder die Muskulatur betreffen. Viele Menschen bauen Spannung durch intensive körperliche Bewegung ab und haben ihren Spaß dabei. Auch wenn dies nicht bewusst mit der emotionalen Anspannung in Verbindung gebracht wird, können alle möglichen Aktivitäten, die einen hohen Energieeinsatz erfordern (Sport, Tanzen, Laufen) sowie eher beschauliche Tätigkeiten (Ausruhen, Gärtnern, Angeln) die Spannung eine Zeit lang wirkungsvoll zerstreuen.

Mentale Entladung. Manchmal spüren wir nicht so sehr unseren Körper, sondern eher eine mentale Überlastung. Sie veranlasst uns im Allgemeinen dazu, unser Denken von der Stress erzeugenden äußeren Stimulation zu befreien. Dabei ist jede Aktivität nützlich, die uns persönlich beim Abschalten hilft. Formale Praktiken wie Yoga und Meditation helfen, die umherschwirrenden Gedanken zu transzendieren. Menschen, die solche Übungen regelmäßig praktizieren, sagen, dass Erinnerungen, Gedanken, Sorgen und Assoziationen vergehen, dass das Denken aufhört und eine Verlagerung des Bewusstseins stattfindet, in der selige Befriedigung möglich ist.

Ablenkung. Spannung lässt sich auch dadurch entladen, dass wir uns einen anderen, neuen Stimulus suchen, der uns ablenkt: Wir nehmen einen »Tapetenwechsel« vor, umgeben uns mit anderen Leuten, gehen ins Kino, ins Theater oder ins Konzert, amüsieren uns oder lenken unsere Aufmerksamkeit auf irgendeine andere Weise von unseren Sorgen ab. Dies kann zu einer Bewusstseinsverlagerung führen und die psychosomatische Spannung verringern. Manchmal erlaubt die gewählte Aktivität auch eine gewisse emotionale Entladung: In einem guten Liebes- oder Horrorfilm können wir in Tränen zerfließen oder vor Angst schreien. Lachen, eine sozial akzeptable Form der psychosomatischen Entladung, ist besonders wirkungsvoll. Wenn wir uns vom Lachen mitreißen lassen, wird auf natürliche Weise die Zwerchfellmuskulatur mit einbezogen und das Lachen kommt tief aus dem Bauch. Manchmal schaukeln wir dann vor und zurück, wir krümmen uns zusammen, sind hilflos, spüren eventuell sogar Schmerz. Dass herzliches Lachen das Wohlbefinden wieder herstellt, hat sicher jeder schon einmal erlebt.

Das Lachen unterminiert die mentalen Hemmschwellen, die wir unserem Körper aufoktroyieren. Weil zu den auffälligsten Folgen des Kampfs gegen die Entladung eine Verspannung des gesamten Atemapparats gehört, können durch die reale physiologische Bewegung des Zwerchfells beim Lachen alle möglichen Spannungen abgebaut werden. Das ist auch der Grund dafür, dass wir mitten im Lachen plötzlich von Wut und Tränen überrascht werden können, oder dass im Lachen eines anderen auch Gereiztheit oder Trauer mitschwingen.

Die geheimen Tiefen der Emotionen berühren wir auch, wenn wir singen. Zum Singen müssen wir atmen und dazu müssen wir genau die Bereiche des Körpers öffnen und entspannen, die wir angespannt haben. Wenn ein Teil der Spannung vergeht, können Emotionen auftreten.

Aus ähnlichen Gründen kann es bei Frauen nach dem Orgasmus zu einer emotionalen Entladung kommen: Die sexuelle Erregung wühlt alle möglichen psychischen und physiologischen Erinnerungen auf, und die naturgemäße Verletzbarkeit beim Orgasmus erlaubt den Zugang zu oft überraschenden Emotionen.

Manchmal entladen wir aufgestaute Gefühle nicht, sondern unterdrücken sie stattdessen auf alle mögliche Weise: durch Alkohol, Nahrungsmittel oder die Kanalisierung der Energie in zusätzliche Aktivität. Das Betäuben von Gefühlen ist eine absolut wirkungsvolle Methode zur gelegentlichen Bewältigung von Stress, diese Erfahrung habe ich selbst gemacht. Manchmal haben wir nicht die Zeit, die Sicherheit oder die Neigung, uns mit dem, was wir fühlen, zu beschäftigen, manchmal ist es nicht angemessen. Es ist wie die Einnahme eines Schmerzmittels bei körperlichen Schmerzen: Das Symptom wird vorübergehend besser, aber an der Ursache ändert sich nichts. Die Unterdrückung funktioniert sehr effizient, aber sie lindert nur, sie erlöst nicht. Deshalb ist sie eine kurzfristige Strategie: Langfristig bleibt die erregte und blockierte emotionale Energie so lange erhalten, bis wir uns direkt mit ihr beschäftigen.

Aufgestaute und blockierte emotionale Energie macht sich auf verschiedene Weise bemerkbar:

> Wir stellen fest, dass wir auf viel zu vieles zu stark oder zu schwach reagieren.
> Wir stellen fest, dass uns nichts mehr interessiert und wir es »nicht mehr schaffen«.
> Es fällt uns immer schwerer, uns zu konzentrieren.
> Es ist schwieriger, den Alltag zu bewältigen.
> Uns nahe stehende und liebe Menschen fragen uns, warum wir uns »verändert« haben.
> Wir stellen fest, dass wir nicht mehr in der Lage sind zu lieben, Nähe zu spüren, Zärtlichkeit zu geben, Sex zu genießen.
> Wir fühlen uns abgehoben, unwirklich, nicht in Kontakt mit unserem Leben.
> Wir stellen fest, dass wir aus scheinbar nichtigem Anlass in Tränen ausbrechen oder die Beherrschung verlieren.

Die Erkenntnis, dass der Druck im Grunde *emotional* ist, hilft uns, ihn direkter zum Ausdruck zu bringen: Wir beschließen, eine Sache direkt mit dem Betroffenen zu regeln, sie mit einer guten, vertrauenswürdigen Freundin oder einem professionellen Helfer durchzusprechen. In dieser Phase lässt die Spannung sich durch das Aussprechen der Gefühle direkt und effizient reduzieren, weil dadurch die emotionale Komponente eingestanden wird.

Diese Methode erfüllt ihren Zweck, wenn die beteiligten Emotionen dem Reiz ebenbürtig oder fast ebenbürtig sind. Das Spielzeug geht kaputt, das Kind weint, entlädt die gesamte Spannung und macht mit etwas anderem weiter. Ein einfacher, unbehinderter Vorgang. Aber er gehört in die Kindheit, denn es hat sich noch kein emotionaler Schlick angesammelt, der die psychosomatischen Kanäle verstopft. Diese »reine« Reaktion ist für die meisten Erwachsenen praktisch unmöglich, und zwar wegen eines Vorgangs, der

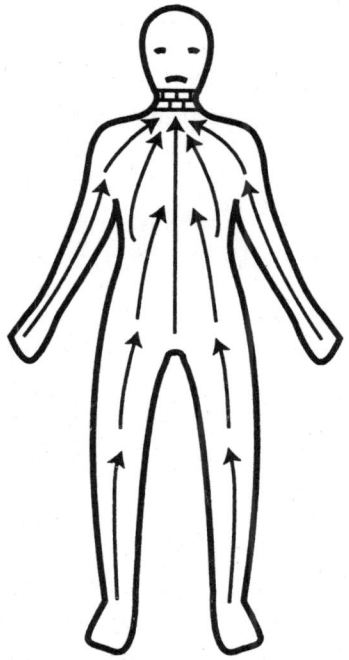

Abbildung 8. *Im Körper blockierte Emotion*

als *Restimulation* bezeichnet wird – einem psychosomatischen Virus, das auf unser Leben eine verheerende Wirkung hat, weil es solche reinen emotionalen Reaktionen unmöglich macht.

- Lesen Sie sich noch einmal die zehn Gebote auf S. 111 f. durch. Welche haben Ihre Einstellung zu Gefühlen beeinflusst? Kennzeichnen Sie sie. Verwenden Sie * für einen schwach empfundenen Einfluss, ** für einen als stark empfundenen Einfluss und *** für eine felsenfeste Überzeugung.
- Wie, wenn überhaupt, entladen Sie Ihre Gefühle? Verwenden Sie Ihre Methode regelmäßig oder nur bei Krisen?
- Gibt es Emotionen, die Sie leichter entladen als andere, oder fällt es Ihnen bei allen gleich schwer?

Restimulation

In dem hier vorgestellten Gedankengebäude ist die Restimulation eine unerlässliche Komponente. Bei der Beschäftigung mit dem Auftreten und der Erregung von Emotionen (Kapitel 5) haben wir gesehen, dass Wahrnehmung und Erregung sich wechselseitig verstärken.

Beim analogen sexuellen Reaktionszyklus werden wir sexuell erregt, wenn wir bestimmte Bilder, Personen, Düfte oder Formen wahrnehmen oder auf bestimmte Weise berührt werden. All diese Reize können bewusste und unbewusste Erinnerungen, Assoziationen, Bilder und Fantasien auslösen, die sich physiologisch schnell in den Prozess der sexuellen Erregung übersetzen.

Derselbe Prozess läuft auf der emotionalen Ebene ab: Eine Berührung, eine Form, ein Geruch, eine Stimme, ein Akzent, das Gesicht, die Art, der Gang oder das Verhalten eines Menschen können eine emotionale Reaktion auslösen. Oft sind diese Assoziationen uns bewusst, und solange uns klar ist, dass bei der Interaktion Erinnerungen eine Rolle spielen, können wir damit sehr gut umgehen und unsere Reaktionen entsprechend anpassen.

Oft verstärken diese Assoziationen und Gefühle aus der Vergangenheit unsere gegenwärtigen Gefühle. Dies kann dazu führen, dass die emotionale Erregung eskaliert und

Wut, Kummer, Ärger, Empfindlichkeit oder Verletztheit zunehmen, ohne dass wir dies wahrnehmen. Eben weil die emotionale Erregung unbewusst und schnell eskaliert, bemerken wir den Vorgang oft nicht, wenn er abläuft, aber wir registrieren seine Konsequenzen. Wenn so etwas passiert, erleben wir eine Restimulation.

Dass wir auf restimulierende Gefühle aus der Vergangenheit reagieren, zeigt sich daran, dass wir unser Verhalten als unverhältnismäßig und irrational empfinden.

Bei einer Restimulation reagieren wir auf einen Stimulus in der Gegenwart zu stark oder zu schwach. Sicher kennen Sie die folgenden Erfahrungen:

Sie fühlen sich von jemand, den Sie gerade kennen gelernt haben, extrem *angezogen* oder *abgestoßen*.

Jemand überholt Sie und anstatt sich ein bisschen zu ärgern, würden Sie den Fahrer am liebsten *ermorden*.

Eine Freundin kritisiert Ihre neuen Vorhänge und anstatt nur leicht enttäuscht zu sein, würden Sie am liebsten *in Tränen ausbrechen*.

Sie bitten Ihren Chef um einen freien Tag und sind nicht nur nervös, sondern *sterben vor Angst*.

Eine Kollegin macht Sie vor anderen schlecht und anstatt Ihre Empörung darüber offen zu äußern, *lächeln Sie süßlich und murmeln Zustimmung*.

Ihre Frau sagt, dass sie keine Lust auf Sex hat, und Sie reagieren wie ein *abgewiesener Dreijähriger*.

Ihre Party ist kein Erfolg, und noch Tage danach sind Sie in *Selbstmordstimmung*.

Eine sehr gute Freundin von Ihnen stirbt, und Sie fühlen absolut *nichts*.

Sie verpassen knapp Ihren Zug, und diese Unannehmlichkeit stürzt Sie in *katastrophale Verzweiflung*.

Probleme treten auf, wenn die auslösenden Assoziationen und Erinnerungen nicht so bewusst sind. Wenn wir übersehen, dass eine Restimulation vorliegt, und meinen, wir würden nur auf die Gelegenheit reagieren, wenn das, was ist, mit Annahmen und Vorstellungen verquickt wird, die durch vergangene Erfahrungen gefärbt sind – dann ist das Ergebnis ein verwirrendes Kuddelmuddel mit weit reichenden Folgen.

Für Sharon war das Ende einer Beziehung zu einem Mann, den sie vor fünf Jahren kennen gelernt hatte, der unmittelbare Auslöser für ihren abgrundtiefen Kummer. Die beiden waren mit ihren jeweiligen Kindern aus früheren Ehen zusammengezogen, aber aus allen möglichen Gründen hatte ihr Partner beschlossen, dass er weg wollte. Er zog aus und ließ sich woanders nieder. Sharon fühlte sich betrogen und gedemütigt, sie war wütend und zwanghaft entschlossen, sich irgendwie an ihm zu rächen. Sie hatte ein paar Monate lang Antidepressiva genommen und ihre Kinder und ihre Freunde wussten nicht mehr, wie sie ihr helfen sollten.

Sie hatte das Gefühl, mit ihrem Leben nicht mehr zurechtzukommen – sich um ihre Kinder, ihre Wohnung oder irgendetwas anderes zu kümmern. Das Leben war nicht mehr lebenswert. Im Gespräch mit ihr stellte sich schnell heraus, dass ihr erster Mann vor zwölf Jahren bei einem Autounfall plötzlich ums Leben gekommen war und sie mit zwei kleinen Söhnen zurückgelassen hatte. Damals hatte sie sich zusammenreißen müssen, um einfach nur zu überleben. Sie hatte nie um ihren Mann getrauert, den sie sehr geliebt hatte. Etwas später erzählte sie, ihr Vater sei plötzlich an einem Herzinfarkt gestorben, als sie vierzehn war. Die Mutter war zusammengebrochen und Sharon hatte gedacht, jetzt müsse sie stark sein und sich um ihre Mutter kümmern, deshalb hatte sie nie um ihren Vater getrauert, den sie angebetet hatte. Jetzt konzentrierte sie sich nur darauf, wie ihr Ex-Partner sie behandelt hatte und wie sie sich rächen konnte. Die Verbindung zwischen den nicht geäußerten und nicht entladenen Gefühlen aus der Vergangenheit und ihrer gegenwärtigen Unfähigkeit, eine unverhältnismäßige Reaktion auf ihre Situation aufzugeben, war ihr nicht bewusst.

Vergangene Erfahrungen und unsere bewussten oder unbewussten Verbindungen zu ihnen beeinflussen ganz eindeutig die emotionale Erregung. Sobald wir das akzeptieren, stehen wir vor der unangenehmen Möglichkeit, dass unsere Gefühle eigentlich mehr mit dem zu tun haben, was wir *in uns* mit uns herumtragen: ein emotionales Sammelsurium von Erinnerungen, Assoziationen, nicht geäußerten und also nicht entladenen Gefühlen und Emotionen aus vergangenen Erfahrungen. Sehr oft drängen diese unerlösten Emotionen unterhalb der Bewusstseinsschwelle uns in Situationen, Beziehungen und Verstrickungen, damit wir die Gelegenheit bekommen, sie endlich anzuerkennen, zu äußern und zu erlösen.

Der Begriff »Restimulation« ist neu, aber dass zwischen vergangenen Erfahrungen und gegenwärtigem Verhalten Verbindungen bestehen, ist allgemein bekannt. Das Aufdecken und Analysieren dieser Verbindungen ist die Grundlage aller Arten von Therapie. Aber eine Therapie ist weder für jeden geeignet noch jedem verfügbar. Auf Grund der kulturell bedingten Aufspaltung in Rationales und Emotionales hat allein die Vorstellung, sich das gegenwärtige Verhalten im Licht vergangener Erfahrungen anzusehen und zwischen den beiden eine Verbindung herzustellen, für viele Menschen den Beigeschmack einer Generalabsolution, einer egozentrischen Nabelschau, einer Krankheit oder schlechten Erbguts. Eine solche Selbsterforschung gilt als Zeitverschwendung, als vollkommen irrelevant für das wirkliche Leben.

Dass wir die Relevanz solcher Verbindungen nicht sehen, verhindert allerdings nicht, dass Emotionen sich aufstauen.

Das kann so weit gehen, dass wir die emotionale Erregung nicht mehr im Griff haben: In punkto Gesundheit, Arbeit oder Beziehungen erreichen die Dinge einen kritischen Punkt und wir erkennen, dass etwas nicht stimmt. Das kommt nicht oft vor, aber manchmal. Weil wir den Kontakt zu unserem Körper weitgehend abgebrochen haben, sind wir oft überrascht, wenn dieser Punkt erreicht wird. Die Spannung und der psychosomatische Stress haben sich vielleicht schon eine ganze Zeit lang aufgestaut, aber wir haben die Anzeichen ignoriert.

Wenn eine Situation einen Menschen vollkommen überwältigt und er sich von einem bestimmten Trauma nicht erholt oder überhaupt erholen möchte, ist im Allgemeinen eine Restimulation die Ursache. Bill war Polizist, vierzig Jahre alt, seit achtzehn Jahren glücklich verheiratet und Vater von zwei halbwüchsigen Kindern. Er war ein freundlicher, sensibler Mann, bis bei der Arbeit etwas passierte: Er wurde bei einer Beförderung übergangen und musste hinfort von einem sehr viel jüngeren Mann Befehle entgegennehmen. Dieser Auslöser erwies sich als katastrophal.

Es hatte nicht direkt mit dem Vorfall bei der Arbeit zu tun. Oft fungiert irgendein Schicksalsschlag als Katalysator. Wenn irgendetwas den normalen Umgang mit unseren Gefühlen stört, werden tiefer liegende Unsicherheiten aufgewühlt, steigen an die Oberfläche und zeigen sich auf unterschiedliche Weise. Bei Bill restimulierte die Erfahrung, übergangen worden zu sein, ein paar ziemlich tief sitzende Emotionen, aber er wusste nicht, welche, oder warum das Ganze geschah. Langsam, aber sicher schien Bills Charakter sich zu verändern. Er fing an, ziemlich viel zu trinken. Seine Beziehungen verschlechterten sich: Er wurde extrem ekelhaft gegenüber seiner Frau und zog sich von seinen Kindern zurück.

Seine Frau drängte ihn zu einem Besuch beim Hausarzt.

Bill ging widerwillig hin und bekam starke Schlaftabletten verschrieben. Er wollte über nichts reden und wiederholte nur seine Bitterkeit wegen der ungerechten Behandlung am Arbeitsplatz. Ja, er war ungerecht behandelt worden, aber was war die Ursache für seine Reaktion? Es war seine Frau, die als Erstes mit mir sprach. Sie war so verzweifelt und frustriert, dass sie keine andere Lösung sah, als sich von ihm zu trennen und die Familie auseinander zu reißen. Weder sie noch Bill ahnten, dass seine extreme Reaktion durch die Restimulation einer alten Erinnerung ausgelöst worden war. Im Gespräch mit ihr stellte sich schnell heraus, dass Bills beide Eltern Alkoholiker gewesen waren. Seine Reaktion darauf hatte darin bestanden, dass er so bald wie möglich von zu Hause ausgezogen war. Dass es zwischen dieser Tatsache und den derzeitigen Auflösungserscheinungen in seinem Leben eine Verbindung gab, war in Bills Denken vollkommen ausgeblendet. Er hatte seine Eltern seit zwanzig Jahren nicht gesehen, wieso sollte dann diese Kindheit für sein jetziges Leben wichtig sein, fragte sein rationales Selbst. Sein emotionales Selbst wurde von allen möglichen Gefühlen überschwemmt – vergangenen und gegenwärtigen wirr durcheinander – und erst, als er sich den Anonymen Alkoholikern anschloss, fing er an, ein paar dieser Verbindungen selbst zu sehen.

Wenn wir diese Verknüpfungen sehen, wenn wir sie also bewusst wahrnehmen, haben wir einen ersten und wichtigen Schritt getan. In Anbetracht unserer Konditionierung ist es kein Wunder, dass wir die Vergangenheit leugnen und meinen, sie wäre für die Gegenwart nicht relevant, aber psychosomatisch sind auf diese Weise Spannung und Leid vorprogrammiert. Denn wie wir gesehen haben, finden Emotionen nicht nur auf der Ebene des Denkens statt. Sie finden auch im Körper statt.

Das Körper-Seele-Gedächtnis

Ich möchte noch einmal darauf zurückkommen, dass Emotionen ein Medium sind – kein konkretes Objekt, nichts Materielles, sondern ein im Fluss befindlicher Zustand des mentalen und körperlichen Seins –, das in Reaktion auf eine Wahrnehmung auftritt. Dieser Seinszustand hat eine Absicht: die Wiederherstellung des psychosomatischen Gleichgewichts im menschlichen Organismus. Dieses Gleichgewicht wird erreicht, wenn die Emotion durch den Körper hindurchgeht, als wäre er eine durchlässige Membran. Die natürliche Reaktion auf die Erregung einer Emotion gleicht einer Welle: Sie hebt an, geht durch den Organismus hindurch und verebbt wieder. Wenn eine emotionale Entladung stattfindet, werden auch die in den verschiedenen Körperorganen und -systemen aktivierten biochemischen Stoffe wieder abgebaut. Die überschüssigen, nicht verbrauchten Stoffe werden verteilt und ausgeschieden. Die Entladung sorgt dafür, dass die durch die Erregung verzerrten Wahrnehmungen wieder klar werden. Ein Gleichgewichtszustand ist wieder hergestellt.

Wenn die Entladung behindert oder blockiert wird, sammeln die aktivierten biochemischen Stoffe sich an und beeinträchtigen das Körpersystem, das bei dem Betreffenden besonders verletzbar ist. Stellen Sie sich vor, was passieren würde, wenn andere Abfallprodukte im Körper nicht mehr abgebaut würden – die resultierende Ansammlung von Toxinen hätte auf die normalen Körperfunktionen schnell eine verheerende Wirkung. Die angesammelten emotionsbedingten biochemischen Stoffe beeinträchtigen uns genauso und streuen Sand ins Getriebe unserer körperlichen und mentalen Systeme (siehe Kapitel 15 und 16). Hier wollen wir uns ansehen, wie sie Kopf und Herz beeinträchtigen, das heißt kognitive und emotionale Prozesse.

Wenn eine Emotion nicht geäußert werden darf, wird sie suspendiert, wie in einem Eisblock »eingefroren«, gefühlt, aber nicht entladen. In der Erinnerung »auf Eis« liegen auch die von dem Ereignis ausgelösten Sinneswahrnehmungen: das, was wir gesehen, gehört, geschmeckt haben, welche Farben und Texturen wir wahrgenommen haben; und da das *Medium*, in dem alles in der Schwebe gehalten wird, eingefroren ist, wird die gesamte Erinnerung im unraffinierten Urzustand aufgezeichnet und gespeichert, und zwar psychosomatisch, im Gehirn und in den Muskeln. Dies gilt für singuläre und serielle, wichtige und unwichtige Erfahrungen.

Ebenfalls eingefroren und aufgezeichnet ist unsere *Wahrnehmung* der Ereignisse, und die ist im Allgemeinen verzerrt. Ich habe bereits erklärt, dass wir als sehr kleine Kinder sowieso zu übersteigerten Eindrücken neigen. Auch als ältere Kinder können wir vieles nicht verstehen oder im Zusammenhang sehen. Stattdessen stellen wir uns alles Mögliche vor: dass wir jemandem Schaden zugefügt oder sogar seinen Tod verursacht haben; dass wir im Grunde unseres Herzens böse sind; dass unsere Eltern uns hassen; dass Alleinsein bedeutet, wir könnten sterben. Die Wahrnehmung bleibt so lange verzerrt, bis eine Möglichkeit zur Entladung besteht.

Durch eine Seele und Körper umfassende Entladung könnte die gesamte eingefrorene Episode »auftauen«, sich in ihre Bestandteile auflösen und dann durchgesiebt und soweit geordnet werden, dass falsche Schlussfolgerungen korrigiert und durch passendere ersetzt werden. Ohne Entladung, ohne Bewegung, ist die Wahrnehmung durch die Emotion verzerrt und so wird sie festgehalten – roh und unverarbeitet, Fantasiertes vermengt mit Realem.

Die suspendierte Erinnerung an die Emotion beeinflusst in der Körper-Seele-Einheit unser Denken, unsere Wahrneh-

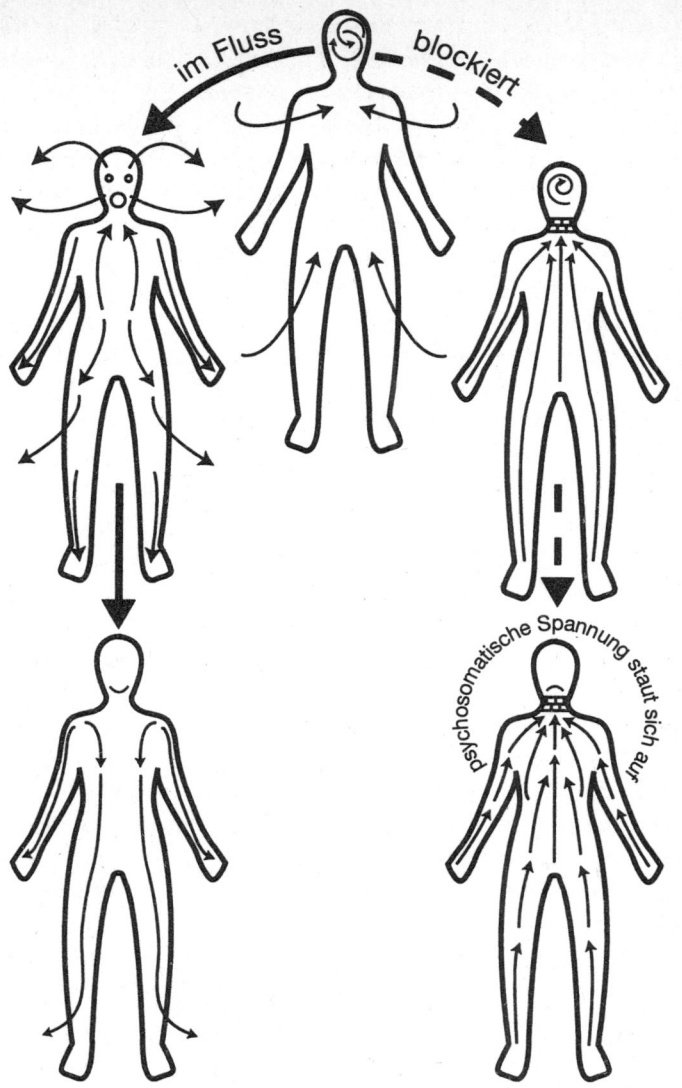

Abbildung 9. *Die Emotion als Medium*

mung und also unsere gesamten Reaktionen. Wenn eine Erfahrung oder eine Reihe von Erfahrungen traumatisch war und wie beschrieben aufgezeichnet, fixiert und eingefroren wurde, hilft der Selbstschutz- und Überlebensdrang uns bei der Entwicklung von Anpassungsstrategien, mit denen wir eine Wiederholung des Traumas vermeiden können. Dieses Verhalten beeinflusst unser Denken und dieses wirkt auf das Verhalten zurück; so wird ein überdauernder Kreislauf in Gang gesetzt, der auf einer ursprünglich falschen, unreifen Wahrnehmung beruht.

Die instinktive Fähigkeit des Kindes, ähnlich wie ein Tier emotionale Spannung und Energie zu spüren, ist noch intakt und deshalb sind Kinder oft sensibel für elterliche Spannungen, Sorgen, Ängste und Feindseligkeiten. Die Wahrnehmungen und Empfindungen des Kindes werden allerdings noch *stärker* erregt durch seine Unfähigkeit, das, was geschieht, zu begreifen. Die Erregung von Gefühlen ohne jede Möglichkeit, sie zu verarbeiten und aus ihnen zu lernen, kann in einem Kind zu Konflikten führen, die nach einer wie immer gearteten Entladung und Auflösung drängen. Die in den ersten Lebensjahren zur Auflösung dieser Konflikte verwendeten mentalen und körperlichen Maßnahmen legen den Grundstein dafür, wie der zukünftige Erwachsene mit Gefühlen umgeht. Ich betone diese Tatsache deshalb, weil einem Kind nicht nur durch die emotionalen Erfahrungen, das heißt die schlagzeilenträchtigen extremen Fälle von Missbrauch und Grausamkeit, dauerhafter Schaden zugefügt wird. Es passiert auch durch Allerweltssituationen, in denen Eltern ihr Bestes tun, um ihre Kinder liebevoll großzuziehen, aber weil sie selbst keine adäquate emotionale Erziehung hatten, können sie sie auch nicht weitergeben. Sehen wir uns die folgenden beiden Beispiele an, die häufige Situationen schildern.

Robert ist sieben und weiß, dass zwischen seinen Eltern

etwas nicht stimmt. Er hört den angespannten Ton in ihrer Stimme, bekommt wütende Wortwechsel mit, sieht einen anderen Ausdruck in ihren Augen. Er weiß nicht, was nicht stimmt oder warum niemand es ihm erklärt. Seinen Fragen wird mit gut gemeinten Dementis begegnet, die seine Unsicherheit und seine Besorgnis nur noch mehr schüren, denn sie widersprechen seinem ganzen Empfinden.

Der Versuch, Robert zu schützen, verstärkt in seinem kleinen abhängigen Herzen die Angst. Er ist natürlich noch zu klein, um das Hin und Her von Erwachsenenbeziehungen oder die feineren Nuancen der zwischenmenschlichen Dynamik zu verstehen. Aber solange seine Wahrnehmung, dass eine emotionale Störung vorliegt, nicht nur nicht erklärt, sondern abgestritten wird, hat er keine Gelegenheit, seine Angst zu verarbeiten oder zu entladen.

Die Kombination von starker Besorgnis und Unsicherheit verzerrt seine Wahrnehmung und vermehrt seine Angst. Er bildet sich alle möglichen Dinge ein, die seiner Fantasie entsprungen sind. Denken Sie daran, dass die emotionale Erregung die mentale Wahrnehmung verzerrt, was wiederum die Erregung verstärkt. Die verzerrenden Folgen der Erregung geben Roberts Fantasie Nahrung. Die Gelegenheit zu reden, seine Gefühle in einer sicheren Atmosphäre zu äußern, vielleicht in einfachen Worten, und sie dadurch zu entladen, dass er weint oder zittert, würde seinem Körper auf der physischen Ebene erlauben, sich wieder zu stabilisieren und ins Gleichgewicht zu kommen, und auf der psychischen Ebene würde seine Wahrnehmung durch die Informationen und die Beruhigung verändert. Wenn ihm nichts gesagt wird, bleibt ein Vakuum, das automatisch und kontinuierlich mit der naiven Vermutung aufgefüllt wird, dass er *schuld* ist. Diese Annahme nimmt Robert zumindest sofort die Angst vor dem Unbekannten.

Dies ist eine der häufigen kognitiven Verzerrungen, die in

Reaktionen auf ein derart hohes Angstniveau auftreten. Der Pegel wird unerträglich hoch, und sobald zwischen unserem Gehirn und der Emotion die »Es ist meine Schuld/Das hab ich auf dem Gewissen«-Verbindung hergestellt ist, beschwichtigt sie die Angst. Der einmal gebahnte Pfad kann immer wieder beschritten werden und die Angst jedes Mal verringern, wenn sie restimuliert wird. Dieser Weg wird zu einem Ausweg, der sich, wenn er im Lauf der Jahre oft verstärkt wird, in den Verhaltensweisen und Einstellungen des erwachsenen Robert zeigen wird. Wenn die Verknüpfung früh und oft genug hergestellt wird, kommt dem erwachsenen Robert diese anpassungsbedingte Reaktion, sich selbst die Schuld zu geben, nicht nur vertraut, sondern auch völlig normal vor. Auch wenn sie ihm nicht bewusst wird, beeinflusst sie sein Verhalten auf alle möglichen Arten, wie wir im nächsten Kapitel sehen werden.

Im zweiten Beispiel geht es um eine bestimmte Veränderung der Lebensumstände, zum Beispiel durch die Geburt eines Geschwisterchens.

Laura ist vier. Die Ankunft eines kleinen Schwesterchens und der Verlust der ungeteilten Aufmerksamkeit ihrer Eltern haben Eifersucht, Unsicherheit, Wut und ein starkes Bedürfnis nach Geborgenheit geweckt. Auch in diesem Fall können auf Grund der Verletzbarkeit und der unreifen Wahrnehmung alle möglichen Verzerrungen auftreten: der Wunsch, den »Usurpator« umzubringen oder zu vernichten, die phantasierten entsetzlichen Konsequenzen und die Angst, verlassen zu werden.

Wenn Laura die Gelegenheit bekommt, ein paar dieser Gefühle in Worte zu fassen, auch wenn sie noch so einfach sind, und, besser noch, einen Teil ihrer Wut auf unschädliche Weise entladen kann, während die Liebe ihrer Eltern ihr Halt gibt, kann ihr gesamter psychosomatischer Mechanismus die aufgestaute Spannung loslassen und das Gleichgewicht wieder herstellen. Laura lernt dann, dass ihre Wut nicht an sich schlecht oder böse ist; mit Unterstützung der Eltern, die sie informieren und ihr Geborgenheit geben, kann sie ihre Gefühle in einen anderen Kontext stellen.

Wenn Laura diese Gelegenheit und Erlaubnis nicht bekommt, steigern Erregung und Verzerrung sich ähnlich wie oben. Die Wut, die Angst und die Verletztheit eskalieren manchmal bis zu einem Punkt, an dem sie ohne Überlegung einfach nur herausgeschleudert werden, etwa indem versucht wird, andere verbal oder physisch zu verletzen. Wenn dieses Verhalten dann bestraft wird, wird die Überzeugung von der eigenen Destruktivität verstärkt. Lauras Wut und Ohnmacht in Reaktion auf eine von ihr als ungerecht empfundene Behandlung – sie wurde nicht »gesehen«, sondern bestraft – eskalieren bis zu einem Punkt, an dem sie nicht mehr ertragen werden können und folglich verdrängt werden.

Der in ihre Psyche eingeätzte Eindruck, dass sie von Grund auf schlecht ist, wendet die Wut nach innen und lindert den psychosomatischen Druck, sodass sie die Liebe ihrer Eltern zurückgewinnen und kurzfristig überleben kann. Jedes Mal, wenn Lauras Wut unerträgliche Ausmaße annimmt, wird ihre Überzeugung, dass ihre Gefühle zu stark und tödlich sind, die emotionale Tür zumachen. Diese Überzeugung bildet wahrscheinlich die Grundlage für das Verhalten und die Einstellungen der erwachsenen Laura, was so weit gehen kann, dass allein die Vorstellung, Wut zu fühlen, unnatürlich erscheint, ohne dass Laura weiß, warum das so ist. Denn die »emotionalen Eisblöcke« lagern unversehrt irgendwo in der Psyche, auch wenn wir meinen, wir hätten die Vergangenheit vergessen. Im Lauf der Jahre habe ich bei meiner Arbeit viele Erwachsene gesehen, die erstaunt feststellten, dass sie unter bestimmten Umständen die exakten Details der Situation, der Umgebung und der Empfindungen aus ihrem Gedächtnis hervorkramen konnten, die mit einem bestimmten Ereignis verbunden waren, auch wenn sie bewusst sagen, sie könnten sich an überhaupt nichts erinnern.

Das Gesagte gilt für die Erinnerung an einzelne Ereignisse oder generelle Erfahrungen, für Freude, Glück und Sicherheit genauso wie für Trauer, Frustration und Angst. Obwohl im Allgemeinen die so genannten negativen Gefühle aus Angst vor den Folgen unterdrückt oder »eingefroren« wurden, wirkt dieser Mechanismus sich auf die Erinnerung und den Ausdruck *aller* Gefühle aus. Viele Erwachsene stellen fest, dass sie auch dann gehemmt sind, wenn sie »positive« Gefühle äußern wollen, etwa Freude, Begeisterung, Stolz, Entzücken und Liebe.

Das waren viele Informationen, die verarbeitet sein wollen – nicht weil sie intellektuell anspruchsvoll sind, sondern weil wir solche Informationen nicht verinnerlichen können, ohne dass Erinnerungen, Assoziationen und alle möglichen Gefühle in uns berührt – restimuliert – werden. Wenn ich diesen Abschnitt im Verlauf eines Workshops lehre, überkommt mich jedes Mal Trauer um die verlorenen Möglichkeiten und Frustration über die fehlende emotionale Erziehung. Aber Veränderungen sind möglich. Kürzlich las ich von einem ermutigenden Beispiel: Eine Gruppe von Achtzigjährigen hatte an einer Studie teilgenommen, bei der untersucht wurde, ob ihre betagten Muskeln durch regelmäßiges Training stärker gemacht werden könnten. Sie sollten im Fitnessstudio regelmäßig bestimmte leichte Übungen machen; innerhalb von ein paar Monaten zeigten die Ergebnisse, dass die Muskeln stärker und flexibler reagierten. Die Forscher waren überrascht; die Achtzigjährigen freuten sich einfach über sich selbst und waren entschlossen, weiterzumachen.

Auch die emotionalen Muskeln können sich ändern und flexibler werden – wie, erfahren Sie in Teil Zwei. Aber bevor wir uns mit diesem Veränderungsprozess beschäftigen, müssen wir uns ansehen, wie der oben beschriebene Prozess in unser gegenwärtiges Leben eingreift. Wie wirkt die Theorie sich in der Praxis aus? Wenn alle möglichen Emotionen eingeschränkt und eingefroren werden, wie zeigen sie sich dann? Warum bleiben sie nicht einfach verborgen und vergessen?

Kurz gesagt zeigen nicht entladene Emotionen sich daran, wie wir uns an diese Blockaden anpassen. Je früher dieser *Anpassungsprozess* einsetzt, je öfter er verstärkt wird, desto tiefer sitzt er und desto deutlicher zeigt er sich an den physischen, mentalen und emotionalen Verhaltensmustern des Erwachsenen.

Kommt zurück
Tief in mir,
hinter dem wehen Knie, das ich heute habe,
liegt, ein bisschen schmutzig und aufgeschürft,
ein anderes, kleineres Knie.
Und in meinen Fingern, allen fünfen,
liegt eine andere, kleine Hand,
ein bisschen ängstlich noch, aber warm.
Und tief in meinem Schädel,
im tiefsten Inneren,
prickeln andere Gedanken,
merkwürdige und kleine, fest eingewickelt,
aber trotzdem
atmen sie noch. Voller Erwartung, fast Freude.
Manchmal jucken sie –
sie wollen herauskommen und Versteck mit mir spielen.
Oft – sehr oft.
Aber dann sind sie plötzlich weg. Ich kann
sie nicht wiederfinden. So viele Jahre sind vergangen,

so viele schwere Schichten Zeit
haben sich über alles gelegt.
– Aber kommt doch zurück, ihr alle. Kommt zurück,
und wir laufen und spielen gemeinsam,
jeder Einzelne, jeder Einzelne.   *Rolf Jacobsen*

- Vielleicht wollen Sie folgende einfache mündliche Übung
  ausprobieren. Der eine Partner redet fünf Minuten lang,
  während der andere still zuhört. Beschreiben Sie in Ihren
  fünf Minuten einen Raum oder einen Ort aus Ihrer Kindheit in allen Einzelheiten. Lassen Sie, wenn Sie mit der
  Übung anfangen, den Raum so in Ihr Bewusstsein treten,
  als würden Sie ihn einladen, anstatt von vornherein rational zu entscheiden, welcher Raum Ihres Erachtens untersucht werden sollte.
- Stellen Sie sich vor, sie wären wirklich an diesem Ort,
  während Sie beschreiben, was Sie sehen, riechen, hören,
  berühren oder auch schmecken. Diese Übung wird noch
  intensiver, wenn Sie das, was Sie wahrnehmen, im Prä-
  sens beschreiben.
- Die Übung ist einfach, aber wenn Sie sich voll auf die beschriebenen Sinneseindrücke konzentrieren und die mit
  diesem Ort assoziierten Gefühle und Emotionen entdecken, veranschaulicht dies sehr gut, wie der Mechanismus der eingefrorenen Wahrnehmungen funktioniert:
  Wenn Sie einen Faden aufnehmen und ihm folgen, führt
  er Sie von Erinnerung zu Erinnerung. Machen Sie diese
  Übung nicht länger als fünf Minuten, aber notieren Sie
  alle Gefühle, die Sie wahrnehmen.

Die Entstehung von Überlebensmustern

In allen Bereichen unseres Lebens folgen wir bestimmten Mustern: In der Art, wie wir denken, essen, arbeiten, lieben und ganz generell unser Leben organisieren, sind oft charakteristische Sequenzen bzw. Muster zu erkennen. Manche definieren uns als Individuum – sie bilden die vertraute Form, an der andere die Summe unserer Teile erkennen.

Muster tendieren dazu, sich einzuschleifen, und im Allgemeinen bemerken wir sie nur, wenn wir erkennen, dass sie uns irgendwie schaden. Dies kann zum Beispiel zu der Entscheidung anregen, ein ungesundes Essverhalten oder eine unproduktive Arbeitsgewohnheit zu verändern und uns an die neue Zielvorgabe *anzupassen*.

Die *Anpassung* als solche ist Teil des Entwicklungsprozesses. Wir passen uns an Veränderungen an: Menschen, die nicht mehr sehen können, lernen besser zu hören; Not macht bekanntlich erfinderisch; wenn wir älter werden, gehen wir alles ein bisschen langsamer an; in einem fremden Land passen wir uns an den anderen Lebensstil an; ein umgestürzter Baum blockiert den normalen Weg, also gehen wir um ihn herum. Kennzeichen einer gesunden Anpassung sind *Flexibilität* und *Entscheidungsfreiheit* und der Wunsch, unser Leben zu bereichern, und nicht, es einzuschränken.

Dieses Kapitel beschäftigt sich mit emotionalen Mustern – der charakteristischen Form unserer Beziehung zu uns selbst, nahe stehenden Mitmenschen und der Welt insgesamt – und damit, wie wir die Muster erkennen können, die nicht gesund und konstruktiv, sondern starr und störend sind. Sie gehen oft ins Leere, sind im Allgemeinen Energieverschwendung und entziehen sich meist jeglicher Kontrolle. Wir erkennen sie an sich wiederholenden Einstellungs- und Verhaltensabläufen, die verhindern, dass wir uns so verhalten, wie wir eigentlich wollen. Sicher kennen Sie einige der folgenden Erfahrungen:

Sich auf fruchtlose Projekte einlassen

Mit Hektik und Betriebsamkeit Stille und Einsamkeit vermeiden

Vermeiden, für das, was wir tun, die Verantwortung zu übernehmen

Beschließen, Menschen zu lieben, die diese Liebe nie zurückgeben werden

Zwanghafte Beschäftigung mit dem Aussehen

Unfähigkeit, Entscheidungen zu treffen

Eine automatische Reaktion auf Aggression

Sich selbst den Boden unter den Füßen wegziehen

Ständig essen, um ein emotionales Bedürfnis aufzufüllen

Ständige Selbstverleugnung

Unfähigkeit, Dinge zum Abschluss zu bringen

Unfähigkeit, Risiken einzugehen

Anderen gegenüber überkritisch sein

Unfähigkeit, sexuell loszulassen

Extreme Abhängigkeit von der Anerkennung anderer

Nicht Nein sagen können

Sich über nichts freuen können

Nicht aufhören können, jeden honigsüß anzulächeln

Solche gewohnheitsmäßigen Muster bilden wir an allen drei Schauplätzen der emotionalen Reaktion aus: im Körper, in der Psyche und im Verhalten. Ursprünglich entsteht ein Muster durch die Interaktion mit anderen. Wir haben bereits gesehen, dass nicht entladene Emotionen auf Eis gelegt werden und dass in der Erinnerung auch die unversehrt gebliebenen Sinneseindrücke und Wahrnehmungen aus der damaligen Erfahrung gespeichert werden.

Als integraler Bestandteil der Erinnerung wird auch das blockierte *Bedürfnis* gespeichert, das die Emotion überhaupt erst ausgelöst hat. Allerdings wird es entstellt gespeichert, denn solange die Emotion nicht entladen und die falsche Wahrnehmung korrigiert wurde, sind wir psychosomatisch nicht im Gleichgewicht. Emotionale Muster sind ein Versuch, das Gleichgewicht wieder herzustellen; Probleme entstehen, weil unsere diesbezüglichen Anstrengungen viele Verrenkungen erfordern, die mit der Zeit immer übertriebener werden.

Der Anpassungsprozess kann lang und langsam sein, seine Folgen sind *chronisch*. Vergleichsweise können wir uns vorstellen, dass am Anfang ein kaum wahrnehmbares Unbehagen steht, ein lästiger, nur ab und zu auftretender Schmerz wie der, den ein kleines Steinchen im Schuh auslöst. Sie bemerken ihn nicht ständig, aber er ist da, und so fangen Sie unbewusst an, Ihre Füße anders aufzusetzen, damit auf diese spezielle Stelle kein Druck ausgeübt wird. Am Anfang fällt es Ihnen noch relativ leicht, anders zu gehen, aber obwohl Sie sich nur ein bisschen an die neue Situation angepasst haben, wirkt jede kleine Anpassung sich auf einen anderen Muskel aus, oft ohne dass Sie es bemerken. Nach einer Weile ist das Unbehagen wieder da und Sie passen sich stärker an.

Wenn die Situation weitergeht und der Schmerz stärker wird, beeinträchtigen die Verspannung und der veränderte

Aufsetzwinkel die Muskeln im anderen Fuß, der Unter- und der Oberschenkel, die Hüfte, den Rücken, die Schultern und den Nacken, bis schließlich der ganze Körper damit beschäftigt ist, das Ungleichgewicht zu kompensieren, das ursprünglich entstanden ist, um den Schmerz im Fuß zu vermeiden. Sie gehen nun ganz anders und die neue Gewohnheit schleift sich im Lauf der Zeit immer mehr ein, bis das immer größer werdende Ungleichgewicht einen Punkt erreicht, an dem der angesammelte, durch die Anpassung bedingte Schmerz uns dazu veranlasst, einen Spezialisten aufzusuchen. Bis dahin hat das anstehende Problem sich vom Ort des ursprünglichen Schmerzes, der wahrscheinlich gar nicht mehr bewusst ist, oft schon sehr weit entfernt.

Manche Anpassungen gehen *schneller*. Wenn wir zufällig auf eine Glasscherbe treten, ist dieses plötzliche Ereignis für den Organismus ein Schock. Wir müssen sofort etwas unternehmen, damit der verletzte Fuß möglichst nicht belastet wird. Wenn wir wieder mit dem Gehen anfangen, müssen wir sehr vorsichtig sein, damit die Verletzung nicht schlimmer wird und heilen kann. Eine Zeit lang bleibt der Fuß ein verletzlicher Bereich, den wir therapeutisch versorgen und schützen müssen. Wenn sich dann eine andere Geh- und Bewegungsgewohnheit einschleift, wird sie auf Grund der Veränderungen in den Muskeln oft auch dann noch beibehalten, wenn die ursprüngliche Wunde schon lange verheilt ist.

Auch nach einem größeren Trauma kann ein Anpassungsprozess notwendig sein. Wenn wir nach einer schweren Operation das Krankenhaus verlassen, wissen wir, dass wir extrem verletzbar sind und uns erholen müssen. Also stellen wir kurzfristig alle möglichen Ernährungs- und Bewegungsmuster um, aber die Operation und unsere neue körperliche Verfassung können *dauerhafte* Anpassungen der Lebensweise erfordern.

Das Rad

Um die Entstehung von emotionalen Mustern zu veranschaulichen, möchte ich das Bild von einem Rad heranziehen. Die Nabe ist die eingefrorene Emotion; die Speichen sind die diversen mentalen Einstellungen, Gedanken und Bilder, die von der Nabe ausgehen und ihrerseits auf sie zurückwirken; der Radkranz ist das Verhaltensmuster, das den gesamten Anpassungsprozess in Gang hält.

Die Nabe: Der emotionale Kern

Im Zentrum des Rads befindet sich die Nabe, von der die Speichen ausgehen und um das sie sich drehen. In unserem

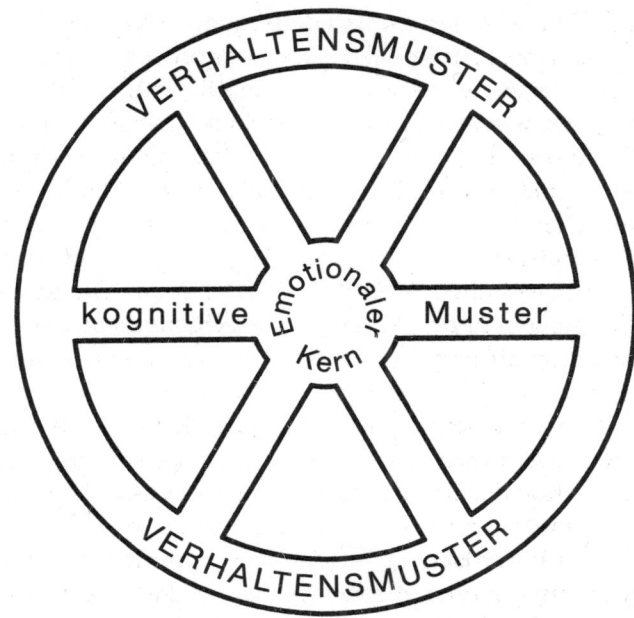

Abbildung 10. *Das Rad*

Kontext steht die Nabe für die blockierte, nicht entladene Emotion und das unerlöste Bedürfnis. Diese emotionale Energie befindet sich quasi im Rohzustand, weil sie nicht durch Entladung und Auflösung zerstreut wurde. Die Nabe enthält die suspendierten Erinnerungen und Wahrnehmungen und erzeugt den psychischen Impuls, der unsere auf Entladung gerichteten Anpassungsbemühungen gestaltet und gleichzeitig die Bewegung in Gang hält.

Die Speichen: Kognitive Muster

Die von der Nabe ausgehenden Speichen verbinden die ursprünglichen Bedürfnisse und Emotionen mit unserem aktuellen Verhalten. Die Speichen bestehen aus mentalen Botschaften, Bildern, Gedanken, Stimmen und Überzeugungen, die wir von uns haben. Viele dieser Speichen verstärken und formen die Reaktionen und Erwartungen, die uns zu einem bestimmten Verhalten veranlassen; das Ergebnis dieses Verhaltens wiederum intensiviert die mentalen Botschaften. Beispiele für diese kognitiven Muster finden sich bei den einzelnen Polaritäten, ihre zerstörerische Kraft sehen wir uns genauer in Kapitel 18 an.

Der Radkranz: Die Verhaltensmuster

Damit sind unsere Versuche gemeint, das psychische Gleichgewicht wieder herzustellen; dabei mobilisiert, beeinflusst, färbt und formt die von der Nabe ausgehende Energie unsere individuellen Anpassungsbemühungen. Die Verhaltensmuster sind enorm vielgestaltig und komplex, aber ein paar Grundgedanken treten immer wieder auf.

1. *Übertreibung.* Hier macht das Kind in uns Druck auf das eingefrorene, nicht befriedigte Bedürfnis, aber auf eine Art und Weise, die für einen Erwachsenen extrem, verzerrt, übertrieben und oft unangemessen ist.

2. *Tarnung*. Auch hier agiert das Kind im Inneren, um das nicht befriedigte, eingefrorene Bedürfnis aus der Vergangenheit zu erlösen, aber verdeckter, damit es nicht verletzt wird; zum Selbstschutz verwendet es irgendeine Form der Tarnung.

3. *Vermeidung*. Wenn die unerlöste seelische Not unerträglich ist, finden wir manchmal Möglichkeiten, Situationen oder Begegnungen zu vermeiden, in denen diese Gefühle in irgendeiner Form restimuliert werden könnten.

4. *Leugnung*. Auch durch Leugnen können wir vermeiden, dass das unerlöste Bedürfnis und die mit ihm einhergehenden Emotionen wieder aufgewühlt werden, aber statt dichtzumachen gehen wir in die Überkompensation.

Im folgenden Abschnitt handle ich die drei Polaritäten nacheinander ab, auch wenn die Verhaltensmuster genauso ineinander greifen wie unsere Emotionen. Sie treten einzeln und in Kombination auf; ich stelle sie hier getrennt dar, damit sie deutlicher werden.

Nähe  **Distanz**

Emotionaler Kern. Im Zentrum steht hier die blockierte und nicht entladene Emotion **Kummer**, die ein Eigenleben entfalten und permanente Traurigkeit und namenlose Verlust- und Leeregefühle hervorrufen kann. Die von ihrem Ursprung abgekoppelte, frei schwebende Energie wird zu einem allgemeinen Mangel an Selbstliebe verzerrt, zu der Überzeugung, wir wären im tiefsten Inneren irgendwie verdorben oder nicht liebenswert und würden kein Glück verdienen. Wir sind chronisch pessimistisch und tendieren dazu, enttäuscht zu sein: Die Kirschen in Nachbars Garten sind immer röter. Weil die Trauer nicht entladen wird, führt sie oft zu bleibender Einsamkeit.

Abbildung 11. *Das Rad mit Kummer als Nabe*

Kognitive Muster

Zu den erkennbaren »Botschaften«, die unser Verhalten beeinflussen, gehören:

»Ich bin nicht liebenswert.«
»Ohne mich kämen sie nicht zurecht.«
»Ich bin so ein armes Würstchen.«
»Ich bin hässlich/ein Haufen Dreck.«
»Du musst immer glücklich aussehen.«
»Ich verdiene es nicht.«

Übertreibung. Wir versuchen, unser Bedürfnis nach Liebe und Nähe nach Erwachsenenart zu befriedigen, aber das Kind in uns verhält sich unangemessen bedürftig, fordernd und besitzergreifend. Wir sehnen uns danach, geliebt zu werden und zu lieben, und haben solche Angst vor der Einsamkeit, dass wir an Situationen und Beziehungen kleben, die unlebendig geworden sind und uns nichts mehr geben.

Das nicht befriedigte Bedürfnis nach *Selbst*liebe und Distanz wird verzerrt zu Verhaltensmustern, bei denen die zwanghafte Beschäftigung mit der eigenen Person, Selbstmitleid und unser *Eindruck* auf andere im Mittelpunkt stehen. Wir neigen zu einem aufgeblähten Gefühl für die eigene Wichtigkeit; es ist, als wäre das Selbst wie ein in der Kindheit ständig eingeschrumpelter Luftballon so blass und schlecht sichtbar, dass es ständig mit heißer Luft voll gepumpt werden muss, nur um nicht wieder in sich zusammenzufallen. Es kann zu einer merkwürdigen Eitelkeit kommen: Da wir unsere inneren Spiegel nur dazu einsetzen, uns vor dem ungewissen Spiegelbild zu schützen, das äußere Spiegel zurückwerfen, ist unser Selbstbild und damit auch das Spiegelbild der Menschen, mit denen wir zu tun haben, reichlich verzerrt.

Tarnung. Wenn das nicht befriedigte Bedürfnis nach Nähe zu Kummer geführt hat, versuchen wir in Zukunft, uns nur noch so weit zu öffnen, dass wir nicht weiter verletzt werden können. Wenn wir heiraten, entscheiden wir uns für einen Partner, dessen Kultur und Sprache uns so fremd sind, dass ein wirklich enger Kontakt nicht möglich ist; wenn wir die Phasen einer Beziehung durchlaufen, sind wir nie wirklich zugänglich oder emotional offen; wir sind anwesend, aber nicht wirklich da; wir gehen auf Partnersuche, um das Bedürfnis nach Kontakt zu befriedigen, bleiben aber nie so lange, dass die Gefahr von zu viel Nähe *oder* zu großer Distanz besteht. Da zu Nähe zwangsläufig Aufrichtigkeit gehört, wird *Un*aufrichtigkeit unvermeidlich: Zwanghaft kommt es zu Seitensprüngen und beim Sex mit unserem Partner denken wir an jemand anders.

Die Energie, die von dem unerlösten Bedürfnis nach Distanz ausgeht, führt zu einer Abhängigkeit, die sich als Unabhängigkeit verkleidet. Da uns die Beziehung vorgeblich egal ist, sind wir davon abhängig, dass unser Partner die Gefühle dechiffriert, vermittelt und generell »für die Gefühle zuständig« ist; so können wir sicher außen vor bleiben.

Vermeidung. Weil wir felsenfest davon überzeugt sind, dass emotionale Nähe zu anderen Menschen gefährlich ist, macht das Kind in uns bei jedem Kontakt dicht, der alte Verletzungen wieder aufrühren könnte. Wir vermeiden das Bedürfnis nach Liebe, und zwar in Bezug auf andere und auf uns selbst. Die charakteristischen Verhaltensmuster des **Einzelgängers** tauchen auf: emotionaler Rückzug, Entfremdung und Distanzierung; wir vermeiden es, den Partner, Freunde oder Kinder zärtlich zu berühren, oder wir entscheiden uns für eine Arbeit, bei der wir lange von zu Hause weg sind, sodass wir einen guten Grund für die Distanz haben.

Es kann auch sein, dass wir unser Leben von vornherein nicht um den engen Kontakt mit anderen Menschen herum aufbauen, sondern um die Einsamkeit. Manche von uns finden eine bequeme Nische, indem sie mit Fakten und Dingen arbeiten; oder wir wählen eine Arbeit, bei der wir den Körper oder die Psyche eines anderen Menschen intim kennen lernen, aber in einem sicheren klinischen Kontext. Vielleicht können wir Tieren leichter unsere Zuneigung zeigen als Menschen, vielleicht sammeln wir leblose Gegenstände oder werden zu Computerfreaks, weil wir anderen lieber per Bildschirm als im wirklichen Leben nah sein wollen.

Leugnung. Nicht entladener Kummer aus der Vergangenheit hat eine gewaltige Energie. Sie kann uns auch dahingehend beeinflussen, dass wir das Bedürfnis, geliebt zu werden, schlichtweg leugnen. So entstehen **Helfer**-Verhaltensmuster, deren Kennzeichen scheinbare Selbstgenügsamkeit und die endlose Aufopferung für andere sind. Das erzeugt ein Ungleichgewicht, das immer größer wird, denn die versteckte Trauer und Verzweiflung werden durch die Leugnung noch mehr angeregt. Die Hilfsbereitschaft ist von ihrem Kern her real und echt, aber der Kummer und die Verletztheit aus der Vergangenheit drängen so erschreckend kraftvoll nach Entladung, dass wir nicht mehr wagen, eigene Bedürfnisse zu äußern, denn wir haben Angst, dass sie andere überrollen und uns noch mehr Ablehnung und Verletztheit einbringen.

Wenn wir leugnen, dass Distanz und *Selbst*liebe möglich sind, tauchen andere Muster einer extremen Abhängigkeit auf. Die Trennung von anderen wird dann zum schwarzen Loch der Nicht-Existenz. Unsere Identität und der Sinn unseres Selbst sind so eng mit den anderen Menschen in unserem Leben verknüpft, dass wir uns selbst lieber nicht treu sind, denn wir wollen keine Ablehnung riskieren. Der Kummer entstellt unsere Wahrnehmungen so, dass wir zu der Überzeugung gelangen, wir wären tatsächlich *Ausschuss*, was so weit gehen kann, dass wir die Ablehnung durch andere erwarten oder sogar provozieren.

Weil wir nicht allein sein können, fällt es uns schwer, dies anderen zuzugestehen. Wir drängen uns auf, weil wir nicht schätzen können, dass andere Einsamkeit brauchen; weil wir das Bedürfnis haben, unentbehrlich zu sein, können wir nur schwer akzeptieren, dass andere eine eigene Identität mit eigenen Gefühlen, Stimmungen, Gedanken und Wünschen haben, die uns nichts angehen. Genauso haben wir Schwierigkeiten, andere so zu lieben, wie sie *sind*, und auf ihre tatsächlichen Bedürfnisse zu reagieren, nicht auf die, die wir dafür halten.

Generelle Verzerrung. Ein wichtiges Muster zeigt sich immer dann, wenn das nicht befriedigte, eingefrorene Bedürfnis nicht als erstrebenswertes Ziel, sondern als Bedrohung empfunden wird. Distanz wird dann nicht mehr mit Liebe zu sich selbst und selbst gewähltem Alleinsein gleichgesetzt, sondern zum unerwünschten Gespenst der Einsamkeit und Ablehnung. Das Alleinsein ist für uns nicht mehr die Oase, von der Kraft und Liebe ausgehen, sondern eine öde Wurst, in der wir verlassen und verletzt werden. Ähnlich verzerrt ist unser Blick auf die Nähe: Wir empfinden sie als erstickenden, verschlingenden, gefährlichen Sumpf und nicht als eine Gelegenheit, die Freuden der Liebe miteinander zu teilen.

Selbstbehauptung ◄───────────► Begrenzung

Emotionaler Kern. Hier befindet sich die nicht entladene und eingefrorene Emotion **Wut** im Zentrum. Wenn die Entladung von Wut verhindert oder bestraft wird, trifft unser Selbstbehauptungsdrang nicht auf ein gleichwertiges Gegenüber, sondern auf Unterdrückung; wir machen die Erfahrung, machtlos zu sein. Diese absolute Ohnmacht auf Grund der größeren Macht eines anderen dauert so lange an, wie die Wut blockiert ist, und ist der Same für unsere eigene Aggression.

Die inneren Vorgänge vervollständigen ein lebenslanges Muster. Anders als die von Kummer und Angst ausgehende Energie ist die Wut-Energie flüchtig, feurig, plötzlich und oft schockierend. Sie ist gewaltig. Weil sie zudem nicht entladen wird, entsteht ein überwältigender Druck, der unerträglich wird und das eigene Überleben bedroht. Der einzige Ausweg besteht darin, aus der machtlosen Position dadurch herauszukommen, dass die Energie in Hass und Schuldzuweisungen verwandelt wird. Beides wird nach außen gerichtet: Die blockierte Energie schürt Allmachts- und Zerstörungsfantasien, denn wir identifizieren uns mit den Mächtigen; das geht so lange gut, bis wir Angst bekommen, unsere Destruktivität würde den Menschen zerstören, von dem wir abhängig sind, oder wir selbst würden aus Rache zerstört. Aus Angst vor diesen Folgen unserer Wut richten wir sie auf ein neues, weniger gefährliches Ziel: uns selbst. Dann wird sie noch schlimmer, denn nun werfen wir uns zusätzlich vor, schwach zu sein.

Der unerträgliche Druck lässt sich auch dadurch mildern, dass wir dichtmachen. Manchmal beteiligt ein Kind sich an überhaupt nichts mehr, um psychisch zu überleben. Sehr oft aber behaupten wir uns weiter, treffen aber nicht auf einen gleichwertigen Gegner. Wir verinnerlichen die Regeln der Aggression und besänftigen so die nicht geäußerte Wut über die uns angetane Ungerechtigkeit. Wir finden Wege, genau dieselbe Macht über andere auszuüben, angefangen bei kleineren Wesen wie Tieren oder jüngeren Kindern oder auch Spielzeugen und formen so unsere aggressiven Verhaltensmuster für die Zukunft. Wenn weiterhin keine Entladung stattfindet, sammelt die Wut-Energie – das Bedürfnis, das Selbst innerhalb der Begrenzung durch andere zu behaupten und zu entwickeln – sich im emotionalen Zentrum an. Bis wir erwachsen sind, ist sie mit der Aggression – die sie zusätzlich verzerrt – zu einem so unentwirrbaren Knäuel zusammengewachsen, dass es schwierig ist, die beiden im realen Erleben auseinander zu halten.

Aus zwei Gründen kann Aggression mit Wut verwechselt werden. Der erste ist das in unserer Kultur übliche Konkurrenzdenken. Es sanktioniert die Aggression als natürlichen, gesunden und normalen Aspekt der menschlichen Entwicklung, was uns zu der Erwartung konditioniert, jede Interaktion im Leben sei ein potentieller Wettstreit, aus dem der eine als Gewinner und der andere als Verlierer hervorgehen müsse. Dies hat sich von Spielen und Sportarten mit Wettkampfcharakter, bei denen es laut Regeln einen Gewinner und einen Verlierer geben muss, auf die Beziehung zu Freunden, Kindern, Nachbarn, Fremden, Kollegen und Klienten ausgedehnt. Jeder, dem wir begegnen – im Supermarkt oder im Zug, auf der Straße, am Arbeitsplatz oder bei uns zu Hause – kann, je nach unseren Fertigkeiten und Strategien, zu einem Gewinner oder zu einem Verlierer werden. Aggression ist zur *Norm* geworden.

Zweitens haben wir bei anderen meist nicht »Wut«, son-

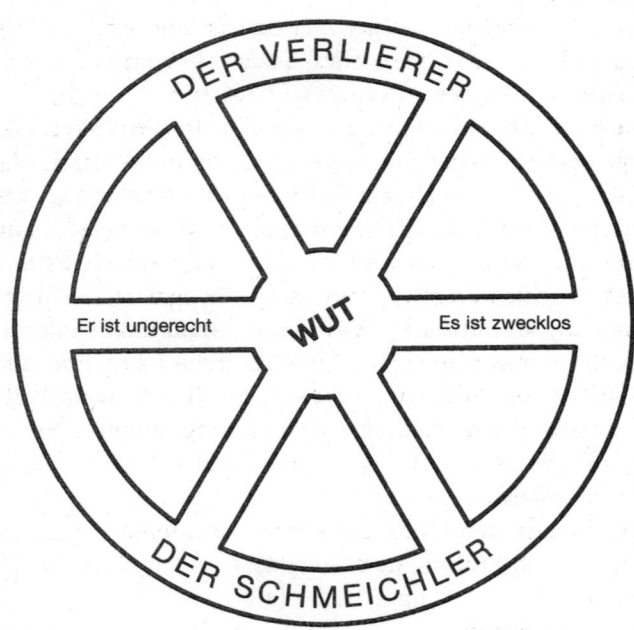

Abbildung 12. *Das Rad mit Wut als Nabe.*

dern Aggression erlebt: körperliche oder verbale Gewalt und Missbrauch, indirekte, darum aber nicht weniger verletzende Kritik und herabsetzende Bemerkungen. Aber ob Wut oder Aggression – in beiden Fällen sagt die Erfahrung uns, dass »Wut« schädlich ist. Aber selbst wenn wir sie nach Kräften zu unterdrücken suchen, weil wir sie mit Aggression verwechseln und Angst vor ihren schädlichen Folgen haben, *zeigt* sie sich irgendwann auf jeden Fall, weil wir (zum Glück) Menschen sind, allerdings äußert sie sich dann wahrscheinlich als Aggression. Wenn wir sie direkt oder nicht indirekt nach außen richten, kommt es tatsächlich dazu, dass wir andere verletzen und erneut lernen, dass Aggression destruktiv ist. Das macht uns nur noch entschlossener, *alle* Gefühle zu unterdrücken, die irgendwie mit diesem Bereich zu tun haben, sodass die zutiefst menschliche, notwendige Emotion Wut zusammen mit dem schmutzigen Badewasser der Aggression ausgeschüttet wird.

Die von ihrem Ursprung abgekoppelte Wut zeigt sich weitgehend in Form einer generalisierten und erlernten Aggression. Sie wechselt mit chronischen Ohnmachts- und Schuldgefühlen. Letztere geben unserer Erfahrung, dass unser Tun zwecklos ist und wir machtlos sind, eine quasi religiöse Weihe. Schuldgefühle verbrauchen, egal, ob wir sie gegen andere oder uns selbst richten, viel emotionale Energie, denn sie führen nirgendwo hin: Sie drehen sich im Kreis, sind sich selbst Nahrung, und solange das so weitergeht, fehlt uns die Energie für eine Veränderung der Situation.

Kognitive Muster

Zu den vertrauten Gedankenstrukturen, deren Ausgangspunkt Wut ist, gehören zum Beispiel:

»Es ist ungerecht.«
»Lass sie nicht sehen, dass du verletzbar bist.«

»Rache ist süß.«
»Es ist zwecklos.«
»Ich bin schuld.«

Verhaltensmuster

Übertreibung. Als Erwachsene behaupten wir uns, aber so übertrieben und zwanghaft wie ein Kind. Infolgedessen verändert das Bedürfnis nach Selbstbehauptung sich in den Zwang zu *gewinnen.* Kennzeichen solcher Muster ist eine generell aggressive Lebenshaltung: Wir sind allzeit zum Angriff bereit, müssen uns gegen jeden bewähren, egal, ob er mit uns in Wettbewerb treten will oder nicht. Wir müssen der Boss sein, die Nummer Eins, der Alleinherrscher, denn wir wollen die Gefühle des Underdogs, des Unterlegenen, des Opfers nicht mehr erleben.

Da auch fehlende Begrenzung Wut auslöst, sucht schon das kleine Kind Entladung durch ein provokatives und regelverletzendes Verhalten; es schiebt die Grenzen absichtlich nach außen, damit sie endlich fixiert werden. Das Kind im Körper des Erwachsenen übt ähnlichen Druck aus. Weil wir nicht wissen, wo unsere Grenzen sind, und Emotionen aus der Vergangenheit uns anstacheln, entstehen provozierende Verhaltensmuster, die bei anderen Wut auslösen. Wir überschreiten ihre Grenzen, indem wir uns in ihre Angelegenheiten einmischen oder ihnen zu nahe kommen. Wir stellen unsere Füße auf ihren Stuhl, bedienen uns von ihrem Teller, berühren ihren Körper unangemessen, verstreuen unsere Sachen auf ihrem »Territorium«, stellen aufdringliche Fragen, schnüffeln in ihren Papieren herum. Wir schieben die Grenzen immer weiter nach außen, wir reden und reden und wissen nicht, wann wir aufhören müssen. Dies kann den anderen wütend machen, aber da diese Wut selten effizient vermittelt wird, setzen wir unser Verhalten fort. Manchmal läuft dies auf die Überschreitung sozialer Regeln hinaus, was zu Sanktionen und einer strafrechtlichen »Begrenzung« führen kann.

Tarnung. Wir behaupten uns, aber wir setzen verdeckte Waffen ein, damit wir die Wut oder die Aggression des anderen – oder unsere eigene Ohnmacht – nicht direkt zu spüren bekommen. Zum zwischenmenschlichen Waffenlager gehören Sarkasmus, gehässiger Tratsch und die Sabotage der Macht des anderen durch Herabsetzungen oder übermäßige Kritik.

Auch durch ein Verhalten, bei dem wir uns hinter jemand anderem verstecken, können wir unser Selbst behaupten, ohne gesehen zu werden. Auch wenn wir uns zurückhalten und unsere persönliche Wut völlig leugnen, üben wir durch ein solches Spiel verdeckte Macht aus: Wir vermeiden das Drama eines direkten Konflikts, indem wir uns – in einer Gruppe oder in einer Partnerschaft – hinter der Aggression anderer verstecken. Wir betreten den eigentlichen Kampfplatz nicht, aber unsere Beteiligung – im Publikum oder hinter der Bühne – ist eine unerlässliche und grundlegende Komponente des Machtspiels, sodass unsere eigene Aggression auf indirekte Weise entladen wird.

Vermeidung. Durch eine resignierte und unterwürfige Haltung gehen wir jedem Konflikt aus dem Weg; wir machen lieber beide Augen zu, als uns ein blaues Auge zu holen. Wir gehorchen schwanzwedelnd allen Anordnungen und führen Anweisungen ohne Rücksicht auf unsere Überzeugungen aus. Wir stellen nichts in Frage, wagen nichts, riskieren es nicht, in uns oder anderen Wut zu erregen. Wir sind ständig auf der Hut vor potenziellen Konflikten und vermeiden Zank und Streit. Wir lernen zu beschwichtigen, gießen Öl auf die Wogen, bügeln Schwierigkeiten aus und sagen um des lieben Friedens und eines konfliktfreien Lebens willen zu allem Ja und Amen.

Wenn der Druck der nicht entladenen Wut unerträglich wird, verliert der psychische Mechanismus an Flexibilität; Ergebnis ist oft eine *Depression* und damit eine emotionale Betäubung, denn die massive Energie richtet sich nun nach innen. Weil wir uns im Grunde zu den »Verlierern« zählen, passen wir uns dem an und entwickeln selbstschädigende Verhaltensweisen.

Apathie, Gefühllosigkeit, Hoffnungslosigkeit sind üblich. Die Wut verrammelt sich und baut ein Gefängnis um das Selbst, sodass wir uns selbst begrenzen – so können wir dieses Bedürfnis befriedigen, ohne uns mit jemand anders auseinander setzen zu müssen oder von ihm begrenzt zu werden. Dieses Gefängnis gibt uns eine Grenze. Auch wenn es eine Fehlkonstruktion ist, verschafft es uns eine Atempause im Kampf gegen die inzwischen alarmierend destruktiven Kräfte in unserer Psyche.

Leugnung. Weil wir die Grenzen zwischen uns und anderen nur unscharf oder falsch wahrnehmen, kommt es zu einer Überidentifikation mit anderen und zu einer Leugnung des Bedürfnisses nach Selbstbehauptung. Ohne Grenzen oder Einschränkung von außen verirren wir uns und entwickeln die Verhaltensmuster des **Schmeichlers;** alles und jede/r ist uns recht und wir schlucken alles, psychisch und physisch. Es fällt uns schwer, eigene und fremde Gefühle auseinander zu halten.

Wir differenzieren nicht mehr, schlingen alles in uns hinein: Ideen, Meinungen, Werte, Nahrungsmittel. Unsere Entscheidungsfreiheit geben wir an der Garderobe ab und lassen uns mitreißen und kostümieren von äußeren Kräften, bis die aufgestaute Wut unerträglich wird, das versteckte, wahre, hässliche (weil wütende) Selbst zum Vorschein kommt und wir uns vor uns selber ekeln. Diese erneute Bekanntschaft mit dem wahren Selbst signalisiert uns eine beruhigende Grenze, bei der wir wissen, wann wir aufhören müssen – für diesmal.

Mit dem Bedürfnis nach Begrenzung leugnen wir auch unsere Verletzbarkeit. Schwäche wird synonym mit Ohnmacht und also attackieren wir, was wir in uns und anderen als schwach und machtlos erkennen. Wir wollen nicht an frühe Erfahrungen von Angst, Ohnmacht und Kontrollverlust erinnert werden.

Dies führt zu Verhaltensmustern, die von Missbrauch geprägt sind: Selbstmissbrauch, Selbstverstümmelung, Magersucht, Alkoholismus und andere Süchte. Manchmal kommt es zum Missbrauch anderer auf der persönlichen Ebene: Vergewaltigung, sexuellem Missbrauch, körperlichem und seelischem Missbrauch von Frauen, Kindern und älteren Menschen. Wenn gleichzeitig äußere und politische Macht vorhanden ist, setzt der Missbrauch anderer sich auf der nationalen Ebene fort. Der diktatorische und tyrannische Missbrauch der Schwachen und Verletzbarkeit ist auf der ganzen Welt nicht zu übersehen. Die unterdrückte, in Hass verwandelte, wegen fehlender Grenzen außer Kontrolle geratene Wut-Energie wird zu einem Vehikel für Gewalt und die Vernichtung anderer menschlicher »Dinge«.

Generelle Verzerrung. Beide Aspekte der Polarität verändern sich, sodass Selbstbehauptung sich von ihrer ursprünglichen Bedeutung entfernt. Selbstbehauptung, Selbstausdruck, das Bedürfnis nach einem gleichwertigen Gegenüber werden pervertiert in die Erwartung von Gegensätzlichkeit, Krieg, Leben oder Tod, Sieg oder Niederlage. Begrenzung wird nicht mehr als Möglichkeit aufgefasst, die eigenen Grenzen durch die Begegnung mit den Grenzen des anderen zu finden, sondern mit Verlust, Niederlage, Vernichtung und Schande gleichgesetzt.

Emotionaler Kern. Abwesenheit von Angst ist Vertrauen – in andere und uns selbst. Vertrauen sagt uns, wann wir gefahrlos entspannen, die Welt erkunden und auf andere zugehen können. Angst hat den Zweck, uns angemessen vor der Gefahr eines psychischen oder physischen Schadens zu warnen, vor allem, was unser Wohlbefinden bedroht.

Zu wenig Sicherheit und zu viel Unwägbarkeit in der Vergangenheit plus verzerrte Wahrnehmung wegen Nicht-Entladung verwandeln die Angst in chronische *Ängstlichkeit.* Deren Energie mobilisiert uns nicht mehr zu bestimmten Aktionen oder Leistungen, sondern koppelt sich von ihrem

Abbildung 13. *Das Rad mit Angst als Nabe*

156

Ursprung ab und wird zu einem Hemmschuh, der unsere Energie aufzehrt.

Nicht entladene Angst tendiert dazu, ein aufgeblähtes Eigenleben anzunehmen, reichlich unsere Phantasie zu füttern und unsere Wahrnehmungen zu verzerren. Wir verlieren den Kontakt zum Boden, verwechseln Phantasie und Realität und werden manchmal von Phobien oder einer Paranoia lahm gelegt. Dichtung und Wahrheit gehen kunterbunt ineinander über.

Kognitive Muster

Zu den auf Angst beruhenden Meinungen und Überzeugungen, die uns helfen, unsere Verhaltensmuster zu rationalisieren, gehören:

»Du kannst niemandem trauen.«
»Mach nie einen Fehler.«
»Zeig nicht, dass du Angst hast.«
»Ich bin nirgendwo zu Hause.«
»Setz nichts aufs Spiel.«

Verhaltensmuster

Übertreibung. Als Erwachsene möchten wir uns sicher fühlen, aber da auch hier das erschreckte Kind im Inneren das Geschehen bestimmt, wird dieses normale menschliche Bedürfnis verzerrt und voller Verzweiflung übertrieben.

Die nicht entladene Angst schürt die chronische Ängstlichkeit, dass wir nur ja alles richtig machen. Nicht nur wichtige, auch triviale Entscheidungen wachsen sich zu lebensbedrohlichen Dilemmas aus: Was soll ich zum Abendessen einkaufen? Was soll ich zu der Besprechung anziehen? Geht es schneller, wenn ich rechts oder links herum fahre? Welches Kästchen soll ich ankreuzen? Wir meinen, wir müssten unbedingt die richtigen Worte finden, das Richtige tun, und zwar genau zum richtigen Zeitpunkt, denn sonst… Die jeweilige Bedrohung variiert, aber im Allgemeinen fühlt sie sich gefährlich, nicht artikulierbar und erschreckend an, manchmal auch überwältigend. Die Verhaltensmuster sollen sie beschwichtigen: Wir lächeln, stimmen zu, vermitteln, entschuldigen, führen abergläubische Rituale aus.

Auch das natürliche Bedürfnis nach Risiko kann übertrieben werden. Die Gefahr an sich wird zum ultimativen Kick: Wir brauchen den Nervenkitzel, den Adrenalinstoß. Es kann sein, dass wir bewusst mit der Gefahr experimentieren – wir arbeiten in einem hoch riskanten Beruf, betreiben hoch riskante Sportarten, versuchen uns im Glücksspiel, nehmen Drogen – wir suchen alle Erfahrungen, in denen wir Unsicherheit und Angst fühlen, aber so, dass sie beherrschbar scheinen. Routine können wir nicht ausstehen, wir haben Angst, »festgenagelt« zu werden oder im Alltagstrott zu ersticken. Wir halten uns immer ein Hintertürchen offen, einen Weg, der garantiert in die Freiheit führt.

Tarnung. Zum Schutz vor Schaden setzen wir verschiedene psychische Verkleidungen, Kostüme und Rollen ein. Ausgangspunkt ist ein unsicheres Selbstgefühl und das, was wir uns über den anderen zusammenfantasieren; unsere jeweilige Verkleidung wählen wir im Hinblick auf einen bestimmten anderen hin. Ein paar vertraute Beispiele dafür sind:

Das kleine dumme Mädchen
Der lustige Clown
Der verführerische Flirt
Die mitfühlende Krankenschwester
Das weise Orakel
Der Rebell
Die kuschelige Therapeutin
Das schwarze Schaf

Rollen oder Masken verwenden wir alle bis zu einem gewissen Grad, aber unter Tarnung verstehe ich ein extremeres Muster: die Unfähigkeit, je wir selbst zu sein. Sie hat zur Folge, dass wir uns auch auf die *wahren* Gefühle und Bedürfnisse anderer nicht einstellen können.

Es kann sein, dass andere zu Objekten werden, die wir wie Puppen auf der Bühne unseres eigenen Dramas arrangieren und je nach dem von uns verfassten Drehbuch vor oder zurück bewegen oder ganz wegnehmen. Weil wir kein Vertrauen zu unserem Selbst haben, fällt es uns schwer, einen anderen Menschen kennen zu lernen oder uns selbst erkennen zu lassen. Die Idee, dass wir uns selbst treu sind, wird unmöglich, denn wir finden uns in unseren eigenen Rollen nicht mehr zurecht, und unsere Frustration darüber verwandelt sich periodisch in Verzweiflung.

Ein Leben per Stellvertreter erlaubt uns, durch andere zu leben, ohne selbst etwas zu riskieren. Eben deshalb ist es so attraktiv, vom bequemen Sessel aus auf dem Bildschirm mit anzusehen, wie andere Kopf und Kragen riskieren, in dieses oder jenes Fiasko schlittern oder sich persönlich exponieren. Auch in unserem Umfeld können wir uns »Stellvertreter« aussuchen – wir ermutigen Kinder, Freunde, Partner oder andere Mitmenschen dazu, das Risiko eines Jobwechsels, einer Prüfung, einer Konfrontation auf sich zu nehmen, als Erster zu gehen, sich zum Narren zu machen, es auf einen Versuch ankommen zu lassen. Wenn es klappt, aalen wir uns in dem Ruhm, der auf uns abstrahlt, und wenn es schief geht, sind wir aus der direkten Schusslinie heraus.

Vermeidung. Wenn der Emotionspegel so hoch ist, dass wir es nicht mehr ertragen, tendieren wir dazu, Risiken zu vermeiden, indem wir sie ganz aus unserem Dasein verbannen. Wir schlagen uns im Leben auf die sichere Seite, bleiben beim Vertrauten, an Orten, die wir kennen, mit Menschen, die wir kennen, und sprechen nur aus, was sich gefahrlos äußern lässt. Wir verstecken uns lieber in der Herde, als am Rand herumzustreunen.

Wann immer das Schreckgespenst der Angst sich schemenhaft zeigt – was es, trotz all unserer Vorsichtsmaßnahmen, immer tut –, versuchen wir, unser Sicherheitsgefühl zu stärken, indem wir unsere Welt in dogmatische, starre Kategorien pressen, sie zweiteilen in richtig/falsch, errettet/verdammt, gut/böse. Die Grenze zwischen »denen« und »uns« wird rigoroser gezogen. Je mehr Angst wir fühlen, desto weniger können wir Zweifel und Unsicherheit ertragen, desto weniger hinterfragen oder überdenken wir unsere Überzeugungen. Vorurteile, Etiketten und strikte Abgrenzung werden zu den Hilfsmitteln des emotionalen Überlebens. Manchmal schließen wir uns Gruppen oder Sekten an, weil sie einen sicheren Hafen zu bieten scheinen, einen Ort, dessen Exklusivität unsere Angst beschwichtigt.

Leugnung. Sehr häufig wird nicht entladene Angst mit Hilfe von Aggression getarnt und geleugnet. Aggression hängt mit der Selbstbehauptung-Begrenzung-Polarität zusammen: Die – zutreffende oder eingebildete – Wahrnehmung, dass wir machtlos sind, kann eine aggressive Reaktion auslösen, mit der wir die Ohnmacht vernebeln und andere bluffen. Die Aggression kann sich als Einschüchterung zeigen, das heißt, wir machen anderen Angst, damit das eigene Machtgefühl sich aufbläht. Bei diesem Verhaltensmuster wird die Angst geleugnet; wenn wir sie zugeben und trotzdem weitermachen, handelt es sich um Mut.

Nicht entladene, geleugnete Angst kann auch zu einer chronischen Besorgtheit werden, die dazu führt, dass wir alles kontrollieren wollen, damit nur ja nichts Unvorhergesehenes passiert. Wir kontrollieren uns selbst, was es schwer machen kann, bei einem Partner emotional oder sexuell loszulassen, und wir kontrollieren andere. Weil wir nicht wollen, dass sie wütend, enttäuscht oder für uns unerreichbar sind, schieben wir sie dahin, wo wir sie brauchen. Vor ihren Stimmungswechseln haben wir unverhältnismäßig viel Angst, denn so viel innere Sicherheit und Gleichgewicht, wie zum Überleben dieser Erschütterungen notwendig sind, konnten wir nicht aufbauen. Wir manipulieren sie, damit sie sich so entscheiden und handeln, wie es unseres Erachtens für sie am besten ist; hauptsächlich aber wollen wir dadurch sicherstellen, dass alles »nach Plan« läuft.

Es ist sehr schwer, sich manipulative Verhaltensmuster einzugestehen, denn wir glauben, sie kämen von irgendeinem angeborenen Bösen in unserem Herzen. Sobald wir verstehen, dass eine tief sitzende, erlernte Angst und die Unfähigkeit zu vertrauen diese Muster geformt haben, können wir echte Risiken eingehen und lernen, Angst zu erleben und zu entladen, sowie lernen zu vertrauen.

Generelle Verzerrung. Auch hier wird der psychische Mechanismus im Lauf der Zeit und durch beständige Verstärkung starr und beide Bedürfnisse bekommen einen negativen unerwünschten Aspekt: Das Sichere wird schal und unlebendig, das Riskante tollkühn und gefährlich. Die nicht entladene Ängstlichkeit und Furcht schränken unsere Fähigkeit ein, ein natürliches Gleichgewicht kennen zu lernen; je mehr Risiken wir vermeiden, desto weniger fühlen wir wirkliche Sicherheit. Wir verlieren den Kontakt zu jenem vitalen Instinkt, der uns über drohende Gefahr oder Sicherheit informiert, sodass wir schließlich anderen ungerechtfertigterweise trauen, gegen besseres Wissen handeln und uns unnötigen Verletzungen öffnen. Weil wir uns selbst nicht trauen, entsteht chronische Besorgtheit und allgemeines Misstrauen gegenüber anderen und der Welt im Allgemeinen.

Ich habe bereits darauf hingewiesen, dass unser Verhalten

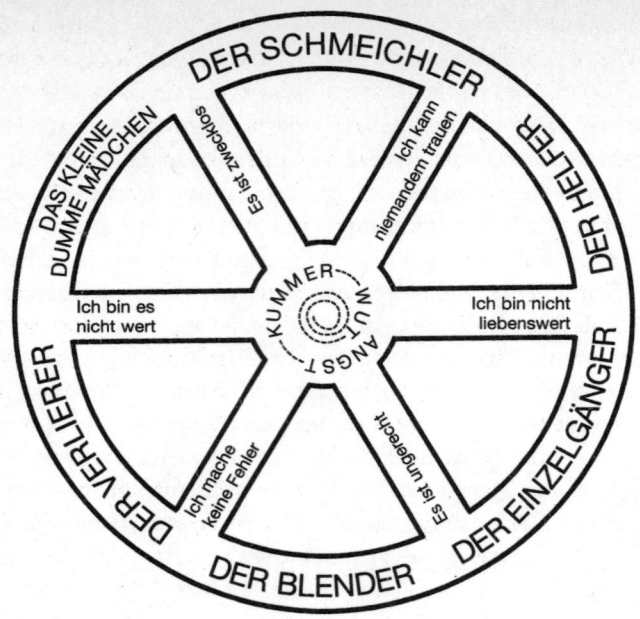

Abbildung 14. *Das Rad: Die ineinander verwobenen Muster*

immer mehr als eine Kategorie umfasst und die den drei Polaritäten zugeordneten Muster ineinander fließen. Im Allgemeinen erkennen wir bei uns zwei oder drei dominante Verhaltensmuster und zusätzlich sekundäre Muster, die durch unsere ständige Anpassung an das Leben entstanden sind. Einige Muster sind leicht zu erkennen, andere sitzen so tief und sind so sehr zu einem Teil unseres Wesens geworden, dass wir sie nicht immer so deutlich sehen.

All diese ineinander verwobenen Formen spiegeln die Vielfalt des Lebens. Natürlich können Verhaltensmuster, bei denen wir zwanghaft Risiken eingehen, den Rückzug nach innen üben oder ohne Rücksicht auf uns selbst anderen helfen, in unserem Leben gut funktionieren und sogar sozial

162

nützlich sein: Manchmal sind wir dankbar dafür, dass jemand anders einen Fehler sieht, dann wieder, dass er ihn übersieht.

Trotzdem hat es oft einen Preis, wenn wir uns so verhalten. Die Muster können wenig hilfreich oder ausgesprochen destruktiv sein, und die blockierte emotionale Energie kann viel Leid auslösen. Gibt es dazu eine Alternative? Können wir anders mit Emotionen umgehen und die Vergangenheit von der Gegenwart trennen? Können wir stärker mit unseren Emotionen in Kontakt kommen und uns mehr über sie freuen? Diesen Fragen gehe ich im nächsten Teil dieses Buches nach. Er macht Sie mit der Möglichkeit bekannt, mit emotionalen Verbindungen zu leben, ohne von ihnen tyrannisiert oder aus der Fassung gebracht zu werden.

---

1. Sehen Sie sich noch einmal die Liste auf S. 138 an. Welche dieser Verhaltensweisen erkennen Sie bei sich wieder? Welche anderen Muster entdecken Sie eventuell bei sich?
2. Sehen Sie sich noch einmal den Abschnitt über die Nähe-Distanz-Polarität an (S. 143 ff.) und kennzeichnen Sie alle Verhaltensmuster, die Sie an Ihre eigenen erinnern. Denken Sie daran: Sie brauchen nichts zu verändern. Kennzeichnen Sie sie nur und machen Sie sich klar, dass sie mit der nicht entladenen Emotion zu tun haben.
3. Beschäftigen Sie sich entsprechend mit den Mustern der Selbstbehauptung-Begrenzung-Polarität ab S. 148.
4. Machen Sie es genauso mit den Mustern der Sicherheit-Risiko-Polarität ab S. 156.

Nachdem Sie jetzt ein bisschen mehr über Verhaltens- und kognitive Muster wissen, können Sie vielleicht auch darüber nachdenken, ob es irgendwelche Verhaltensstrukturen gibt, die Ihr Leben besonders stark behindern.

TEIL ZWEI

Ein neues Modell für den Umgang mit Gefühlen: DANCE*

---

* Nach den Anfangsbuchstaben der englischen Begriffe
für die fünf Stufen dieses Prozesses (Anm. d. Üb.)

Ich habe dieses Buch geschrieben, um den Umgang mit Gefühlen in den Alltag zurückzuholen. Ich wollte vermitteln, dass Gefühle etwas Normales, nicht etwas Sensationelles, sind, und ich wollte klar machen, dass wir Emotionen nur deshalb als hinderlich betrachten, weil wir nie gelernt haben, ihre Energie konstruktiv zu nutzen.

Im ersten Teil habe ich die Auswirkungen dargestellt, die vergangene Erfahrungen auf unser jetziges Leben haben. Im zweiten Teil geht es um die Zukunft. Derzeit entscheiden wir uns zu einer Erkundung unserer Herzenslandschaft im Allgemeinen nur dann, wenn es zu einer Krise kommt oder wir erkennen, dass unsere Funktionstüchtigkeit beeinträchtigt ist. Oft ist es nützlich, zur Erkundung einen professionellen Experten heranzuziehen, zum Verständnis unseres emotionalen Wesens aber nicht unbedingt erforderlich.

Den meisten von uns fehlt eine emotionale Erziehung. Als generelle Konsequenz dieser »Bloß-keine-Gefühle«-Einstellung hat kaum jemand die fünf elementaren Lektionen über den Umgang mit Gefühlen gelernt:

1. Unsere Gefühle werden nicht von anderen verursacht, deshalb ist es Zeit- und Energieverschwendung, andere dafür verantwortlich zu machen.

2. Äußere Auslöser sind nur Katalysatoren für das, was in uns passiert; sie tragen dazu bei, dass es an die Oberfläche kommt und wir uns gefahrlos damit beschäftigen können.
3. Unsere Emotionen geben uns wichtige Informationen über unsere Beziehungen.
4. Genauso wie der Intellekt ist auch die Emotion ein Hilfsmittel, mit dem wir unsere Erfahrungen bewerten, unterscheiden und verstehen können.
5. Selbstdisziplin und ein gewisses Maß an Selbstbeherrschung sind angemessen und möglich, aber wir sollen es auch als positiv betrachten, wenn Emotionen geäußert und – wenn notwendig – entladen werden.

Wir können lernen, unsere emotionale Gesundheit genauso zu beobachten und zu steuern wie unsere körperliche Gesundheit, ohne daraus eine Manie zu machen, und wir können die Korrekturen vornehmen, die sich im Verlauf unserer Lebensreise vielleicht als notwendig erweisen. Genauso wie wir unsere körperliche und unsere intellektuelle Gesundheit pflegen und etwas für sie tun, können wir auch unsere Emotionen als etwas Positives betrachten, sie schätzen und steuern.

Wenn wir unsere Herzenslandschaft erkunden und vertrauter mit ihr werden, entdecken wir, wo wir sensibel und wo wir taub sind, was uns gut und was uns wehtut, welche Einflüsse uns in Beziehungen helfen und behindern. Ich glaube, dass Menschen sehr viel für sich tun können, wenn sie klare Informationen bekommen und ermutigt werden, sich selbst zu vertrauen. Das folgende Modell habe ich entworfen, weil ich die normalen, natürlichen Aspekte der Emotion in den Vordergrund stellen wollte. Wenn Sie mit seiner Hilfe die Emotionen in Ihrem Leben beobachten, erkennen, bewerten, steuern und aus ihnen lernen, kann dies Ihr Leben sehr bereichern.

– ein neues Modell für den Umgang mit Emotionen –
Das DANCE-Modell beruht auf fünf Grundsätzen, die ich in den folgenden Kapiteln eingehender erörtere. Es sind

Wahrnehmen (Distress)
　　　Anerkennen (Acknowledgement)
　　　　　Mitteilen (Naming)
　　　　　　　Katharsis (Catharsis)
　　　　　　　　　Neubewertung (Evaluation)

Wahrnehmen – wir nehmen wahr, dass etwas nicht mehr stimmt
Anerkennen – wir gestehen uns diese Signale ein
Mitteilen – wir verbalisieren diese Erkenntnis und teilen sie jemand anderem mit
Katharsis – wir entladen die Emotion, wenn es notwendig und angemessen ist
Neubewertung – wir entscheiden auf Grund unseres neuen Bewusstseins neu, wie wir auf eine Situation reagieren wollen

Diese Prinzipien bilden eine Alternative zum derzeit in unserer Gesellschaft vorherrschenden Modell des Umgangs mit Gefühlen, das auf emotionaler Unwissenheit beruht und von den folgenden Grundsätzen ausgeht:

Leugnen
　　　Wegrationalisieren
　　　　　Ausweisen
　　　　　　　Spannungsstau
　　　　　　　　　Verzerrung

Leugnen – bezieht sich auf unsere Gewohnheit, uns von Signalen des Körpers abzukoppeln, was zu Feststellungen führt wie: »Ich weiß nicht, was ich fühle« oder »Ich fühle nichts«.

Wegrationalisieren – beschreibt unseren physischen und mentalen Kampf gegen die auftauchende Emotion

Ausweichen – meint die generelle Abneigung, Gefühle offen mitzuteilen

Spannungsstau – bezeichnet den körperlichen und seelischen Spannungsstau, zu dem es kommt, wenn keine Entladung stattfindet

Verzerrung – beschreibt die Folgen der aufgestauten Spannung auf unser Verhalten

Wahrnehmen statt leugnen

Wenn ein Gefühl, egal, ob Liebe oder Glück, Trauer oder Frustration, einfach und klar geäußert wird, geraten wir nicht in Psychostress. Zu ihm kommt es vielmehr, wenn wir *gegen* die auftauchende Emotion ankämpfen: Jedes Mal, wenn wir den Drang verspüren, ein Gefühl nicht zu äußern, entsteht Unbehagen oder Schmerz, und wir verlieren das seelische Gleichgewicht.

Das Unbehagen signalisiert uns, dass etwas nicht stimmt, dass das Gleichgewicht wieder hergestellt werden muss; es ist ein Zeichen für *Gesundheit* – genauso wie der Körper uns durch andere Signale darüber informiert, dass etwas nicht in Ordnung ist und wir uns um bestimmte Dinge kümmern sollten.

Wenn wir diese körperlichen Empfindungen wahrnehmen und erkennen, dass wir etwas fühlen, auch wenn wir nicht wissen, was, ist das der erste und entscheidende Schritt zu einem konstruktiven Umgang mit unseren Emotionen. Wir können lernen, diese Signale als Hinweis auf gesunde psychische Abläufe zu erkennen und zu akzeptieren, anstatt ihr Vorhandensein zu leugnen und zu unterdrücken.

Leugnung entsteht aus Angst, aus der Überzeugung, diese Signale würden Gefahr bedeuten. So wird es uns im Lauf der Zeit immer geläufiger, uns von unserem Körper abzuspalten. Wir hören nicht mehr auf das, was unser Körper uns sagt, denn wir haben Angst vor dem, was passiert, wenn wir die Kontrolle verlieren. Nachdem wir jahrelang nicht zugehört haben, geht das Hörvermögen uns ganz verloren. Wir bemerken nicht mehr, was in unserem Körper passiert und verlieren den Kontakt zu ihm. Wenn wir gefragt werden, was wir fühlen, antworten wir wahrheitsgemäß »Nichts« und entdecken erst sehr viel später, dass Gefühle da waren, wir sie in der Situation selbst aber einfach nicht registriert haben.

Die Kluft zwischen Erleben und Erkennen bedeutet, dass Körper und Geist so umprogrammiert werden müssen, dass sie effizienter zusammenarbeiten. Mit zunehmender Übung im Erkennen eines Unbehagens wird die Kluft kleiner, aber es dauert lange, bis die Verbindungen zwischen Psyche und Soma klarer werden und reibungsloser funktionieren. Wie bei der Koordinierung wenig gebrauchter Muskeln müssen wir regelmäßig »trainieren«, damit wir die Verbindung immer leichter herstellen können.

Wenn wir unsere Gefühle leugnen, sind sie damit nicht weg. Wie wir gesehen haben, wirken die Emotionen, die das seelische Unbehagen verursacht haben, in unseren Verhaltens- und Denkmustern weiter, aber ohne dass wir es merken – und also unkontrolliert.

Der erste Schritt beim Umgang mit den Emotionen besteht darin, diese körperlichen Signale zur Kenntnis zu nehmen und zu beobachten – so, als würde man den ungewohnten Klängen einer unbekannten Sprache lauschen. Weil in unserer Psyche so viele Schichten von unterdrücktem seelischem Material übereinander liegen und die meisten Erwachsenen sich von ihren körperlichen Hinweisen abgekoppelt haben, können wir unsere Gefühle ohne dieses Hinhören nicht richtig verstehen.

Fangen Sie *von innen her* an: Achten Sie auf körperliche

Signale – Veränderungen des Wärmegefühls, des Drucks, der Muskelspannung usw. und fragen Sie sich: »Was spüre ich?« Warten Sie dann einen Augenblick. Oft machen wir an dieser Stelle den Fehler, auf die Angst vor Verwirrung und Chaos zu reagieren: Statt auf eine Antwort aus dem Inneren zu warten, suchen wir außen nach einem Bezugspunkt und blicken erwartungsvoll andere an, um an ihnen abzulesen, was wir fühlen sollten. Das bringt uns von unserer eigenen Realität nur noch weiter weg und hilft uns nicht bei der Entwicklung der Fähigkeit, unseren emotionalen Zustand zu erkennen.

Gehen Sie dahin, wo Ihre Emotionen sind, und sehen Sie sich um. Aus der Stille und der blanken Verwirrung erheben sich langsam und immer deutlicher Gemurmel und Formen, die schließlich eine erkennbare Gestalt und Bedeutung annehmen. Warten Sie, bis eine Antwort auf Ihre Frage auftaucht, was unweigerlich der Fall sein wird, wenn Sie empfangsbereit und offen sind.

Sie suchen nach einem Anhaltspunkt, einem Hinweis, so, als würden Sie dem Verlauf eines Fadens in einem Knäuel folgen. Sie müssen es nicht absolut richtig machen. Dies ist keine Prüfung, nur eine Methode, Ihre Wahrnehmung zu schärfen und ihr zu vertrauen. Diese Phase ist nur *für Sie*.

Anerkennen statt wegrationalisieren

Wenn ein emotionaler Hinweis auftaucht, winkt ein Flucht-weg: die Rationalisierung. Wir tun den Hinweis ab, weil das Gefühl irrational oder dumm ist, und wenn es »negativ« ist, sind wir damit besonders schnell bei der Hand. In Kapitel 1 habe ich dargestellt, dass auf Grund der sozialen Konditio-nierung Gefühle in zwei Kategorien zerfallen: in solche, die »erwünscht«, und solche, die »unerwünscht« sind. Diese ne-gative bzw. positive Unterscheidung hat unsere Fähigkeit, Emotionen zu erkennen, stark beeinträchtigt. Wir legen das, was wir fühlen, ad acta oder verdrängen es, wir rationalisie-ren es weg, weil es hinderlich ist, wir werfen uns vor, über-empfindlich zu sein oder meinen, solche Gefühle wären un-serer unwürdig.

> »Ich sollte das nicht fühlen – es ist wirklich undankbar von mir.«
> »Es ist albern, dass ich jetzt Angst habe – ich übertreibe mal wieder.«
> »Ich habe kein Recht, das zu fühlen – wahrscheinlich bilde ich mir etwas ein.«

Die Gewohnheit, emotionalen Erfahrungen ein rationales Raster überzustülpen, beeinträchtigt unsere Fähigkeit, emotionale Hinweise zu erkennen, von einer effizienten Verarbeitung ganz zu schweigen. Die Einteilung in »gute« und »schlechte« Gefühle bringt uns eher mehr Angst als mehr Klarheit ein und die resultierende Verwirrung bedeutet, dass unsere emotionalen Sprachkenntnisse rudimentär bleiben. Wenn wir dagegen lernen, unsere Gefühle anzuerkennen, können wir ein umfangreicheres und zutreffenderes emotionales Vokabular aufbauen.

Beim Anerkennen geht es auch darum, das, was wir fühlen, so genau wie möglich zu indentifizieren – und dabei darf nichts uns abstoßen. Lernen Sie, jedem auftauchenden »Faden« zu vertrauen, und fragen Sie sich nicht, *warum* er auftaucht. Vertrauen Sie ihm – was Sie zunächst als Ängstlichkeit wahrnehmen, führt Sie vielleicht zu Gereiztheit, die identifizierte Verletztheit könnte eine Tarnung für Groll sein. Lassen Sie sich nicht entmutigen. Wenn Sie Ihrem Körper und Ihrer Psyche vertrauen, wird das Identifizieren immer einfacher.

Ein emotionales Vokabular: Drachen

Für das Identifizieren ist es auch günstig, wenn wir uns den Unterschied zwischen *Emotionen* und *Gefühlen* klar machen.

Ich habe Kummer, Wut und Angst als die primären Emotionen bezeichnet, so ähnlich wie die drei Grundfarben. Da ihr Ursprung in unseren animalischen, instinktiven Bedürfnissen liegt, erleben auch intelligente Tiere sie. Diese Emotionen sind Teil der menschlichen Existenz und deshalb universell. Egal, wann wir geboren wurden, wie wir gelebt und was wir erfahren haben – wir erleben diese Emotionen in Reaktion auf unsere nicht befriedigten instinktiven Bedürfnisse nach Liebe, Macht und Vertrauen.

Ähnlich wie aus den drei Grundfarben die unendliche Palette der Nuancen und Schattierungen hervorgeht, gehen

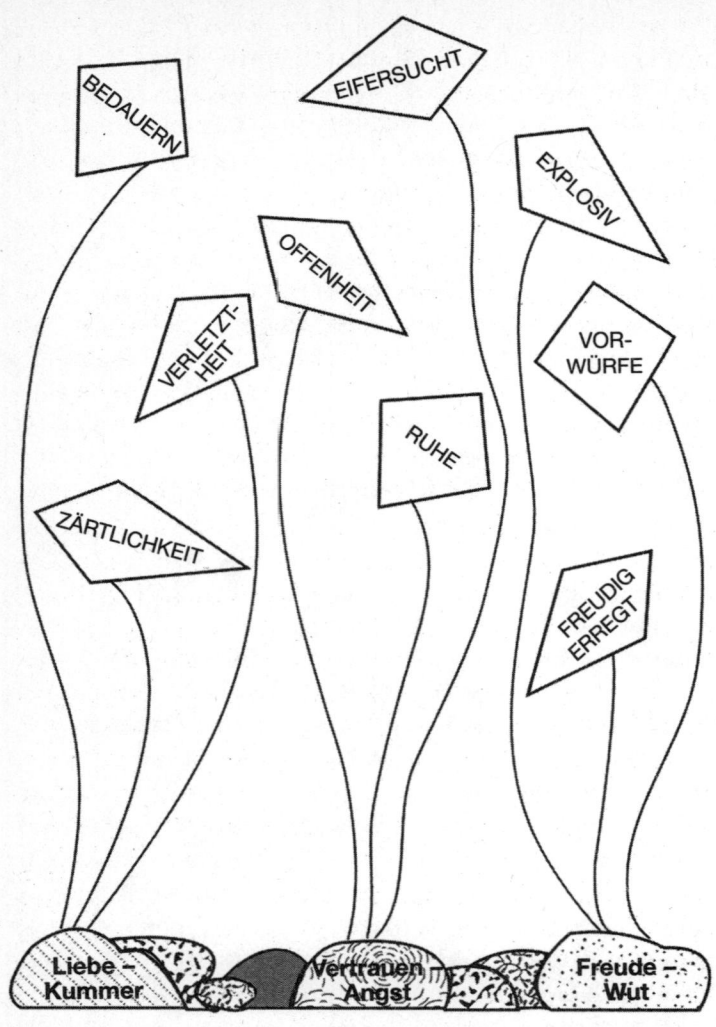

Abbildung 15. *Die Drachen*

von den drei emotionalen Basisstationen die *Gefühle* aus. Für mich sind Gefühle soziale oder zwischenmenschliche Emotionsderivate. Sie beschreiben unsere Reaktion auf andere und entstehen durch unsere Interaktion mit ihnen, sie sind ein elementarer Bestandteil des menschlichen Zusammenlebens.

Gefühle sind das Zahlungsmittel, das in unseren Beziehungen kursiert: Schuld, Ekel, Dankbarkeit, Neid, Scham, Aggression, Demütigung, Beschuldigungen, Bewunderung sind Beispiele dafür. Sie werden genauso *erlernt,* wie wir alles andere im Leben lernen: durch Nachahmung und soziale Konditionierung. Gefühle haben starken Einfluss auf unsere Einstellungen und unser Verhalten, aber sie sind nicht unbedingt universell. Sie sind abhängig von der Kultur, in die wir hineingeboren werden, von den Umständen, unter denen wir aufwachsen, und von unserer persönlichen Veranlagung. Nicht jeder fühlt Eifersucht, nicht jeder fühlt Enttäuschung gleich, eine Zurückweisung bedeutet für jeden etwas anderes.

Wenn es darum geht, Emotionen zu erkennen und zu benennen, fallen Ihnen höchstwahrscheinlich zuerst die Bezeichnungen für Gefühle ein. Gefühle sind wie »Drachen«, wie Sichtzeichen in der emotionalen Brise: Wenn wir ihre Schnur zurückverfolgen, stellen wir fest, dass sie an der Basis mit einer Emotion verbunden sind. Die Gefühle sind in gewisser Weise deshalb deutlicher, weil vor allem die Beziehung zu anderen uns beschäftigt, sodass wir die den Gefühlen zu Grunde liegende Emotion zunächst nicht erkennen.

Von vielen gängigen Gefühlen und Gefühlszuständen haben wir eine verschwommene Vorstellung und obwohl es kein allgemein verbindliches Gefühlslexikon gibt, können wir uns ein paar dieser »Drachen« im Hinblick auf ihre emotionale Basisstation ansehen. So können wir eher erkennen, was in uns vorgeht, und die tiefere Bedeutung eines Gefühls verstehen.

Drachen, die von den Emotionen Liebe und Kummer ausgehen
Ein *Gefühlszustand* geht von physiologischen Empfindungen aus, die sich direkt in ein benennbares Gefühl übersetzen lassen: Lust-warm-offen-angenehm-expansiv-strahlend-zart und kalt-in sich gekehrt-verschlossen-verletzt-gebrochen-erschüttert-schwer-taub sind Beispiele für den psychosomatischen Charakter der Gefühle, die mit der Nähe-Distanz-Polarität zu tun haben.

Echtes *Bedauern* unterscheidet sich von Schuld und geht tiefer als das Gefühl, sich entschuldigen zu müssen. Bedauern und *Gewissensbisse* gehören hierher, weil sie mit Verlust zu tun haben: Eine Chance fällt weg oder wird verweigert, das Geben oder Nehmen von Liebe und Fürsorge ist nicht mehr möglich. Der Verlust von etwas, das hätte sein können oder war und nicht mehr ist, löst bei uns allen hin und wieder und in unterschiedlicher Stärke wirkliche *Reue* aus. Wir bedauern die Chancen, die wir durch unser Tun oder Nicht-Tun, durch die Vernachlässigung von uns oder anderen vertan haben. Im Allgemeinen müssen wir unseren Kummer zugeben und entladen, bevor wir durch diesen Zustand hindurch zu etwas anderem weitergehen können.

Aufrichtiges *Entschuldigen* ist mit Bedauern verbunden. Die zwanghaften Entschuldigungsgesten, die wir so lieben, sind allerdings eher eine automatische Reaktion als ein Zeichen dafür, dass wir etwas bereuen. Diese automatische Reaktion hängt mit der hierarchischen Position zusammen. Tiere, die ein bedrohliches oder überlegenes Tier beschwichtigen wollen, nehmen eine unterwürfige Haltung ein und genauso nehmen Menschen als sozial erlernte Abwehr gegen Aggression und Missfallen eine entschuldigende Haltung ein. Wenn die Entschuldigung keine Verbindung zu echter Reue hat, ist sie oft ein wichtiger Hinweis darauf, dass die Basis-Emotion Wut, nicht Kummer ist.

Verletzbarkeit bedeutet die Fähigkeit, verletzt werden zu

können; ich habe sie hier aufgenommen, weil der Begriff oft falsch gebraucht wird. In einem hierarchischen Kontext ist Verletzbarkeit ein Synonym für Ohnmacht. Ohnmacht klingt unangenehm nach Niederlage und wird demzufolge verachtet. Ohnmacht bedeutet, dass wir vor Verletzung nicht oder kaum geschützt sind und in anderen entsprechende Gefühle auslösen, nämlich Mitleid und Fürsorge. Allerdings verzerrt das von der Aggression hinterlassene Vermächtnis unsere Fähigkeit, Verletzbarkeit zu respektieren.

Aus nicht-hierarchischer Sicht besitzt Verletzbarkeit eine Macht und einen Wert; sie hängt von unserer *personalen* Macht ab, der Fähigkeit, uns selbst gegenüber wahrhaftig zu sein; ob wir im Verhältnis zu anderen machtlos sind, wird dann weniger wichtig. Denken Sie über dieses Gefühl ein bisschen nach: Fühle ich mich wirklich verletzbar und muss mich also konkret irgendwie schützen, oder fühle ich mich machtlos und habe Angst, meine Macht zu behaupten?

Mitgefühl ist ein komplexes Gefühl, das tief in der Liebe verankert ist, und, was noch wichtiger ist, in der Liebe zum als gleichwertig betrachteten anderen. Auch wenn der andere in materieller, körperlicher, intellektueller oder sozialer Hinsicht ganz anders (ungleich) ist, besteht beim Mitgefühl eine elementare Gleichheit *mit* dem anderen. Das ist etwas anderes als *Mitleid*, mit dem es oft verwechselt wird. Beim Mitleid fühlen wir uns dem anderen überlegen. Für jemanden, der uns gleichwertig ist, fühlen wir kein Mitleid. Mitleid steht also im hierarchischen Kontext von Über- oder Unterlegenheit. Mitleid lässt uns nicht verstehen, wie irgendwas den anderen berührt. Wenn wir Mitleid haben, interpretieren wir das Leid des anderen so, wie wir es erleben würden, was die Gefahr beinhaltet, dass wir gönnerhaft und selbstgerecht sind. Beim Mitgefühl dagegen fühlen wir zumindest *ansatzweise*, wie es in dem anderen aussieht, aber ohne dass wir seine Grenzen zu überschreiten oder unsere aufzugeben brauchen. Der Unterschied gleicht dem zwischen Sympathie, die wir *für* jemanden haben, und Empathie, die wir *mit* jemandem haben.

Selbstmitleid muss hier aufgeführt werden, obwohl es besser zu den Wut-Gefühlen passt. Selbstmitleid und Selbstbeschuldigungen gehen Hand in Hand. Selbstmitleid verhindert, dass wir aus dem Gefängnis der Hilflosigkeit ausbrechen und einen Kontakt zu unserer Fähigkeit herstellen, zu wählen und also etwas zu verändern.

Glück ließe sich allen drei Polaritäten zuordnen: geliebt werden, dazugehören, Erfüllung finden. Hier rührt es an die Gefühle *Freude, Wonne, Befriedigung, Leichtigkeit* und *Zufriedenheit*. Glück, dieser vorübergehende Zustand, berührt uns alle: Allerdings gehen die meisten von uns in die Falle, Glück mit etwas gleichsetzen, das sie verdienen, mit einem öffentlichen Hinweis auf ihren persönlichen Wert und ihren Erfolg, als ob wir am Glücksquotienten in unserem Leben gemessen werden könnten. Umgekehrt bedeutet dies, dass *Un*glück mit persönlichem Versagen und Unzulänglichkeit gleichgesetzt wird. Dieser Teil des sozialen Dogmas ist so stark, dass wir auch – oder gerade – dann weiterlächeln, wenn dieses Gefühl aus unserem gegenwärtigen emotionalen Repertoire völlig verschwunden ist – wir wollen schließlich zeigen, wie glücklich wir sind.

Drachen, die von den Emotionen Freude und Wut ausgehen

Wütend–explosiv–glühend–kochend–irritiert–gedrückt–schal–matt–apathisch–lustlos und obenauf–energiegeladen–schwungvoll–gespannt–aufgeladen–machtvoll sind Hinweise auf Gefühlszustände, die mit der Selbstbehauptung–Begrenzung–Polarität zu tun haben.

Schuld wird als Beziehungsgewährung häufig eingesetzt. Das Gefühl leitet sich von der Unfähigkeit ab, Verantwortung für Entscheidungen zu übernehmen, was in der kulturellen Überzeugung verankert ist, es gäbe nur Über- und Unterlegene. In diesem Bild zwischenmenschlicher Beziehungen kommt Gleichheit nicht vor; wenn wir meinen, jemand hätte weniger Macht als wir – weniger zu sagen, weniger Einfluss, weniger Gewicht, weniger Prestige –, neigen wir dazu, ihm gegenüber Schuldgefühle zu haben. Schuld darf nicht mit Bedauern, Reue oder Trauer verwechselt werden, die mit Kummer zusammenhängen. Wenn Sie Schuldgefühle haben, können Sie überlegen, ob sich in Ihnen verborgener Groll gegen den anderen aufstaut oder ob Sie in Wirklichkeit Reue fühlen.

Das äquivalente Zahlungsmittel zur Schuld ist ihr Gegenteil: *Beschuldigen*. Auch diesen »Drachen« benutzen wir bei dem Versuch, unsere Gefühle zu äußern, recht häufig. Die Emotion, mit der es verbunden ist, ist irgendeine Form von Wut. Das Beschuldigen ist ein erlerntes Gefühl, das wir äußern, wenn wir meinen, wir wären machtlos, könnten nicht wählen, wären nicht gleichwertig, was Unzufriedenheit über die Ungerechtigkeit schürt. Beschuldigungen brauchen ein Objekt, gegen das sie sich richten können – andere oder uns selbst – und sind daher eher eine Facette der Aggression als der Wut.

Enttäuschung darf nicht mit echter Traurigkeit verwechselt werden. Enttäuschung entsteht oft, wenn wir wahrgenommenen oder nicht wahrgenommenen Erwartungen nicht entsprechen (siehe die Wut-Verhaltensmuster in Kapitel 9); die Enttäuschung über sich oder andere verschleiert daher oft Wut-Gefühle. Im Allgemeinen äußern wir sie indirekt dadurch, dass wir uns oder die betreffenden anderen durch unser Verhalten oder unsere Einstellungen bestrafen.

Neid ist etwas anderes als Eifersucht. Der allgemein akzeptierte Unterschied besteht darin, dass Neid sich auf eine Sache bezieht – eine Eigenschaft, materiellen Besitz oder Status –, während Eifersucht in Reaktion auf eine Bindung oder

Beziehung zwischen zwei Menschen auftritt. Neid ist im Konkurrenzdenken verankert und wird durch einen vergleichsweise machtlosen Zustand gefördert.

Scham ist ein erlernter Gefühlszustand, der uns in der frühen Kindheit eingeimpft wurde. Anhand eines in unserer Kultur allgemein akzeptierten Schambereichs – der Scham über unsere natürliche Nacktheit – lässt sich erkennen, dass sich hinter diesem Etikett die tief sitzende Wut darüber verbirgt, angesehen, zum Objekt gemacht, durch Blicke, Berührungen oder eine sexuelle Penetration verletzt zu werden. Scham beinhaltet das Gefühl, dass jungfräuliches Territorium verloren gegangen ist, dass das Selbst und seine Grenzen überrannt wurden, während wir macht- und wehrlos sind. Dieses Gefühl zeigt sich ganz deutlich bei erwachsenen Frauen, die vergewaltigt wurden; das gewalttätige Eindringen kann frühere Gefühle, sich für den eigenen Körper zu schämen, machtlos zu sein und sich selbst die Schuld zu geben, restimulieren. Dieser Gefühlsmix blockiert die Fähigkeit, die angemessene Wut zu erkennen und zu entladen; erst wenn dies geschehen ist, können das Selbstgefühl und die körperliche Integrität wieder hergestellt werden. Ich habe festgestellt, dass unter der Scham und der Wut manchmal die Trauer liegt, die durch den Verlust der körperlichen Integrität ausgelöst wurde.

Ablehnung ist ebenfalls ein komplexes Gefühl, mit dem wir verschiedene Gefühle und Erfahrungen etikettieren: Es enthält zunächst ein gewisses Maß an Verletztheit und dahinter oft eine nicht geäußerte und nicht eingestandene Wut darüber, auf irgendeine Weise ignoriert, übersehen oder unfair behandelt worden zu sein. Viele von uns bleiben bei diesem Gefühl hängen, denn solange wir uns nicht mit der Wut beschäftigen, verwandelt das Gefühl sich oft in Selbstbeschuldigungen. Wir kommen dann zu der verzerrten Überzeugung, dass wir abgelehnt wurden, weil wir ablehnenswert sind; diese Erwartung wird so lange zu einer sich selbst erfüllenden Prophezeiung, bis die Wut erkannt wird. Sobald sie entladen wurde, kann auch die Verletzung anerkannt werden, woraufhin die Erwartung, abgelehnt zu werden, an Einfluss verliert.

Verletztheit gehört hierher, weil es vor allem für Frauen sehr viel einfacher ist zu sagen, sie wären durcheinander oder verletzt, wenn sie in Wirklichkeit den Kontakt zu der Emotion »Wut« völlig verloren haben. Die Verletztheit führt hier zu der tiefer liegenden Emotion Wut.

Langeweile hat mit Unrast, Gereiztheit und blockierter Energie zu tun. Wie die Depression wird die Langeweile zu einem selbst gezimmerten Gefängnis für die Wut, die auftritt, wenn das Bedürfnis nach Selbstbehauptung blockiert wird. Die Wut wendet sich eine Zeit lang nach innen, wir schalten ab und ziehen uns zurück, bis die Wut auf Entladung drängt und es zu einem aggressiven Ausbruch kommt.

Frieden ist ein Gefühl, das Sie an dieser Stelle vielleicht überrascht, aber ich denke, dass ganz tief in der Wut Frieden wohnt, tiefer, wahrer Frieden. Das Gleichgewicht zwischen Ich und Du, das Gefühl bereitwilliger Einwilligung, das Gefühl, einen gleichwertigen Gegner gefunden zu haben, sich Phasen wahrer Machtlosigkeit zu überlassen – all das bringt Frieden.

Stolz, der oft mit Arroganz und der sich daraus ergebenden Angst vor dem Absturz assoziiert wird, kann schwer zuzugeben sein. Aber im Kontext der Gleichwertigkeit ist Stolz anders. Er wird manchmal mit großen Leistungen assoziiert, aber im Grunde zelebriert er die Anstrengung als solche, den Weg zum Ziel, die Fähigkeit, über Härten, Schwierigkeiten und Barrieren hinauszugehen und weiterzumachen.

Erfüllung gehört hierher, wenn sie bedeutet, dass wir gefordert werden und sich herausstellt, dass wir der Aufgabe gewachsen sind, aber sie hat auch mit emotionaler Nähe und Liebe zu tun.

Demütigung gleicht Scham, aber die meisten von uns erleben sie das erste Mal in einem Alter, in dem wir Zeit hatten, die hierarchische Struktur unserer Welt zu verinnerlichen und zu erkennen. Bei einer Demütigung verlieren wir das Gesicht, den Status, das Prestige im jeweils aktuellen, von der äußeren Macht vorgegebenen Bezugsrahmen. Direkt unter der Oberfläche dieses Gefühls lauert die Wut, die, wenn die Gelegenheit zur Rache sich bietet, gewöhnlich zu Aggression verzerrt wird.

Depression ist ein Gefühlszustand, den fast jeder von Zeit zu Zeit erlebt; wir fühlen uns mutlos, niedergeschlagen und verzweifelt. Wir verlieren vorübergehend den Kontakt zu unserer Fähigkeit, etwas zu verändern, und haben das Gefühl, von gigantischen Widrigkeiten *besiegt* oder *überwältigt* zu werden, was oft das Bedürfnis anzeigt, eine Bestandsaufnahme zu machen, eine Pause einzulegen, die Batterien wieder aufzuladen und eine neue Strategie oder Methode zu finden. Allerdings ist es praktisch unmöglich, eine schwere Depression jemandem zu beschreiben, der sie noch nicht erlebt hat; ich möchte hier näher auf sie eingehen, weil sie so leicht missverstanden wird.

Eine unterschwellige Zerbrechlichkeit unterscheidet das, was Menschen an Tiefpunkten ihres Lebens erleben, von der schweren Krankheit. Manche Menschen sind einfach zu zerbrechlich für die Höhen und Tiefen, die andere, psychisch robustere Zeitgenossen, überstehen. Eine Entlassung, ständige Schikanen und Belästigung, der Tod eines nahe stehenden Menschen oder emotionaler Druck auf Grund der Angst vor dem Versagen können für solche Menschen unerträglich werden.

Diese Zerbrechlichkeit ist ziemlich deutlich, sogar bei Kindern. Wenn sie erkannt wird und mit einer geeigneten und ausreichenden Unterstützung und Erziehung einhergeht, können die Betroffenen die »normalen« Turbulenzen des Lebens bewältigen. Meist jedoch verstehen Freunde, Kollegen, Lehrer, Eltern und Partner die Zeichen nicht: Ängstlich und hilflos verschließen sie die Augen vor ihnen, was oft tragische Konsequenzen hat.

Die betroffenen Menschen beschreiben ihre Depression unterschiedlich, aber meist gehört das Gefühl dazu, festzuhängen, in der Falle zu sitzen, akut *verzweifelt* zu sein. Die riesige, eigentlich nach außen drängende Energie Wut wird nach innen gerichtet und dort eingeschlossen. Jedes kleinste Quäntchen an körperlicher und mentaler Energie wird von konstantem, intensivem seelischem Schmerz aufgezehrt, der sich manchmal zu einer so unentrinnbaren Qual auswächst, dass der Selbstmord als einzige Möglichkeit erscheint, sie abzustellen. Dieser seelische Schmerz ist für Außenstehende schwer zu verstehen.

Wenn der Schmerz unerträglich wird, verwandelt die Depression sich manchmal in eine Taubheit, in der wir fast *nichts* fühlen: Wir sind nicht mehr in der Lage, auf etwas oder jemanden zu reagieren, das ganze schöne bunte Leben ist in einem emotionalen »schwarzen Loch« verschwunden. Auf dieser Stufe haben Sie das Gefühl, als würden Sie *nie mehr* aus der Depression herauskommen. Auch wenn Sie früher schon depressive Phasen hatten und also vom Verstand her wissen, dass auch diese höchstwahrscheinlich nicht von Dauer ist, wird diese Sicherheit in Ihrem Denken völlig ausgeblendet: Sie sind absolut davon überzeugt, dass dieser Zustand in alle Ewigkeit andauert.

Normale Interaktionen fallen schwer. Ich habe mich einmal widerwillig zu einer Tagung geschleppt, als ich depressiv war. In einem kleinen Gesprächskreis gestand ich meine emotionale Verfassung ein. Darauf sprang sofort eine andere Delegierte an, die mit honigsüßem Lächeln zu mir meinte: »Ah, Depressionen sind doch so kreative Phasen, finden Sie nicht?« Ich erinnere mich daran, dass ich den fast überwältigenden Wunsch unterdrückte, dieser Frau eine schallende Ohrfeige zu verpassen, und gleichzeitig war ich dankbar dafür, dass in der trostlosen Empfindungslosigkeit meines damaligen Lebens irgendetwas eine Emotion ausgelöst hatte.

Drachen, die von den Emotionen Vertrauen und Angst ausgehen
Unwohl–unbehaglich–angespannt–nervös–schreckhaft–schockiert–aufgeregt–gereizt und entspannt–ruhig–locker–stabil–offen – mit diesen Worten lassen sich die Gefühlszustände beschreiben, die mit der Sicherheit–Risiko–Polarität zusammenhängen.

Ängstlichkeit ist sinnvoll, wenn sie uns über eine Gefahr oder eine mögliche Bedrohung informiert, das heißt, uns mahnt, wachsam und vorbereitet zu sein. Dann ist sie ein Aspekt der Basis-Emotion Angst. Ängstlichkeit gehört aber auch zu jedem Risiko – einem Sprung, einer Leistung, einer vor uns liegenden Aufgabe – und ist dann mit dem Gefühl »Aufgeregtheit« verwandt. Ängstlichkeit wird zu einer verzerrten und automatischen Reaktion, wenn Reiz und Reaktion sich nicht die Waage halten. Dann zieht Ängstlichkeit uns Kraft ab. Sie informiert uns nicht über einen realen Anlass zur Beunruhigung, mit dem wir uns beschäftigen und dabei die bei der Erregung entladenen biochemischen Stoffe verbrauchen können, sondern dreht sich im Kreis, nährt sich selbst und wird mit früheren nicht entladenen Ängsten vermengt. Die ängstlichen Gefühle schwirren uns weiter im Kopf herum, gehen ins Nichts und ihre psychosomatischen Auswirkungen machen uns krank oder lähmen uns.

Eine solche erlernte Ängstlichkeit kann ein Eigenleben annehmen; sie koppelt sich von ihrem Ursprung ab und wird zu einem psychosomatischen Muster, bei dem Körper und Seele sich gegenseitig das Material liefern, das den Kreislauf in Gang hält. Wenn wir in diesem Zustand sind, ist oft die Überlegung nützlich, ob wir uns einfach deshalb im Kreis drehen, weil unter der Oberfläche die Emotion Wut schwelt. Wenn wir die tiefer liegende Emotion erkennen, können wir den Kreislauf leichter durchbrechen. Eng verbunden mit diesem Gefühlszustand ist die physiologisch ähnliche *Panik*, die ebenfalls eher eine Reaktion auf innere Ängste darstellt, als eine angemessene Reaktion auf eine äußere Bedrohung.

Besorgtheit gleicht körperlich den Symptomen der Ängstlichkeit, muss diese aber nicht einschließen. Bei der Besorgtheit nimmt das Gedankenkreisen kein Ende: Wir sitzen in der Besorgtheit fest wie der Hamster in seinem Rad. Sie ist eher ein soziales Gefühl als eine Emotion, aber ihr Druck ist darum nicht kleiner. Gewöhnlich geht sie mit der Angst einher, es nicht richtig zu machen, zu versagen oder die Kontrolle zu verlieren. Das bedeutet, dass sie je nach persönlicher Situation von den Basis-Emotionen Angst oder Wut ausgehen kann.

Einsamkeit ist ein komplexes Gefühl und etwas anderes, als gegenwärtig allein zu sein. Einsamkeitsgefühle können mit der emotionalen Basisstation »Liebe und Kummer« verbunden sein, mit der Sehnsucht nach Gesellschaft, nach Gemeinsamkeit; in einer Kultur, in der die Paarbeziehung als einzig richtiger Zustand für jeden Erwachsenen gilt, wird dies oft hochgespielt. Einsamkeit fühlen wir auch, wenn wir die Gegenwart eines lieben Menschen vermissen, den wir zeitweilig oder für immer verloren haben.

Ich habe Einsamkeit hier der Basisstation »Vertrauen und Angst« zugeordnet, weil ich glaube, dass sie oft eher mit unserem Bedürfnis nach Zugehörigkeit zu tun hat, sei es im privaten, beruflichen oder schulischen Bereich; wie das parallele Gefühl des *Ausgeschlossenseins* hat sie in einem umfassenden Kontext auch mit dem Gefühl zu tun, mit keinem Menschen im Lebensumfeld mehr im Einklang und »anders« zu sein.

Selbstvertrauen wird oft missverstanden. Echtes Selbstvertrauen gehört hierher, weil es im Glauben an und im Vertrauen in die eigene Person und/oder andere verankert sein kann. Seine Ausgangsbasis sind Selbsterkenntnis und das Gefühl, zu sich selbst zu gehören. Als Selbstvertrauen wird auch ein Gefühl bezeichnet, das weniger mit innerem Vertrauen zu tun hat, sondern auf einen Status anspielt, der durch die Überwindung oder Unterdrückung von Ängstlichkeit erreicht wurde. Weil wir Machtlosigkeit vermeiden wollen, streben wir ein Selbstvertrauen an, das von äußerer Macht ausgeht: Sachkenntnis, es richtig machen, den Anschein wahren. Ein solches Selbstvertrauen beruht nicht auf der Anerkennung, sondern auf der Leugnung von Ängstlichkeit.

Dummheit wird oft als Gefühl erwähnt. Manchmal fühlen wir uns dumm, wenn wir etwas nicht verstehen, die Antwort nicht finden oder uns nicht verständlich machen können. Dadurch ist eine Verbindung zu Ängstlichkeit und Angst gegeben. Die Basis-Emotion kann aber auch Wut sein. Das Etikett »dumm« wird oft verwendet, um uns und andere klein zu machen, und hängt oft mit der Wahrnehmung zusammen, machtlos zu sein.

Verlegenheit kann in den Gefühlsbereich gehören, in dem auch *nervös*, *verschämt*, *scheu* und *schüchtern* angesiedelt sind; sie hängt dann mit der Angst zusammen, da, wo man ist, nicht hinzupassen. Manchmal sind wir auch verlegen, wenn wir das Gesicht verloren haben, wenn wir exponiert und schutzlos sind, wenn Grenzen überschritten wurden; in diesem Fall ist die Basis-Emotion Wut.

Eifersucht ist ebenfalls ein komplexes Gefühl, das für jeden etwas anderes bedeutet. Sie kann von dem Bedürfnis ausgehen, sich an jemanden zu klammern, weil wir Angst vor Ablehnung haben; sie kann auch von der Angst vor Einsamkeit stammen. Im Grunde scheint Eifersucht auf der Angst zu beruhen, verlassen zu werden und Liebe oder den Status zu verlieren. Sie ist ein starkes erlerntes Gefühl, das unsere Beziehungen beherrschen und alle möglichen Racheaktionen speisen kann; Aggression ist dabei gewöhnlich nur die äußere Reaktion auf die nicht bearbeitete Angst.

Eine neue Sprache lernen

Für den Umgang mit unseren Emotionen ist es ganz wichtig, dass wir unsere Gefühle auf diese Weise anerkennen. Es dauert eine Weile, bis das Vertrauen in das, was der Körper uns sagt, wieder hergestellt ist, denn meist haben wir unsere Gefühle jahrelang ignoriert oder wegrationalisiert. Sobald wir uns nicht mehr über unseren Körper hinwegsetzen, sondern *mit* ihm zusammenarbeiten, erkennen wir die Gefühle sehr viel schneller. Es ist so, als würden wir eine neue Sprache lernen, oder richtiger, mit dem Bewusstsein des Erwachsenen eine Sprache wieder erlernen. Sobald wir alles, was wir in uns finden, akzeptieren und nichts ablehnen, können wir sensibler und bewusster reagieren.

Auch diese Phase ist für Sie selbst. Oft reicht es, wenn wir uns unsere Gefühle innerlich eingestehen, um zu einer konstruktiven emotionalen Reaktion zu gelangen. Es kann aber auch sein, dass wir kommunizieren und unsere Gefühle jemand anders mitteilen wollen. Das führt uns zur nächsten Stufe.

- Finden Sie weitere »Gefühlsdrachen«, die ich hier nicht genannt habe? Überlegen Sie, wo sie hingehören: ob es sich um Emotionen oder Gefühle handelt und mit welcher Basis-Emotion sie verbunden sind.

- Gibt es Gefühle, die Sie schwerer zugeben können als andere? Wenn ja: Geben Sie sich eine Sondererlaubnis und teilen Sie sie dem Menschen mit, mit dem Sie diese Übungen machen.
- Denken Sie daran, zwischen erkannten Gefühlen und Körperempfindungen eine Verbindung herzustellen.

Mitteilen statt ausweichen

In vieler Hinsicht sind Worte das schwierigste Medium, um Emotionen mitzuteilen: Oft ist es einfacher, sie durch Farben, Formen, Bewegungen oder Töne zu äußern. Der verbale Ausdruck kann die Form eines Gedichts oder Romans annehmen, aber in der alltäglichen Kommunikation bringt die lineare Struktur der Sprache uns meist vom körperlichen, zyklischen Charakter der Emotion weg. Trotzdem ist es entscheidend, dass wir anfangen, die grundlegenden Worte dieser Sprache zu erlernen.

Das wichtigste Werkzeug beim Umgang mit den Gefühlen auf dieser Stufe ist, dass wir uns *mitteilen*.

Damit ist nicht eine offene Aussprache oder eine Art Beichte gemeint. Das Sich-Mitteilen ist nicht abgehoben, komplex, künstlich oder raffiniert. Es bedeutet einfach, dass wir das, was wir uns innerlich eingestanden haben, eine Stufe weiter tragen: Wir teilen mit, was wir fühlen, indem wir es in Worte fassen. Das klingt so selbstverständlich und einfach, dass Sie sich vielleicht fragen, warum ich es überhaupt als besondere Fertigkeit beschreibe. Aber nachdem ich in diesem Bereich seit Jahren unterrichte, weiß ich erstens, wie enorm wirkungsvoll das Sich-Mitteilen ist, zweitens, wie verblüfft und begeistert Leute sind, die es beherrschen, und drittens, wie schwer es zu erlernen ist.

Am heikelsten ist es, das, was innerlich erkannt wurde, nach außen zu bringen. Über weite Strecken unseres Lebens wurden Gefühle, wenn wir sie denn überhaupt erkannt hatten, schnell zensiert, sowohl in unserem Kopf als auch im Hinblick auf ihre Äußerung gegenüber anderen. Wir haben gelernt, uns nichts anmerken zu lassen und unsere Gefühle zu verstecken, denn wenn wir sie äußern würden, wären wir offen, das heißt verletzbar und damit machtlos.

Also schützen wir uns von vornherein vor Verletzungen dadurch, dass wir selbstgerecht und vorwurfsvoll vorgehen. Scheinbar äußern wir unsere Gefühle, aber in Wirklichkeit kritisieren wir den anderen:

>>Ich habe das Gefühl, dass du kein Recht hast, das zu sagen.<<

>>Ich habe das Gefühl, dass du das nicht tun solltest.<<

>>Du vermittelst mir ein total schlechtes Gefühl.<<

>>Ich habe das Gefühl, dass du Unrecht hast.<<

>>Du schüchterst mich ein.<<

>>Ich habe das Gefühl, dass du unsensibel bist.<<

>>Du vermittelst mir das Gefühl, eine absolute Null zu sein.<<

Wenn wir uns mitteilen, übernehmen wir die Verantwortung für unsere Gefühle, was bedeutet, dass wir für sie nicht jemand anders verantwortlich machen können. Deshalb ist dieser Vorgang so schwierig. Wir müssen unsere Wahrnehmung verlagern und entgegen unserer Konditionierung akzeptieren, dass *wir* unsere Gefühle fühlen und dass niemand uns gezwungen hat, so zu fühlen.

Menschen reagieren auf das wahrgenommene Verhalten eines anderen so unterschiedlich, dass wir ein Gefühl nicht einfach einer Ursache zuschreiben können, auch wenn uns das gut passen würde. Nehmen wir das triviale Beispiel, dass jemand Ihnen auf den Fuß tritt; Sie könnten dann

Grund zu der Annahme haben, dass dieser andere Ihre Schmerzen verursacht hat und es also nur recht und billig ist, wenn Sie daraufhin verärgert sind. Aber auch in diesem Fall kann Ihre Reaktion sich von der anderer Menschen auf das gleiche Ereignis unterscheiden. Sie können das Verhalten für böswillig oder zufällig halten; Sie können gut oder schlecht gelaunt sein, wenn es passiert; vielleicht haben Sie neue Schuhe an; vielleicht ist es Ihnen an dem Tag schon dreimal passiert; und dann ist da noch das Aussehen des anderen und die Art seiner Reaktion – all dies beeinflusst, wie Sie ein und dieselbe Handlung erleben und also die Art Ihrer Reaktion, die entrüstet, leicht verärgert, überrascht und sogar kleinlaut sein kann. Deshalb sollten Sie Ihre Erfahrung – Ihre Gefühle – ohne Ursachen- oder Schuldzuweisungen zur Kenntnis nehmen.

Zu einem wirkungsvollen Hilfsmittel wird das Sich-Mitteilen dann, wenn Sie klar, aufrichtig und redlich sind.

Klarheit. Damit ist gemeint, dass Sie möglichst genau sein sollten. Das gelingt Ihnen mit zunehmender Praxis immer besser. Am Anfang werden Sie feststellen, dass Wendungen wie »Ich bin nicht gut gelaunt« Ihnen leichter einfallen als etwa »Ich bin stinkwütend«, dass »Ich bin durcheinander« sich eine Zeit lang hält, bis der Nebel sich zu lichten beginnt, und dass wir die Intensität unserer Gefühle fast sicher unterschätzen. Pauschalbegriffe wie die, dass wir uns »abgelehnt«, »enttäuscht« oder »schuldig« fühlen, blockieren unsere Fähigkeit, genauer zu sein und uns effizienter zu äußern.

Ehrlichkeit. Es ist nutzlos zu sagen, wir wären »ein bisschen sauer«, wenn wir in Wirklichkeit fast explodieren, oder wir wären »verletzt«, wenn wir in Wirklichkeit vor Wut kochen. Es geht es auch nicht darum, das zu sagen, was der andere unserer Meinung nach hören will, oder etwas, das ihn – wie wir hoffen – davon abhalten könnte, auf *uns* wütend zu werden. Es geht darum, die emotionale Wahrheit zu vermitteln, so, wie wir sie zu diesem Zeitpunkt sehen. Nicht mehr und nicht weniger.

Redlichkeit. Fehler-, Ursachen- und Schuldzuweisungen sind im Grunde irrelevant. Ziel des Sich-Mitteilens ist die Verbalisierung dessen, was wir in Reaktion auf unsere Wahrnehmung fühlen. Wenn wir unsere Gefühle mitteilen, ohne den anderen zu beschuldigen, hört er genauer hin und die Möglichkeit eines *Austauschs* wird sehr viel wahrscheinlicher. Das Sich-Mitteilen ist deshalb so schwierig zu erlernen, weil wir sehr viel mehr an das *Ausweichen* gewöhnt sind, und zwar wegen der folgenden Befürchtungen:

Wenn ich sage, was ich fühle, gebe ich ihnen mehr Macht über mich/bin ich verletzlicher/werde ich als hysterisch bezeichnet Manchmal ist es tatsächlich klüger und angemessener, still zu sein, aber wenn Sie sich mitteilen, zeigt das persönliche Stärke, nicht Schwäche.

Vielleicht mache ich es falsch

Die Angst vor der Blamage hält uns davon ab, auf unsere emotionale Weisheit zu hören und uns mit Gefühlen zu beschäftigen, die uns in ein schlechtes Licht rücken könnten. Diese Angst hat auch zur Folge, dass wir uns so lange zurückhalten, bis wir meinen, jetzt hätten wir ganz bestimmt Recht. Das wird schnell zu Selbstgerechtigkeit und ist die absolute Garantie dafür, dass der andere defensiv reagiert.

Ich finde nicht die richtigen Worte

Diese Angst ist verständlich – schließlich haben wir unsere Emotionen jahrelang geleugnet und ignoriert, aber Übung macht den Meister. Wir können lernen, stärker mit unseren Gefühlen in Kontakt zu kommen, wenn wir die Hinweise beachten, die unser Körper uns gibt, denn in ihm, und nicht in unserem Kopf, finden sie statt.

Wenn ich nichts sage, geht das Problem vielleicht weg.
Ausgesprochen unwahrscheinlich.

Wenn wir unsere Gefühle in Worte fassen, muss das nicht mit Be- oder Entschuldigungen einhergehen. Wenn wir uns mitteilen, übernehmen wir die Verantwortung für das, was wir fühlen, und konstatieren unsere Wahrheit, ohne Recht oder Unrecht haben zu müssen. Oft bekommen wir es nicht richtig hin – wir reagieren auf fehlerhafte Wahrnehmungen –, aber wir können emotionale Angelegenheiten mit jemand anders nur klären, wenn wir ohne Beschuldigungen kommunizieren – so, als würden wir den anderen *informieren*. Nichts ist je absolut sicher. Das Verbalisieren von Emotionen ist relativ und per se ist die Emotion immer in Bewegung und reagiert auf Wahrnehmungen, die ungenau sind oder zu den Wahrnehmungen von jemand anders im Gegensatz stehen. Wenn wir unsere Gefühle artikulieren, können wir die Wahrnehmungen vergleichen und daraufhin unsere eigenen Gefühle neu bewerten.

Irgendwann sind Gefühle dann vielleicht ein Teil der ganz normalen Kommunikation, und wir teilen sie genauso selbstverständlich und natürlich mit wie Ideen, Meinungen und Gedanken. Wir können unsere Gefühle sofort in der aktuellen Situation mitteilen oder später, wenn wir über vergangene Ereignisse sprechen oder Missverständnisse in einer Beziehung klären wollen. Das Sich-Mitteilen gibt uns aber nicht nur die Möglichkeit zu einem emotionalen Austausch, sondern trägt auch dazu bei, psychosomatische Spannung zu entladen.

Spannungsentladung. Das Sich-Mitteilen ist für das kurzfristige Gefühlsmanagement so zentral, weil es eine erste und wichtige Form der Spannungsentladung darstellt. Solange wir ein Gefühl nicht zugeben und akzeptieren, geht der Kampf zwischen Körper und Kopf – der Erste drängt auf Entladung, der Zweite hält den Deckel fest zu – weiter. Je stärker der Druck ist, das Gefühl zu äußern, desto mehr strengt der Kopf sich an, die Äußerung zu steuern und zu unterbinden, was wiederum die Anspannung erhöht, und so weiter. Wenn wir uns mitteilen, wird der Mund, der das Gefühl artikuliert, zu dem Punkt, an dem Kopf und Körper sich treffen: Die beiden werden deckungsgleich, handeln mit- statt gegeneinander; der Kopf übersetzt die körperlichen Empfindungen des emotionalen Geschehens in Sprache.

Wenn das geschieht, entspannt sich der Konflikt. Es kommt zu einer merklichen Entladung an psychosomatischer Spannung, besonders wenn die Sprache das Gefühl präzise übermittelt. Wenn die Erregung stark war, ebbt sie nicht sofort ab, aber sobald der Konflikt zwischen Körper und Kopf aufhört, sobald wir unsere Gefühle anerkennen und benennen, lässt der Kampf nach und die Spannung wird lenkbarer. Nachdem wir unserer Psyche signalisiert haben, dass wir bemerkt haben, was vor sich geht, braucht der Körper die Lautstärke nicht mehr weiter aufzudrehen, damit der begriffsstutzige Geist endlich etwas mitbekommt.

Die Grenzen des Sich-Mitteilens. Wenn wir unsere Gefühle öfter mitteilen, wird uns die Restimulation bewusst. Denn sobald wir nicht mehr andere für unsere Gefühle verantwortlich machen, sobald wir unsere Empfindungen darlegen und das Risiko eingehen, diese Information mitzuteilen, statt sie in unserem Kopf weiter vor sich hin gären zu lassen, verändert sich unsere Wahrnehmung. Wir entdecken, dass das, was wir sehen oder hören, vielleicht etwas mit der Realität zu tun hat, dass wir aber oft völlig unverhältnismäßig reagieren.

Wenn wir ehrlich sind, erkennen wir, dass unsere Gefühle mehr mit dem zu tun haben, was wir in unserer emotionalen Rumpelkammer angehäuft haben. Wir sehen, dass nicht geäußerte, nicht entladene Gefühle aus der Vergangenheit gegenwärtige Emotionen restimulieren. Ich glaube, dass diese unerlösten Gefühle uns unbewusst in Situationen und Verwicklungen mit anderen Menschen drängen, damit wir die Gelegenheit bekommen, alles zu befrieden, was in dieser Rumpelkammer zur Bearbeitung und Befriedung bereit liegt.

Der »magnetische Impuls«, der zwei Menschen zueinander hinzieht, hat mich immer erstaunt. Filme oder Romane schildern oft solche Beziehungen. Der brasilianische Film *Central Station* ist ein wunderschönes Beispiel für eine solche Beziehung. Die Hauptpersonen sind eine Frau mittleren Alters, Dora, und ein kleiner Junge, Josué. Der Film fängt damit an, dass Josués Mutter bei einem Unfall ums Leben kommt. Dora hilft ihm, seinen Vater zu finden, und durchlebt dabei noch einmal ihre eigene Kindheit: ihre Beziehung zu ihrem betrunkenen Vater nach dem frühen Tod ihrer Mutter. Ihre Beziehung zu Josué ist der Katalysator für eine emotionale Veränderung in ihr.

Manchmal ergeben solche Beziehungen sich im intimen erotischen Bereich, zuweilen auch im beruflichen oder familiären Kontext. Sie können Jahre oder auch nur Tage dauern, aber immer geben sie uns die Chance, etwas aufzuarbeiten. Vielen von uns ist diese Vorstellung vertraut: Wir werden wach und stellen fest, dass wir unsere Mutter (oder unseren Vater) geheiratet haben, oder wir lernen jemanden kennen, der uns beunruhigt, weil er etwas in uns, das wir lieber ignorieren würden, ein bisschen zu deutlich spiegelt.

Die Restimulation aktiviert oder verdeutlicht, wie in vorherigen Kapiteln erläutert, eingefrorene Emotionen. Woher wissen wir, wann eine Restimulation vorliegt?

Neben der in Kapitel 8 beschriebenen Unverhältnismäßigkeit unserer Reaktion existiert ein weiter verräterischer Hinweis: Mit zunehmender Übung erkennen wir, dass manche Gefühle einen quasi kindlichen Charakter haben. Wir fühlen uns irgendwie ganz klein und entweder extrem ohnmächtig, bemitleidenswert und schutzlos oder im Gegenteil tyrannisch, monströs und zerstörungswütig. Dies zeigt sich an nonverbalen Hinweisen wie dem Tonfall oder Gesten, an der Art, wie wir weinen oder mit dem Fuß aufstampfen – kindischen Übertreibungen eines emotionalen Verhaltens.

Wie immer bei diesem Thema lässt sich zwischen einem konkreten, im *Hier und Jetzt* vorhandenen Stimulus und dem Fortwirken von nicht entladenen, aufgestauten Gefühlen aus der *Vergangenheit* keine klare Grenze ziehen. Aber wenn Sie sich mit Ihren emotionalen Reaktionen besser auskennen, merken Sie, wann Sie unverhältnismäßig reagieren. Dazu ein paar Beispiele. Stellen Sie sich vor, dass beim Anblick eines besonders anstrengenden Schülers eine Welle des Ärgers in Ihnen hochsteigt, oder dass Ihr Magen sich zusammenzieht, während Sie auf das Büro eines arroganten und »schwierigen« Vorgesetzten zugehen. Oder dass Sie am liebsten vor Wut schreien würden, wenn Ihre kleine Tochter zum zehnten Mal etwas von Ihnen will. Oder dass der Kloß in Ihrer Kehle immer dicker wird, während Sie einem älteren Mann erklären, dass seine Frau bald sterben wird. Oder dass Sie müde von der Arbeit nach Hause kommen, das ungespülte Abendessen-Geschirr der ganzen Familie vorfinden und das Gefühl haben, explodieren zu müssen. Der anstrengende Schüler ist zweifellos auch in der Realität kein erfreulicher Umgang: Was behindert aber Ihre Fähigkeit, ihm gegenüber bestimmt und fürsorglich aufzutreten? Bei dem unangenehmen Vorgesetzten sind sicher Glacéhandschuhe angebracht, aber nicht Angst und Ohnmachtsgefühle. Was sorgt dafür, dass Sie Ihre quengelnde Tochter am liebsten in die Ecke knallen würden, statt Ihren real vorhandenen Ärger umzubiegen? Und wie kommt es, dass bei dem älteren Mann die Emotion Sie überwältigt, obwohl es zu Ihrem Job gehört, traurige Nachrichten zu überbringen? Wieso kann der Zorn über unerledigte häusliche Arbeiten zu einem persönlichen Affront und einer eklatanten Bestätigung für Ihren Lakaien-Status werden?

Die kurze Antwort auf all diese Fragen lautet: Hier ist eine Restimulation im Spiel. Die langen Antworten sind unendlich vielfältig. Hypothetisch gibt es je nach vergangener Erfahrung Hunderte von Ereignisketten; der nicht entladene und daher unbewusste emotionale Fallout dieser vergangenen Erfahrungen bildet die Grundlage für die Restimulation.

Wenn Sie also erkennen, dass ein Gefühl unverhältnismäßig, kindisch oder übertrieben ist, wissen Sie, dass eine Restimulation vorliegt. Was können Sie dann tun?

Erstens können Sie sich die Tatsache als solche eingestehen und Ihre gegenwärtige Situation angesichts Ihres Wissens um Einflüsse aus der Vergangenheit neu bewerten. Vielleicht reicht schon die Erkenntnis, dass Sie sehr viel mehr in die Situation hineinlegen als gerechtfertigt wäre, damit Sie anders mit ihr umgehen und Ihr Verhalten ändern. Auf diese Weise reagieren Sie nicht mehr wie ein Automat, sondern können wählen.

Zweitens können Sie diese Erkenntnis dem anderen mitteilen, sodass er sich nicht für Ihre starke emotionale Reaktion verantwortlich fühlt; dies ist besonders zu empfehlen, wenn die Beziehung Ihnen wichtig ist. Mit zunehmender Übung erkennen Sie die restimulierten, übertriebenen, kindischen Emotionen in sich immer schneller, sodass Sie beschließen können, sie nicht auszuagieren. (Ausagieren bedeutet, dass mit vergangenen Gefühlen gegenwärtige Emotionen geschürt werden, was zu einigen der in Kapitel 9 beschriebenen

Mustern führt.) Die genaue Verbindung mit der vergangenen Erfahrung brauchen Sie dazu nicht zu kennen. Sie brauchen nur die Erkenntnis, dass eine Restimulation vorliegt, nicht eine Analyse, und da Ihr rationales Selbst sowieso von der Emotion getrübt wird, ist eine Analyse reine Zeitverschwendung.

Manchmal reicht es, wenn wir nachdenken und kognitive Verbindungen zu vergangenen Erfahrungen herstellen, um nicht ins Ausagieren zu verfallen. Meist jedoch bricht die emotionale Erregung – ein wirres Knäuel aus jüngerer Vergangenheit, ferner Vergangenheit und Gegenwart – sich irgendwann Bahn. Wenn Sie diesen Schritt machen wollen, haben Sie eine dritte Möglichkeit.

Sie bringt uns zur nächsten Phase des konstruktiven Umgangs mit Gefühlen. In ihr geht es um den Aspekt der emotionalen Entladung, der sich nicht mit Worten herstellen lässt und zu dem es eben dann kommt, wenn die Worte *aufhören*.

- Wechseln Sie sich bei der folgenden Übung, in der es um die Restimulation von Gefühlen geht, mit Ihrem Partner ab.
- Gab oder gibt es in Ihrem Leben Beziehungen, bei denen eine restimulierte Emotion im Spiel war oder ist? Gibt es zum Beispiel Menschen, die Sie extrem stark anziehen oder einschüchtern, die Ihnen extrem viel Angst machen oder die Sie überhaupt nicht ausstehen können?

Katharsis statt Spannungsstau

An diesem Punkt haben die meisten von uns das Gefühl, in einen Abgrund zu blicken. *Über* Gefühle reden? Kein Problem. *Meine* Gefühle mitteilen? Wenn ich ein bisschen übe, lerne ich das vielleicht. Gefühle *herauslassen*? Niemals!

Solche Hemmungen kontrastieren stark mit der unmittelbaren, unbehinderten Entladung und Äußerung von Emotionen in der Kindheit. Aber dahin können wir nicht zurück. Diese naive Entladung gehört zur Kindheit, in der wir kaum Vorurteile und wenig oder keinen Nachholbedarf hatten. Bei sehr kleinen Kindern lässt die Entladung sich auf einen ganz bestimmten Reiz zurückverfolgen: ein verlorenes Spielzeug, ein aufgeschürftes Knie, ein Vorwurf, ein erschreckendes Geräusch, eine Zurückweisung. Der Reiz löst eine Reaktion aus, und der daraus resultierende Kreislauf von Erregung und psychosomatischer Entladung ist schnell vorbei.

Die vollständige Entladung bei Erwachsenen ist anders. Sie ist keine Schau, und sie muss nicht die Form eines Wutanfalls oder eines irgendwie »kindischen« Verhaltens annehmen. Sie ist keine undifferenzierte, unkontrollierbare Regression und auch deshalb anders, weil seit der Kindheit Zeit vergangen ist. Die einfache, direkte Entladung des Kindes verwandelt sich im Lauf der Jahre in einen komplexen, facettenreichen Prozess.

Vor allem zwei Dinge sind anders: Erstens kann ein Erwachsener sich dazu *entscheiden*, seinem Körper zu vertrauen und mit ihm mitzugehen, zweitens hat ein Erwachsener die Fähigkeit zur *Einsicht*.

Die Kombination von freier Entscheidung und Einsicht erhebt die kindliche Entladung zur **Katharsis** des Erwachsenen. Bei ihr verbindet die in Kapitel 7 beschriebene physiologische Entladung sich mit psychologischer Einsicht.

Physiologische Entladung. Die verschiedenen Körpersysteme entladen aufgestaute emotionale und physische Anspannung, indem wir zittern, weinen, uns schütteln, stöhnen, schluchzen, wimmern oder alle möglichen anderen Töne machen, schwitzen oder schreien. Denken Sie daran, dass der Rhythmus, der Verlauf und die Energie der Entladung bei der primären Emotion anders sind; eine authentische Katharsis spiegelt diese unterschiedlichen Muster.

Bei der Katharsis vertrauen wir darauf, dass unser Körper uns durch die emotionalen Gezeiten hindurchträgt. Obwohl dieses Vertrauen mit der Zeit wächst, werden wir immer wieder gegen die Tendenz zum Intellektualisieren ankämpfen müssen. Es ist auch gar nicht so sehr die körperliche Entladung selbst, die wir lernen müssen, denn die Befähigung dazu ist uns angeboren, aber wir müssen vorübergehend unsere automatische körperliche und mentale Abwehr gegen sie aufgeben. Wir müssen die Sprache der Emotion *über den Körper* lernen, nicht nur *über den Kopf*.

Wir brauchen die physiologische Entladung, weil der Kampf gegen den Kopf erst dann aufhört, wenn wir unserem Körper vertrauen. Auf Grund der Konditionierung sind bestimmte Denkstrukturen ein für alle Mal in uns verankert. Aber wir können das Gehirn gewissermaßen überlisten und seinen Einfluss dadurch unterminieren, dass wir uns auf den Körper konzentrieren. Wir müssen einen Prozess zulassen, der immer wieder von der »statischen Interferenz« der mentalen Konditionierung gestört wird, und wir müssen diesem Prozess vertrauen und bei ihm bleiben.

Wenn ein Erwachsener sich zur Katharsis entschließt, hat er in der Psyche und im Soma einen ganzen Rattenschwanz von nicht geäußerten Emotionen angesammelt, was zur Entstehung von mehr oder weniger tief eingeätzten Mustern geführt hat. Die Katharsis gleicht deshalb einer Reise durch ein ungewöhnliches, individuelles Labyrinth aus Erinnerungen, Bildern, Assoziationen und Emotionen. Manche Bereiche dieses Labyrinths sind für das Bewusstsein unerreichbar, andere sind zugänglicher und können gefahrlos und Gewinn bringend erkundet werden, wenn auch immer auf Umwegen.

Wenn wir die Entladung zulassen und unser Körper *mit* ihr zusammenarbeitet, anstatt *gegen* sie anzukämpfen, stellen wir fest, dass Emotionen ganz eigene Wege nehmen. Angst löst Wut oder Kummer aus, die auf ein Gefühl oder eine Erinnerung des Geliebtwerdens stoßen; Liebe schlägt in Ängstlichkeit um, die ein Bild anrührt, das Gelächter, dann Wut erregt und so weiter. Genauso wie ein und dasselbe Ereignis die verschiedensten Emotionen auslösen kann, taucht auch bei der Entladung eine ganze Kette von Gefühlen auf.

Wichtige Beziehungen oder Ereignisse mit nachhaltiger Wirkung suchen wir in der Katharsis möglicherweise des Öfteren auf und die Gefühlsintensität kann dabei ganz unterschiedlich sein. Der psychosomatische Mechanismus ist so sensibel, dass immer nur das auftaucht, was bereit ist, anerkannt und entladen zu werden. Die Katharsis lässt sich durch rationale Erwägungen nicht steuern und sie entzieht sich jeglicher Reglementierung. Sie setzt voraus, dass Sie Ihren Intellekt eine Zeit lang »abstellen« und darauf *vertrauen*, dass das, was sich zeigt, auch dann »passt«, wenn es Sie überrascht.

Weil die Katharsis rationalen Gesetzen nicht gehorcht,

können Sie nicht im Vorhinein entscheiden, was sich als Nächstes zeigen soll. Sie können eine bestimmte Richtung anvisieren, aber es kann sehr gut sein, dass Sie ganz woanders herauskommen und sich mit etwas beschäftigen, das eher zur Entladung bereit steht; nachträglich stellt es sich dann oft als Kernstück dessen heraus, was Sie über die Angelegenheit *dachten*.

Bei einer natürlichen Entladung werden, wie ich gerne sage, verschiedene »Taschen« geleert – kleine oder große Taschen mit angesammelten Emotionen. Wenn Sie ein bisschen mehr Erfahrung haben, erkennen Sie, wann eine Tasche endgültig leer ist, genauso wie Sie wissen, wann Sie alles erbrochen haben, was Ihr Magen von sich geben musste.

Eine leere Tasche bedeutet nicht, dass das Thema für immer und ewig erledigt und bewältigt ist. Es bedeutet nur, dass so viel, wie für die Entladung bereit stand, entladen wurde. Die für diesen Bereich Ihrer Herzenslandschaft relevanten Emotionen können sich früher, später oder auch nie mehr zeigen. Es lässt sich nicht vorhersagen: Lassen Sie sich einfach von der augenblicklichen Strömung tragen.

Die Katharsis kontrastiert mit der vorherrschenden Tendenz, die Spannung **aufzustauen**. Bei der Katharsis gehen Sie *mit* dem Körper mit; beim Aufstauen kämpfen Sie *gegen* ihn an. Wir haben gesehen, dass durch aufgestaute und blockierte Emotionen bestimmte Muster entstehen (Kapitel 9). Die blockierte emotionale Energie zeigt sich an der Art, wie wir unsere Gefühle »ausagieren«. Auf Situationen und Beziehungen reagieren wir dann mit so viel restimulierter Emotion, dass wir den Kontakt zu unserem emotionalen Gleichgewicht verlieren. Je stärker die Waage aus dem Lot gerät, desto extremer wird unser Verhalten, desto verzerrter wird unsere Wahrnehmung und desto weniger sind wir in der Lage, für irgendetwas die emotionale Verantwortung zu übernehmen.

Unter Umständen nehmen wir diesen Kampf undeutlich und erschreckt wahr, wenn das Angst-, Wut- oder Schmerzniveau ansteigt. Wir registrieren mögliche Anzeichen der Erregung: Gefühllosigkeit und Rückzug; Hysterie; Verschleiß oder Zerrissenheit; zwanghafte Gedanken; Gedanken an Mord und Selbstmord. Vielleicht überrascht uns ein unerwartetes und unerklärliches Verhalten: Tränen, die ohne ersichtlichen Grund in die Augen steigen; Versprecher, abfällige Bemerkungen, etwas drückt bei uns einen Knopf, und wir explodieren; hinter der geschlossenen Tür brechen wir in Tränen aus.

Wir erkennen, dass wir uns zu irgendetwas gedrängt oder gezwungen fühlen, zum Beispiel essen, trinken, einkaufen oder jemanden kritisieren. Wenn der Druck stark ist, fühlt es sich an, als würden wir Karussell fahren. Wir fühlen uns orientierungslos, schlapp, abwesend, so, als würden wir uns das Leben durch ein Fernglas ansehen, als wären wir ein äußerer Beobachter, nicht ein Beteiligter.

Dies eskaliert bis zu einem individuell verschiedenen Sprengpunkt. Dann entlädt der Druck sich möglicherweise in einer lawinenartigen Aggression. Wir schlagen wahllos auf andere ein, die durch ihr Verhalten die Entladung ausgelöst haben. Aber wenn die Lawine erst einmal losbricht, ist es uns eigentlich egal, ob wir den richtigen oder den falschen treffen, denn hauptsächlich wollen wir den Druck und den inneren Schmerz loswerden.

Manchmal kommt es nicht zu einer Explosion, sondern zu einer Implosion: Wir brechen unter der ganzen Belastung zusammen, verkriechen uns ins Bett, erliegen einem latenten Virus, unser Rücken macht sich unangenehm bemerkbar, das Immunsystem bricht zusammen. Ob wir körperlich oder seelisch zusammenbrechen, hängt von unseren individuellen Schwachpunkten ab. Die Palette der Folgen reicht von einer dreiwöchigen Bettruhe bis zu einer langjährigen behindernden Krankheit, von Schluchzanfällen über eine Depression bis zum Nervenzusammenbruch.

Egal, ob der steigende Druck zu einer Ex- oder einer Implosion führt – wichtig ist die Erkenntnis, dass eine gewisse Entladung stattfindet. Sie kann wirr, chaotisch und sozial inakzeptabel sein, aber unter extremem Druck öffnet sich in den normalerweise gut gesicherten Mauern unserer mentalen und körperlichen Abwehr ein »Fenster«.

So können wir psychosomatisch überleben, aber wenn wir keine Verbindungen herstellen und einen Teil der vergangenen Emotion entladen, ist eine Auflösung nicht möglich. Obwohl *irgendetwas* sich zeigt und die Dinge psychosomatisch in Bewegung geraten, machen wir schnell die Luken wieder dicht.

Zwischen Baum und Borke. Dies führt uns zu einem der vertrautesten Merkmale des Spannungsstaus: Wir stellen fest, dass wir mitten in die Schlacht zwischen Kopf und Körper geraten sind. Das merken wir normalerweise dann, wenn wir angefangen haben, irgendeine unangenehme Emotion zu entladen: Wir haben angefangen zu weinen, hören aber dann aus allen möglichen »Gründen« wieder damit auf. Für den Rest des Tages und vielleicht auch am nächsten laufen wir mit verquollenen Augen herum, der Kopf tut uns weh, und wir bekommen nichts auf die Reihe. Oder wir haben Gewissensbisse wegen eines aggressiven Ausbruches, bereuen unsere Überreaktion und vielleicht auch, dass wir jemanden verletzt und in Verlegenheit gebracht haben, und bemühen uns nach besten Kräften unsere Gefühle wegzurationalisieren.

Wenn der Entladungsdruck groß ist, dauert diese Phase eine Weile an. Gewöhnlich fühlen wir uns miserabel, was nicht verwunderlich ist, denn wir sitzen zwischen zwei Alternativen fest, die beide besser wären als unsere gegenwärtige Lage: hinter uns das Reich des Kopfes, der alles unter Kontrolle hatte und den Deckel fest zuhielt; vor uns die Zusammenarbeit von Kopf und Körper, mit deren Hilfe die Emotion *ganz* entladen werden könnte. Dazwischen das Schlachtfeld, auf dem Kopf und Körper noch gegeneinander ankämpfen. Der Körper drängt auf Entladung: Er will etwas loslassen; der Kopf reagiert mit warnenden Bildern, Gedanken und Botschaften – Anzeichen der Angst. Sie tritt in den folgenden Verkleidungen auf:

>>Wie unangenehm!<<
>>Ich bin zu müde.<<
>>Ich hab seit Tagen nur geweint.<<
>>Ich hab es satt, ständig nur zu weinen.<<
>>Ich packe das nicht.<<
>>Es ist zwecklos.<<
>>Eigentlich ist alles in Ordnung.<<
>>Ich bin einfach zu wehleidig.<<
>>Ich mache nichts mehr, außer in Selbstmitleid zu ertrinken.<<
>>Ich muss da rauskommen/mich zusammenreißen.<<
>>Ich sehe mir diese Probleme an, wenn ich das Semester hinter mir habe/das Projekt fertig habe/mein Examen habe/die Kinder besser zurechtkommen/ich mehr Zeit habe/nach der Probe.<<
>>Das sind nur die Hormone<<

Diese mentale Zensur ist auch auf einer weniger bewussten Ebene am Werk. Eine Frau, die viel Wut aufgestaut hat, wird sich diese Emotion möglicherweise nicht eingestehen können, sodass eine Entladung nur über Tränen erfolgt; das hilft ein bisschen, erlaubt aber keine vollständige Entladung. Ähnlich kann es sein, dass ein Mann Spannung nur über aggressive Ausbrüche abbaut und nicht an die darunter liegende Angst herankommt, weil er gelernt hat, dieses Gefühl zu leugnen. Die Entladung kann in diesem Fall nicht vollständig sein, weil auch noch so viel Aggression keine Angst *abbaut* – sie hält sie lediglich in Schach.

Dieses ungeheure Durcheinander von rationalisierten und erworbenen Ängsten drückt uns ganz wörtlich zu Boden. Der Kampf zwischen Verstand und Körper, der Schmerz im Kopf, hinter den Augen, im Kiefer, im Brustkorb, in den Schultern, in der Wirbelsäule, im Zwerchfell, ist real. Der Oberkörper trägt die Hauptlast dieses Tauziehens zwischen Kopf und Bauch. Weil wir tatsächlich Schmerzen haben, meinen wir, daran wäre die aktuelle Emotion schuld. Eben deshalb haben Gefühle einen schlechten Ruf: Wir meinen, sie würden wehtun. In Wirklichkeit tut der Konflikt weh, er verursacht den körperlichen Schmerz. Die *Entladung tut nicht weh*. Nur wenn wir gegen den Körper ankämpfen, empfinden wir diesen Schmerz, nicht, wenn wir mit ihm mitgehen. Da die meisten Erwachsenen nie eine psychosomatische Entladung erleben, haben sie nie die Gelegenheit, dies selbst zu entdecken.

Dieser Übergangszustand kann lange andauern: Immer wieder bleiben wir in Wein-, Wut- oder Angstanfällen hängen, die uns nicht weiterbringen. Und weil wir nicht Bescheid wissen, assoziieren wir Tränen mit Schmerzen, bei uns und anderen, und deshalb ist dieser fegefeuerartige Ort auch durch die Suche nach Sympathie gekennzeichnet.

Die Suche nach Mitgefühl. Wir tun uns Leid und wollen, dass andere das bemerken und uns bedauern. Wir haben das Gefühl, unglücklich und in Schwierigkeiten zu sein und alles Mögliche zu entbehren, und das weckt den Wunsch, getröstet, umsorgt, glücklich gemacht zu werden. Wesentlicher Bestandteil dieses Zwischenzustands ist daher das Bedürfnis, bemerkt und »gerettet« zu werden.

Die Suche nach Mitgefühl kann lange dauern. Sie erreicht

ihr Ziel nicht allzu häufig, zum Teil deshalb, weil andere es zwar zunächst versuchen und uns trösten, sich dann aber hilflos fühlen oder gereizt werden, weil der Status quo sich nicht ändert. Denn egal wie viel Trost wir bekommen – die im Hintergrund tobende Schlacht kann nur enden, wenn wir unserer Angst ins Auge sehen und weitergehen. Solange wir das nicht tun, bleiben unsere Versuche halbherzig, und die Angst vor Kontrollverlust hat uns weiter im Griff.

Dichtmachen. Nach kleineren Entladungen erholen wir uns schneller, erkennen dann aber im Allgemeinen nicht, wie es überhaupt soweit gekommen ist. Selbst wenn wir den Krisenpunkt erreichen, wissen wir nicht, wie wir den Zusammenbruch hätten vermeiden können oder wie die beteiligten Emotionen von innen aussehen. Obwohl wir uns, manchmal mit Hilfe von Fachleuten, nach Kräften um Genesung bemühen, bleiben die Verbindungen zwischen Körper und Kopf unklar. Die fehlende Einsicht verstärkt unsere Entschlossenheit, nur ja nichts von uns zu zeigen und Emotionen zu misstrauen.

Das kann dazu führen, dass wir Gefühle noch rigoroser unter den Teppich kehren. Damit auch nicht der Anflug einer Erregung sich bemerkbar macht, machen wir dicht und reagieren überhaupt nicht mehr. Wir richten uns auf neutralem Boden ein und sparen unsere emotionale Energie für die Menschen in unserer unmittelbaren Umgebung auf; manchmal vermeiden wir Nähe und Intimität völlig.

Wir bemerken, dass wir auch auf angenehme Ereignisse nicht mehr emotional reagieren können. Wir stellen fest, dass wir gern leidenschaftlicher, herzlicher und froher auf das Leben und liebe Menschen reagieren würden. Eigentlich wollten wir nur die als negativ und also unangenehm empfundenen Gefühle verbannen, aber weil wir die Erregung generell unterbunden haben, bleiben *alle* Gefühle hinter Schloss und Riegel.

- Sehen Sie sich noch einmal die Beschreibung der aggressiven Explosion und der depressiven Implosion auf S. 205 f. an. Gab es so etwas auch in Ihrem Leben? Können Sie jetzt erkennen, welche Bedürfnisse nicht befriedigt wurden und welche Emotionen daraus entstanden sind? Wie hängen die aufgestaute emotionale Spannung und das Ergebnis zusammen?

- Haben Sie schon einmal die Erfahrung gemacht, in einem emotionalen Chaos festzusitzen und weder weiter vor noch richtig aus ihm heraus zu kommen? Hat dies dazu geführt, dass Sie die Erforschung von Emotionen nun mit Misstrauen betrachten? Haben Sie eine außenstehende Person um Hilfe gebeten? Hat Ihnen das etwas gebracht?

Neubewertung statt Verzerrung

Die Katharsis als Körper-Seele-Erfahrung beinhaltet zunächst einmal eine physiologische Entladung. Sie ist erkennbar daran, dass wir mehr körperliche Energie fühlen, oder tiefe Ruhe empfinden. Wir fühlen uns vital, so, als kämen wir in unser Körper-Selbst zurück. Wenn die Muskelspannung abgebaut wurde, kann es auch zu vorübergehender Erschöpfung kommen. Aber insgesamt haben wir das Gefühl, wieder im Lot zu sein.

Bei einer authentischen Katharsis tritt zu diesem körperlichen Spannungsabbau eine zweite Dimension, die sie von der kindlichen Entladung unterscheidet: die Möglichkeit zu einer Einsicht.

Jedes Mal, wenn die Entladung adäquat war, wenn eine »Emotionstasche« geleert wurde, erleben wir spontan eine **Einsicht**: Wir sehen in etwas hinein und verstehen es von innen her. Dabei kann uns ein ganzer Kronleuchter oder ein einzelnes kleines Licht aufgehen, wir können unser Aha-Erlebnis sofort oder erst nach ein paar Stunden haben, aber es kommt auf jeden Fall von innen. Das bedeutet, dass wir – anders als bei den besten und richtigsten Ratschlägen, die wir von außen erhalten – etwas genau in dem Moment sehen oder hören, in dem wir bereit dafür sind. So können wir die Information verwenden und sie in unsere gegenwärtigen Einstellungen, Verhaltensweisen und Beziehungen integrieren.

Die Einsicht wird möglich, weil die Entladung die festsitzende Emotion befreit: *Wir sehen etwas, das vorher nicht sichtbar war,* weil die eingefrorene, nicht entladene Emotion davorgestanden und die gespeicherten, erinnerten Bilder, Empfindungen und Wahrnehmungen an Ort und Stelle gehalten hatte. Es ist wie ein Knäuel aus Tausenden von winzigen, um- und durcheinander gewickelten Fäden, deren scheinbar undurchdringliche Komplexität ein erstaunliches Bild ergibt. Trotzdem liegt dieser Komplexität eine Abfolge zu Grunde. Das scheinbare Chaos unserer Psyche hat neben den neurophysiologischen Strukturen, die unterschiedliche Hirnregionen mit dem Rest des Körpers verbinden, auch eine *auf Erfahrung beruhende* Ordnung, die wir freilich nie ganz verstehen werden.

Aber durch die Katharsis können wir einen Blick auf sie werfen: Wir sehen und erleben die Komplexität, indem wir winzige Abschnitte entwirren. Eine echte, vollständige Katharsis ist eine ungewöhnliche, inspirierende Ereigniskette. Manchmal rollen die Einsichten wie eine Flut auf uns zu, entweder sofort oder nachdem Körper und Psyche ruhig geworden sind; dann wieder haben wir aus heiterem Himmel ein großes Aha-Erlebnis.

Neubewertung

Für diese letzte Phase, die Neubewertung unserer emotionalen Reaktion, brauchen wir Klarheit. Wenn die Landschaft unseres Herzens uns vertrauter wird – was hauptsächlich eine Folge der Katharsis ist –, erkennen wir, was uns restimuliert, das heißt, welche »Knöpfe« gedrückt werden müssen, damit wir verzerrt und unverhältnismäßig reagieren. Wir bemerken schneller, dass wir restimuliert wurden oder dass irgendetwas unsere Wahrnehmung verzerrt. Die Einsichten, die wir durch die Katharsis gewinnen, sorgen dafür, dass wir wieder klar denken können.

Die Einsicht kann beinhalten, dass wir uns an den vergangenen Vorfall erinnern, der in der Gegenwart die Überreaktion ausgelöst hat. Dies erlaubt uns, unsere Wahrnehmung entsprechend anzupassen. Oder wir erkennen bei uns ein bestimmtes Verhaltensmuster, etwa dass wir zu viel essen, uns immer mit dem zweiten Platz zufrieden geben oder keine Intimität zulassen können. Die Einsicht zeigt uns, wo die emotionalen Wurzeln dieses Verhaltens liegen, sodass wir unsere Gefühle neu einschätzen können.

Die Einsicht kann uns die Verbindung zwischen Problemen, die wir gegenwärtig mit unserem Chef haben, und unserer vergangenen Erfahrung mit einem bestimmten Lehrer bewusst machen; sie kann deutlich machen, dass wir deshalb nicht gern die Initiative ergreifen, weil eine aus der frühen Kindheit stammende Angst uns hemmt. Die Einsicht kann uns klar machen, dass unsere Schwierigkeiten mit unserem halbwüchsigen Sohn und unser Ärger über ihn in Wirklichkeit ein Schutzschild vor Emotionen sind, die uns sehr viel tiefer berühren, nämlich Verlustgefühlen und Trauer darüber, dass er bald aus dem Haus sein wird. Jede Einsicht gibt uns die Gelegenheit, unsere Gefühle neu zu bewerten und unsere emotionale Reaktion und unsere Kommunikation entsprechend auszusteuern.

Gelegentlich betrifft die Einsicht die Welt insgesamt: Wir entdecken die Universalität der Liebe oder das wahre Wesen der Schönheit. In jedem Fall erhalten wir durch die Einsicht die Chance, unsere Gefühle, Reaktionen und Beziehungen in einem neuen Licht zu sehen. Dann können wir entscheiden, anders mit ihnen umzugehen und welchen Schritt wir als Nächstes tun.

Manchmal reicht es, wenn wir uns unsere Gefühle eingestehen ohne jemand anders einzubeziehen. Wenn wir erkannt haben, dass eine Restimulation vorliegt, können wir den Raum verlassen und uns für uns abregen, anstatt irgendetwas zu tun, das wir später vielleicht bereuen.

Wenn wir die Anzeichen der Verzerrung und Erregung besser erkennen, können wir auch dann, wenn die Emotion unsere Wahrnehmung trübt, die *Katharsis* umgehen und von der Identifizierung eines Gefühls direkt zur Neubewertung gehen; denn die Einsichten bleiben uns auf Dauer erhalten und helfen uns, Gefühle sofort einzuschätzen und also angemessen zu äußern.

Die Auswertung von Neidgefühlen zum Beispiel kann Sie auf den Gedanken bringen, Aspekte Ihres eigenen Lebens zu verbessern. Vielleicht können Sie auch eine Hypothek aufnehmen, ein Studium anfangen, die lange überfälligen Ferien machen, sich kreativer äußern; so lenken Sie die Neid-Energie konkret auf Ihr Leben um.

Die Neubewertung Ihrer Gefühle kann dazu führen, dass Sie sie direkt mit Worten mitteilen, etwa wenn Sie jemanden über eine Schwierigkeit oder ein Missverständnis in einer Beziehung informieren wollen. Oder Sie beschließen, Ihre Gefühle indirekt mitzuteilen, und ändern ein Verhaltensmuster, was dazu führen könnte, dass Sie für jemanden einen Blumenstrauß kaufen, zärtlicher werden, klarere Grenzen setzen.

Vielleicht wollen Sie Ihre Gefühle auch durch eine kreative Tätigkeit mitteilen: durch Farben, Stoffe, Poesie, Ton, Musik oder Tanz – durch jedes Medium, das den individuellen Ausdruck Ihrer Gefühle erlaubt.

All diese Kommunikationsmethoden führen, genauso wie andere bereits erwähnte Techniken (Ablenkung, Lachen etc.) zu einer gewissen Entladung. Aber ohne die vollständige psychosomatische Entladung, zu der es bei der Katharsis kommt, kann die nicht entladene Emotion weiterhin zu Verzerrungen führen.

Verzerrung

Die **Verzerrung** ist die gängige Alternative zur Neubewertung. Sie zeigt sich in der Kommunikation daran, dass wir andere beschuldigen oder die gleiche Unterdrückung, die wir erlebt haben, nun auf sie anwenden; sie zeigt sich daran, dass wir vor anderen Angst haben und ihnen misstrauen; dass wir uns mit ihnen vergleichen und konkurrieren; dass wir Liebe für knapp halten und horten; dass wir uns und andere als Objekt behandeln.

Die Verzerrung veranlasst uns dazu, ein Kind mit der Liebe zu überschütten, die wir selbst nicht bekommen haben, ohne das Kind als eigenständiges Individuum zu sehen. Ein tragisches Beispiel für die Verzerrung ist der Kreislauf des Missbrauchs, den der Missbrauchte fortsetzt, sobald er selbst in einer Machtposition ist. Anstatt die Restimulation als eine Gelegenheit zu sehen, vergangene Erfahrungen einer Heilung zuzuführen, führt die Verzerrung zu Vorwürfen, Überreaktionen und der Vermengung von gegenwärtigen und vergangenen Emotionen; die Folgen können bedauerlich, aber auch tödlich sein, aber klüger werden wir gewöhnlich trotzdem nicht.

Die Verzerrung zeigt sich auch daran, dass unser Körper uns weiterhin Angst macht und wir ihm misstrauen, sodass die Sprache der Emotion selbst dann, wenn wir ihre Anfangsgründe beherrschen, eine intellektuelle Erfahrung bleibt. Ohne Katharsis wird die Emotion weiterhin von der Ratio gesteuert; Gefühle bleiben etwas Verbales, sodass wir nie die Sprache der Emotion erleben, die *jenseits der Worte* anfängt.

Emotion als Energie

Ich glaube, dass es für unser Leben entscheidend ist, dass wir die Körper-Seele-Verbindung emotional leben. Das bedeutet, dass zu jedem gesunden Gefühlsmanagement die Katharsis gehören muss. Wie jeder, der sie erlebt hat, bestätigen kann, setzt sie eine gewaltige psychosomatische Energie frei. Wenn diese Energie in uns festsitzt, verzerrt sie unsere Wahrnehmung und zieht uns Energie ab. Wenn sie entladen wird, bereichert sie unser Leben. Wir können wieder lieben oder gehen ein bestimmtes Problem entschlossener an. Wir haben das Gefühl, mehr Freude und Kraft zu haben. Statt stagnierend vor sich hin zu gären, treibt diese Energie uns zu kreativen Äußerungen an. Angst empfinden wir dann als aufregend oder wir fühlen tiefen Frieden.

Ziel ist nicht ein emotionsloser Zustand – es geht nicht darum, ein für alle Mal die letzte Ursache für alles zu finden und die Vergangenheit für immer zu heilen. Die tiefsten Schichten unseres Kummers, unserer Wut und unserer Angst verschwinden auch durch die Katharsis nicht völlig. Es heißt, dass die »Zeit alle Wunden heilt«, aber jeder, der einen geliebten Menschen verloren oder unter Grausamkeit und Ungerechtigkeit gelitten hat, weiß, dass das nicht stimmt. Die Zeit legt eine Schicht Distanz auf die Wunden, aber sie heilt sie nicht: Das gelingt – wenn auch nicht ganz, so doch gründlicher als alles andere, das ich kenne – nur der psychosomatischen Entladung.

Sobald genug gespeicherte Trauer, Wut und Angst aus der Vergangenheit verarbeitet ist, können wir die freigesetzte Energie anders verwenden. Irgendwann haben wir so viele Blockaden beseitigt, dass wir uns und anderen keine Vorwürfe mehr zu machen brauchen. Irgendwann ist die Landschaft unseres Herzens uns so vertraut, dass wir destruktive Strudel umgehen und die der Emotion innewohnende Energie anders verwenden können.

Zum Beispiel dazu, uns oder die Welt zu verändern. Wut wird dann zu einer Kraft, mit der wir gegen die Ungerechtigkeiten dieser Welt zu Felde ziehen können. Angst verwandelt sich in Mut und verbindet uns mit anderen, anstatt uns zu isolieren. Bearbeiteter Kummer gibt uns ein offenes Herz für andere, sodass wir eine sehr viel umfassendere Liebe leben können als die, die sich auf ein paar Menschen pro Leben beschränkt. Diese Liebe wird zu einer Energie, mit der wir im beruflichen oder privaten Kontext die Wunden anderer heilen können.

Die Energie nicht entladener Emotionen verzerrt unser Verhalten, unser Denken, unsere Einstellungen und unsere Wahrnehmungen. Die daraus resultierenden individuellen Muster habe ich in Kapitel 9 beschrieben. Allerdings dehnt die verzerrte Energie sich von der persönlichen auf die gesellschaftliche Ebene aus, weshalb man richtiger sagen könnte, dass nicht die Liebe, sondern die Restimulation die Welt in Gang hält.

Wenn wir die Verantwortung für unsere Gefühle übernehmen und die aus der Katharsis hervorgehenden Einsichten verwenden, wird die der Emotion innewohnende Energie zu einer Kraft, die den Einzelnen und die Gemeinschaft verwandeln kann.

Wenn stattdessen die Restimulation unser Verhalten bestimmt, läuft die Energie Amok. Weil ihr die Einsicht fehlt, fügt sie auf einer unbewussten Ebene unsägliches Leid zu – ein Mensch dem anderen, ein Land dem anderen –, und solange die Wunden nicht identifiziert sind, können sie nicht geheilt werden.

TEIL DREI

Die Körper-Seele-Verbindung im Alltag

In diesem Buch geht es um Emotionen: ihre Wichtigkeit, ihr Wesen und ihr Potenzial, in unserem Leben eine positive oder eine verzerrte Kraft zu sein. Ich habe betont, wie wichtig eine emotionale Erziehung der Kinder ist, damit sie lernen, wie sie mit ihren Gefühlen konstruktiv umgehen können.

Ich habe versucht, so zu schreiben, dass die Informationen Ihren Kopf und Ihr Herz ansprechen. Dazu musste ich notgedrungen Worte verwenden. Die fünf Phasen des DANCE-Modells sind verbal leicht zu verstehen. Und wahrscheinlich war es auch interessant zu erfahren, wo Gefühle herkommen und warum wir sie haben.

Das intellektuelle Verständnis ist ein guter Anfang. Wenn wir wissen, dass Gefühle als gesunde Reaktion auf befriedigte oder nicht befriedigte Bedürfnisse entstehen, können wir sie eher akzeptieren und uns vielleicht mit dem entsprechenden Bedürfnis beschäftigen. Sobald wir zugeben, dass wir Emotionen haben, registrieren wir eher, was in uns vor sich geht.

Wir können unsere Gefühle jemandem mitteilen, entweder weil uns das generell erleichtert oder weil wir eine Schwierigkeit klären und bearbeiten wollen. Wenn wir erkennen, dass wir »schlechte Laune« haben, sind garantiert restimulierte Gefühle im Spiel. Wenn wir das wissen, können wir uns entscheiden, anders an die Situation heranzugehen. Wir können lernen, unser Erregungsniveau zu beobachten, indem wir uns mit unseren Reaktionen vertraut machen und Warnsignale erkennen – zum Beispiel ein bisschen zu viel Alkohol trinken, im Kopf eine Strichliste mit Vorwürfen anlegen oder irgendwelche Hirngespinste aushecken.

Und wir können anderen gegenüber offener sein und ihnen erlauben, ja sie dazu anhalten, ihre Gefühle zu äußern. Wenn wir mit Kollegen, Familienmitgliedern oder Freunden auch über unsere Gefühle sprechen, ist das ein wichtiger, vitaler Aspekt gesunder Beziehungen.

Ich habe immer wieder den psychosomatischen Charakter der Emotion betont, und die meisten Widerstände haben wir wohl dagegen, dass wir den Körper als Referenz hernehmen sollen. Auch wenn Sie meinen Gedankengängen zustimmen, erscheint die praktische Umsetzung schwierig, weil eine generationenlange Konditionierung ihr entgegensteht.

Wenn Sie auf die Reaktionen Ihres Körpers achten und erkennen, dass etwas nicht mehr stimmt (seelisches Unbehagen), und wenn Sie dann die aufgestaute Emotion als wesentlichen Bestandteil Ihrer körperlich-seelischen Gesundheitspflege entladen (Katharsis), brauchen Sie mehr als Worte; Sie brauchen enorm viel Körperbewusstsein und Vertrauen in den Körper.

Wenn ich mit Gruppen oder Einzelpersonen arbeite, ist der größte Stolperstein immer die Katharsis. Warum? Vor was haben wir Angst? Zunächst davor, die Kontrolle zu verlieren: Was über dem Hals ist, können wir steuern – was darunter ist, könnte in irgendwelche Abgründe führen. Wir meinen, sobald wir die Kontrolle ein bisschen lockern würden, gäbe es nur einen endlos langen Weg nach unten und keinen Weg mehr zurück. Manchmal ist daran eine vergangene Erfahrung schuld, bei der wir »emotional geworden« sind, oder es sind Erinnerungen an eine längere, schwierige Lebensphase.

Ursache der Angst sind auch tiefer liegende, kaum bewusste Ebenen der Phantasie. Ihr Kennzeichen sind die in Kapitel 4 beschriebenen übertriebenen Wahrnehmungen des Kleinkinds: Bilder und Assoziationen, die mit Verschwinden, Chaos, Unordnung, schrecklichem Schmerz, Erstickung und Auflösung zu tun haben. Solche Fantasien beeinflussen bei vielen Erwachsenen den Widerstand gegen den Verlust der emotionalen Kontrolle, auch wenn wir uns diesen in anderen Kontexten durchaus erlauben.

So stellen wir zum Beispiel im sexuellen Kontext oder bei bestimmten Meditationsformen das Denken eine Zeit lang ab und übertragen vorübergehend dem Körper die Führung. Auch wenn die Angst manche Menschen daran hindert, das Denken beim Sex sein zu lassen, ist dies nicht die Norm. Die Hemmung der emotionalen Erregung dagegen *gilt* als normal. Die sexuelle Entladung wird – unter vorgeschriebenen Rahmenbedingungen – gebilligt und ermutigt, die emotionale Entladung nicht. Die Kombination von gewohnheitsmäßiger Hemmung, durch fast nichts zu durchbrechender Befehlsgewalt des Kopfes und den generell kognitiv orientierten Lernprozessen sorgt dafür, dass wir die Zügel nicht aus der Hand geben.

Das ist der Grund dafür, warum die meisten Therapien und Beratungen mit Worten arbeiten. Gefühle werden beschrieben, betrachtet, in Frage gestellt und gelegentlich dadurch entladen, dass sie benannt werden und der Klient sie mitteilt. Auch eine gelegentliche körperliche Entladung kann akzeptabel sein, aber sie ist nie zentral. Ich glaube, dass sie lebenswichtig ist, denn ohne vollständige psychosomatische Entladung bricht unser Organismus zusammen. Die psychischen oder die somatischen Mechanismen werden beeinträchtigt. Die nächsten beiden Kapitel beschreiben, welche Folgen die fehlende Katharsis für unsere geistige und unsere körperliche Gesundheit hat.

Wie Emotionen das Denken beeinflussen

Da Emotionen in Körper und Geist stattfinden, sind Denken und Fühlen eng miteinander verbunden. Wegen der psychosomatischen Auswirkungen der bewussten und der unbewussten emotionalen Erregung sind die angeblich unfehlbaren Wege der Vernunft und der Logik de facto für ständige und dauerhafte Verzerrungen anfällig.

Die Verzerrung führt zum ersten Aspekt der geistigen Verarmung: der Unfähigkeit, klar zu denken. Wir allen kennen die Erfahrung, dass wir nicht mehr richtig denken können, wenn wir unter Druck stehen, nervös, erregt, schockiert oder tieftraurig sind. Mit anderen Worten: Vernunft und starke Emotionen – das scheint gleichzeitig nicht zu klappen. Wir können einfach nicht rational sein, wenn eine starke Emotion uns beeinflusst. Das betrifft das effiziente Kommunizieren – wenn wir vor Wut kochen, werden wir uns kaum verständlich machen können. Und es erklärt, warum wir nicht lernen – Informationen aufnehmen – können, wenn wir verärgert, verlegen oder voller Angst sind. Diese Gefühle produzieren biochemische Stoffe, die den Denkprozess beeinträchtigen. Er funktioniert nicht mehr richtig, wenn etwas uns überwältigt oder bewegt: Die erregten, eventuell restimulierten Emotionen setzen alle möglichen chemischen Veränderungen im Körper in Gang, die uns das klare, logische, ungetrübte *Denken* vermasseln. Oft ist dieses Phänomen der Grund für die schwachen Leistungen von Schulkindern. Angst ist die wirksamste Methode, Kindern und Erwachsenen jede Chance zu nehmen, etwas zu lernen: Wir können nur dann etwas lernen, wenn wir uns so sicher fühlen, dass wir keine Angst vor Fehlern haben.

Neben der aktuellen Emotion beeinträchtigt der durch bewusste und unbewusste Erinnerungen, Assoziationen und Bilder ausgelöste Rattenschwanz der früheren und jetzt restimulierten Emotionen das klare Denkvermögen.

In Kapitel 9 haben wir uns verschiedene Verhaltensmuster und Denkstrukturen angesehen. Wir haben gesagt, dass ein emotionaler Kern bestimmte Denkstrukturen hervorbringt und diese wiederum zu bestimmten Verhaltensmustern führen. Weil die mentalen Botschaften für das, was wir denken, erwarten und träumen, den Rahmen abstecken, ist ihr Einfluss enorm. Sie sind die ständige Verbindung zum nicht geäußerten, eingefrorenen emotionalen Kern, von dem sie ja ausgehen, und sorgen dafür, dass wir uns in ihrem Sinne verhalten.

Nachfolgend ein paar Beispiele für Denkstrukturen, die ich den drei Polaritäten entsprechend in drei Gruppen eingeteilt habe.

Von der blockierten Trauer (und Liebe) gehen aus:

»Letzten Endes tun andere einem immer weh.«
»Es interessiert doch sowieso keinen, ob du traurig bist.«
»Wenn sie mein wahres Ich kennen würden, würde ich sie anekeln.«
»Sie werden nie wissen, wie viel ich für sie getan habe.«
»Sie/er wird mich am Schluss sowieso verlassen.«
»Ich brauche niemanden – allein geht es mir viel besser.«
»Ich bin zu nichts nutze/schlecht/wertlos.«

Von der blockierten Wut (und Freude) gehen aus:

»Bevor er mich kriegt, krieg ich ihn.«
»Auge um Auge.«
»Er hat Strafe verdient.«
»Hüte dich vor dem Obermacker.«
»Zeig Ihnen, wer hier der Boss ist.«
»Jeder ist sich selbst der Nächste.«
»Der Gewinner kriegt alles.«
»Mach sie fertig/vernichte sie.«
»Es ist absolut hoffnungslos.«
»Ich bin eine absolute Null.«
»Ich bin selbst schuld.«

Die nicht geäußerte Wut wird außerdem in Form von vielen versteckten, aber trotzdem überaus wirksamen *Imperativen* internalisiert: wie ich aussehen sollte, wie ich mich benehmen sollte, wie mein Leben verlaufen sollte, was für eine Mutter ich sein sollte. Dies wird genauso streng auf andere angewandt: was für ein Vater/eine Mutter er/sie sein sollte, welche Beziehung wir haben sollten, was für eine Ehefrau ich berechtigterweise erwarten dürfte. Diese Vorgehen verhindern konkrete Bindungen, denn der Vergleich verzerrt unsere Wahrnehmung, und angesichts dieser ständigen Kritik ist es unmöglich, für sich oder andere wirkliche Wertschätzung zu entwickeln.

Von der blockierten Angst (und Vertrauen) gehen aus:

»Pass immer auf, was hinter dir los ist.«
»Auf dieser Welt gibt es keine Sicherheit.«
»Vertraue nie einem Fremden.«
»Lass dich nie von zu nah ansehen.«
»Fragen sind riskant.«

»Bloß nichts riskieren.«
»Was ich nicht weiß, macht mich nicht heiß.«
»Gewähre Fremden keinen Einblick.«
»Tu, als ob du wüsstest, was du tust.«

Wenn Sie solche Denkstrukturen bei sich erkennen, haben Sie vielleicht schon bemerkt, dass sie in Ihrem Leben den Ton angeben, Ihr Verhalten einschränken und das, was Sie von Beziehungen erwarten, steuern.

Das Problem wird dadurch verschärft, dass wir nicht erkennen, dass die Klarheit uns abhanden gekommen ist. Die antiemotionale Konditionierung sitzt so tief, dass wir zumindest den Anschein von Rationalität wahren wollen. Selbstgerechte Äußerungen zu persönlichen, sozialen und politischen Themen, die auf emotional aufgeheizten und also verzerrten Wahrnehmungen beruhen, sich aber als logisch und vernünftig *ausgeben*, sind die Norm.

So wird verständlich, wie diese Denkstrukturen zur Grundlage für Regeln und Vorschriften des sozialen Verhaltens geworden sind. Dieser angeblich normale Zustand und das in Kapitel 1 beschriebene kulturelle Erbe haben sich in allen Institutionen festgesetzt: pädagogischen, medizinischen, juristischen, religiösen, politischen und kommerziellen. Dies erklärt, warum wir weiter davon überzeugt sind, dass der Kopf es schon am besten weiß. Und deshalb glaube ich, dass unsere Einstellung zu Emotionen sich nur äußern wird, wenn Kinder schon in der Schule lernen, wie Emotionen ablaufen und wie sie mit ihnen umgehen können. Zumindest würde es ihnen dann erspart bleiben, als Erwachsene den Kreislauf von emotionaler Restimulation und Unterdrückung fortsetzen zu müssen.

Die Angst vor der Emotion hat zu einer intellektuellen Verarmung beigetragen, die sich auf unsere Fantasie, unsere Entscheidungsfreiheit und unseren Wissenserwerb auswirkt.

Fantasie. Sie setzt Offenheit, die Abwesenheit von Angst und die Bereitschaft voraus, über das Bekannte und Vertraute hinauszugehen. Wenn das Vertrauen uns fehlt, haben wir der Angst nichts mehr entgegenzusetzen und können nicht wirklich fantasievoll sein. Fantasie bedeutet, dass wir die Fesseln des begrenzten Rationalismus hinter uns lassen und von allem kosten, ohne zu urteilen. Sie beinhaltet, dass wir das Gegebene hinter uns lassen, durch Zweifel und Ungewissheit hindurchgehen und die Sicherheit des Dogmatismus, den Beifall anderer und unser Bedürfnis nach Zugehörigkeit vorübergehend aufgeben. Die Phantasie ist ein wertvolles kreatives Potenzial in jedem von uns, wird aber sehr oft durch ein lineares Denken und starre Ideale erstickt.

Fantasie erfordert Sensibilität – auch emotionale Sensibilität. Emotionen können die Fantasie blockieren oder beflügeln. Zu viel Restimulation hemmt sowohl die Fantasie als auch von ihr angeregte kreative Äußerungen. Allzu grobe, unverarbeitete Emotionen beeinträchtigen die Klarheit, weil dann mit den Worten oder Formen die unverarbeitete Emotion vermittelt wird. Der Hörer oder Leser bemerkt unbewusst diese Interferenz mit der eigentlichen Absicht des Künstlers. Die Substanz der Emotion muss durch Entladung und Einsicht verfeinert werden, wenn sie vermittelt werden soll. Dann kann sie den kreativen Ausdruck steigern und das Publikum tiefer bewegen.

Entscheidungsfreiheit. Die Fähigkeit, wählen zu können, wie wir uns verhalten wollen, unterscheidet den Menschen von vielen Tieren. Leider üben viele von uns diese Fähigkeit nicht aus, weil sie nicht die Verantwortung für ihre Emotionen übernehmen. Denn das ist die Vorbedingung für bewusste Entscheidungen.

Ein Mann, der verstanden hat, dass ein Konglomerat aus – vergangenen, gegenwärtigen, realen und eingebildeten – Ängsten seine »Wut« ausgelöst hat, und der lernt, die Signale für die Erregung von Wut zu erkennen, kann im Licht seiner Erkenntnisse beschließen, sich anders zu verhalten. Eine Frau, die ihre Wut über eine Vergewaltigung entladen und dadurch wieder ein Gefühl persönlicher Macht hat, kann die Hilflosigkeit des Opferstatus hinter sich lassen und entscheiden, wie es in ihrem Leben weitergehen soll.

Solange unsere Energie um Vorwürfe und Fehler kreist und wir uns der Emotion ausgeliefert fühlen, können wir keine wohlbegründeten Entscheidungen treffen.

Wissenserwerb. Wir können auf das intellektuelle Verständnis nicht verzichten. Wir brauchen unseren Geist, unsere Vernunft und all unsere rationalen Fähigkeiten, um zu lernen, uns zu entwickeln und Informationen aufzunehmen. Aber wenn wir uns nur auf das verlassen, was wissenschaftlich beweisbar ist oder vor einem Gericht Bestand haben würde, geben wir die Vorteile der »emotionalen Intelligenz« auf. In meinem Buch *A Woman In Your Own Right* habe ich diese Formulierung zum ersten Mal benutzt, um ein Wissen zu beschreiben, zu dem wir durch die Vertrautheit mit unserer emotionalen Realität kommen. Tiefgründiges Wissen *muss* die Emotion als Medium des Lernens einschließen. Ohne sie bleibt unser Wissen bruchstückhaft und oberflächlich – es reicht vielleicht, um Prüfungen zu bestehen, aber es führt uns nie zur Weisheit.

Wir sprechen oft vom Kampf zwischen Kopf und Herz und jeder weiß, welche Seite in der materiellen Welt besser angesehen ist. Sobald die Emotion entladen wurde und die Klarheit wieder hergestellt ist, können Gefühl und Verstand, Kopf und Herz zusammenwirken und sich zu beider Vorteil ergänzen.

Wie Emotionen den Körper beeinflussen

»Kummer, der kein Ventil in Tränen findet,
bringt andere Organe zum Weinen.«

Ich habe nie herausgefunden, von wem dieser Spruch stammt, aber offenbar hat schon vor langer Zeit zumindest ein Mensch erkannt, welche Folgen die fehlende emotionale Entladung für die stofflichen Körpersysteme hat. Die oben zitierte Volksweisheit stellt zwischen emotionalem Stress und dem Ausbruch einer körperlichen Krankheit eine Verbindung her. Aber wenn es heute um die konkrete medizinische Behandlung geht, erscheint dieser Zusammenhang zwar interessant, aber irrelevant.

Vor kurzem suchte eine Freundin von mir ihren Allgemeinarzt wegen einer Bronchitis auf. Am Jahrestag des Todes ihres Mannes hatten besorgte Freundinnen sie gebeten, bei ihnen zu bleiben, sodass sie nicht offen weinen und den Kummer entladen konnte, den sie an diesem Tag besonders stark empfand. Ihrem Arzt gegenüber äußerte sie, dass dies wahrscheinlich der Grund für ihre Bronchitis sei. *Persönlich* stimmte er ihr sofort zu; er sagte, das Gleiche wäre vor kurzem seiner verwitweten Mutter passiert; *beruflich* reagierte er mit der Verordnung von Antibiotika. Die Erkenntnis, dass die Beschwerden mit der Trauer zu tun hatten, ging nicht so weit, dass er meine Freundin dazu ermunterte, ihren Kummer auf natürliche Weise zu äußern und zu weinen, was eine Entladung dargestellt hätte. Die Wissenschaft hat die Weisheit verdrängt.

Dass Emotionen erregt, ihre Entladung aber permanent unterdrückt wird, wirkt sich auf alle Körpersysteme aus. In diesem Kapitel untersuche ich die Verbindungen zwischen Emotion, Gehirn und Körper. Wir beschäftigen uns mit den Folgen der emotionalen Unterdrückung und den Ursachen psychosomatischer Krankheiten im Allgemeinen; dabei konzentriere ich mich beispielhaft auf die Auswirkung von Emotionen auf das Immunsystem, die Verdauung und die Atmung.

Nicht entladene Emotionen beeinträchtigen unsere körperliche Gesundheit, weil der Körper sich an sie erinnert; weil eine *Somatisierung* stattfindet, bei der der Körper zum Schauplatz für mentale Konflikte wird; weil die Muskeln sich verspannen; und weil biochemische Stoffe sich ansammeln.

Körpererinnerungen

Ich habe bereits gesagt, dass dann, wenn ein singuläres oder serielles Trauma im Gedächtnis aufgezeichnet wird, *alles* gespeichert wird, auch die körperlichen Eindrücke und die von den Körpersinnen übermittelten Wahrnehmungen.

Im Laufe der Jahre habe ich ziemlich deutliche Hinweise auf solche Erinnerungen erhalten. Als ich einmal eine Frau massierte, die wegen Verspannungen im Nacken- und Schulterbereich gekommen war, fand ich auf ihrer rechten Schulter eine Stelle, die ihr besonders wehtat. Als ich die Stelle zwecks Schmerzlinderung bearbeitete, sagte die Frau leise: »Es ist mir unangenehm, aber irgendwie habe ich plötzlich das Gefühl, weinen zu müssen.« Nachdem ich ihr gut zugeredet hatte, konnte sie ihrem Körper vertrauen und eine lange festgehaltene, tief sitzende Emotion entladen. Zusammen untersuchten wir eine ganze Kette von Erinnerungen aus der Zeit, als sie acht Jahre alt gewesen war. Damals ging sie oft von der Schule in ein Café, in dem ihre Mutter arbeitete. Sie war gewöhnlich schlecht gelaunt und begrüßte ihre Tochter regelmäßig mit einem Klaps auf die rechte Schulter. An all diese Szenen, die durch die liebevolle Berührung dieser einen Körperstelle wachgerufen worden waren, hatte sie sich jahrelang nicht *bewusst* erinnert.

Der Körper erinnert sich. An Angst, die nach chirurgischen Untersuchungen oder genitalen Schmerzen in den Oberschenkeln festsitzt; an Wut, die in Körperbereichen festgehalten wird, die von anderen aufdringlich berührt oder verächtlich behandelt wurden; an Trauer, die in Körperbereichen festsitzt, an denen etwas weggenommen oder entstellt wurde. Manchmal führen diese Erinnerungen zu Spannungen und Schmerzen, die per Domino-Effekt andere Körpersysteme in Mitleidenschaft ziehen. Oder es kommt zum körperlichen Äquivalent eines Gedächtnisverlustes: Wir fühlen nichts mehr und sind nicht mehr in der Lage, auf Empfindungen zu reagieren, weil der nicht entladene psychosomatische Schmerz unerträglich ist.

Somatisierung

Die Verschiebung von der psychischen zur physischen Fühllosigkeit veranschaulicht, wie die Sprache der Seele in Körpersprache »übersetzt« wird. Die inneren, unsichtbaren psychischen Konflikte können aber auch *symbolisch* über den Körper geäußert werden.

Zwei Beispiele dafür sind Anorexie und Bulimie; beide hängen mit Verhaltensmustern zusammen, die der Selbstbehauptung-Begrenzung-Polarität entstammen. Die Spielregeln der Aggressionen – es gibt nur Sieger und Verlierer –

haben zur Folge, dass ein Konflikt nicht gelöst wird, sondern mit umgekehrtem Vorzeichen weitergeht. Wenn wir einmal in den Händen anderer machtlos bzw. Objekt waren, kommen wir zu der Überzeugung, dass wir diesen Zustand nur vermeiden können, wenn wir zum *Überlegenen* werden. Wir suchen uns jemanden, den wir zum Objekt machen können, sodass wir uns nicht mehr machtlos zu fühlen brauchen. Wenn eine Arena, in der wir unsere Macht durch die Interaktion mit anderen ausüben können, fehlt, greifen wir auf die einzige Arena zurück, die uns zur Verfügung steht – unseren Körper. Die nicht entladene, aus früheren Erinnerungen stammende Wut richtet sich aggressiv gegen dieses Opfer, das offenbar die Ursache unserer Ohnmacht ist.

Beim Anorektiker wird der Körper zum vom Selbst abgespaltenen Objekt; wir fühlen uns mit ihm nicht mehr eins, sondern überkreuz. Das Leben wird zu einem ständigen Kampf gegen dieses Objekt, das nach Lust und Laune belohnt oder bestraft werden kann – »es« ist mein Territorium, mein Reich, mein Raum, über das ich absolute Kontrolle habe. Also bestrafen wir es: Wir verstümmeln es, hungern es aus, stopfen es voll, »reinigen« es mit Abführmitteln und meinen, damit würden wir ein Zeichen gegen die Ohnmacht setzen.

Oft kommt der ganze Zyklus in Gang, weil wir wütend darüber sind, in einem weiblichen Körper gefangen zu sitzen, der eine feste Hand braucht, damit er bestimmten Normen der Attraktivität genügt. Die Wut über die unerträgliche Ungerechtigkeit dieser Situation – die Wut über den Objekt-Status der Frau – wird erregt, aber nicht entladen. Je länger die das Selbst bestrafende Aggression die reale, aber unattraktive Wut erstickt, desto lebensbedrohlicher wird der Konflikt – es geht dann buchstäblich um Leben und Tod.

Bei allen selbstgeschädigten Verhaltensmustern wird der Körper zu dem Ort, an dem die Vorwürfe abgeladen werden. Wir bestrafen uns durch ein übertriebenes oder unangemessenes Verhalten – wir essen zu viel oder zu wenig, wir völlen oder vernachlässigen uns, wir arbeiten zu viel, trinken zu viel Alkohol oder versagen uns das, das uns gut tun würde. Ein wahlloses Sexualverhalten – ungeschützter Sex oder Sex mit Menschen, die uns als Objekt behandeln – trägt dazu bei, dass wir uns vor uns selbst ekeln. Es kann sogar sein, dass wir das, was uns an unserem Körper stört, mit genauso wenig – oder noch weniger – innerer Beteiligung wegschneiden wie einen unansehnlichen Ast am Baum.

Auch bei der Bulimie richtet die Aggression sich gegen das eigene Selbst und den Körper. Das bulimische Verhalten ist Teil eines Anpassungsmusters, mit dem auf nicht entladene Wut über fehlende Grenzen reagiert wird. Zu den in Kapitel 9 beschriebenen Mustern gehörte das des *Schmeichlers*, der jedem gefallen will. Bei der Bulimie gefällt uns alles Essbare. Wir schlingen alles Mögliche in uns hinein, können keine Grenzen setzen und geben dann alles wieder von uns; wir befreien uns von all dem, was wir unwillig und zwanghaft aufgenommen haben. Alles, was wir geschluckt haben, um akzeptabel und gefällig zu erscheinen, kommt mit riesiger Erleichterung und einem Gefühl echter Macht wieder hoch: Wir haben massiv Nein gesagt, wenn auch verspätet.

Mit dem Erbrochenen speien wir das »falsche«, das angepasste, nette, gefällige Selbst aus; eine Zeit lang fühlen wir uns erleichtert, aber zurück bleibt eine Leere. Nachdem wir die ganze Schauspielerei, die ganze Verstellerei hochgewürgt haben, sehen wir, was darunter liegt: die wahre Person, das wahre Selbst, das wegen der verzerrten Wahrnehmung hässlich und ekelhaft erscheint. Aber hässlich erscheint es nur, weil eine Emotion nicht entladen wurde: die brisante Kombination von Wut und vermeintlicher Ohnmacht. Und so setzt der Kreislauf der Selbstbeschuldigungen sich fort.

Muskelspannung

Meine berufliche Erfahrung hat mich gelehrt, dass die Körperzonen, die mit dem Kampf gegen die emotionale Entladung zu tun haben, sich den drei primären Emotionsfeldern zuordnen lassen, wobei individuelle Variationen immer möglich sind.

Der Kampf gegen den *Kummer* spielt sich im Allgemeinen im oberen Bereich des Körpers ab: Die Spannung wird in der Lunge, im Brustkorb, im Brustbein und im Zwerchfell festgehalten. Wenn Sie sich an den Ablauf des Schluchzens erinnern, können Sie die Hauptspannungsbereiche rekonstruieren. Auf Grund der Textur des Kummers fühlen wir in diesen Bereichen alle möglichen stechenden, durchdringenden körperlichen Schmerzen. Kurzfristig führen zurückgehaltene Tränen zu geschwollenen Drüsen, Hals- und Kopfschmerzen. Langfristig breitet die Spannung sich um Rachen und Augen herum aus, wenn der Kummer gewohnheitsgemäß zurückgehalten oder hinuntergeschluckt wird. Ich habe auch festgestellt, dass das gewohnheitsmäßige Zurückhalten von Tränen zu Magenproblemen führt, etwa Übersäuerung des Magens und Verdauungsstörungen.

Bei *Wut* wird die Spannung in einigen der stärksten Muskeln des Körpers festgehalten: im Gesäß, in den Ober- und Unterschenkeln, in den Schultern und Oberarmen. Der Spannung im Beckenbereich entspricht eine Spannung im Kiefer. Wenn der eine Bereich sich lockert, lockert sich auch der andere. Der Kampf gegen die Wut kann sich von akuten Schmerzen im Kopf, im Nacken und im oberen Rücken zu chronischen Schmerzen auswachsen: Migräne, Kreuzschmerzen, Entzündung des Ischiasnervs, langfristig auch zu Verschleißerscheinungen der Herzmuskulatur.

Auch *Angst* wird über den Kiefer entladen; eine Lockerung der dort befindlichen Muskeln erleichtert zunächst die

236

Entladung von Angst, die oft zu Entladung von Wut führt. Bei Angst ist oft die Muskulatur im mittleren Rückenbereich und in den Schultern verspannt. Einige dieser Muskeln sind auch mit Nervenbahnen zum Magen verbunden, sodass sich auch in diesem Organ Spannung aufbaut. Ängstlichkeit beeinflusst den Atemapparat, was sich wiederum auf die Durchblutung auswirkt.

Angst führt oft zu Steifheit oder Unteraktivität, Wut zu Überaktivität und Krämpfen, Kummer zu Schmerzen. Weil Angst im Allgemeinen die zugänglichste der drei Emotionen ist – sie schützt uns vor der massiven Wut, die wiederum den abgrundtiefen Schmerz abhält, den wir bei Kummer fühlen –, sind die muskulären Spannungsmuster sehr komplex. Die an einer Stelle vorhandene Verspannung kann nie einer bestimmten Ursache zugeschrieben werden. Das liegt nicht nur an der sich überlappenden emotionalen Reaktion, sondern hängt auch mit anderen körperlichen Konsequenzen zusammen, die gleichzeitig stattgefunden haben oder stattfinden.

Die kumulative Wirkung von erregter und nicht entladener Emotion

Dieser Aspekt führt uns zu Spezialbereichen der neurobiologischen Forschung, die für den Laien nicht immer einfach sind, weil das Thema komplex ist und im Allgemeinen ein Vorwissen erfordert. Der nachfolgende kurze Ausflug in die weite Welt der wissenschaftlichen Erkenntnisse beschreibt, wie das Gehirn über chemische Botenstoffe mit den verschiedenen Körpersystemen kommuniziert. Für unsere Zwecke ist es weniger wichtig, dass wir bis in alle Einzelheiten verstehen, wie dieses System funktioniert; aber das Wissen um seine Existenz kann unseren Entschluss, Emotionen konstruktiv zu verarbeiten, vielleicht unterstützen.

Die Kommunikationswege zwischen Emotion, Gehirn und Körper lassen sich in drei Bereiche aufgliedern:

1. *Das autonome Nervensystem.* Es steuert eine Reihe wichtiger Organe und löst die wohl bekannteste Folge der emotionalen Erregung auf den Körper aus. Sein Sympathikus-Zweig ist nämlich für die so genannte Kampf-oder-Flucht-Reaktion verantwortlich. Die bereitet den Körper auf eine Reaktion – Verteidigung (Wut) oder Flucht (Angst) – vor, indem sie unter anderem den Blutdruck und die Herzfrequenz erhöht. Das Blut wird vorübergehend von den Verdauungsorganen abgezogen und in die Muskeln und ins Gehirn gelenkt, wo es gebraucht wird, damit wir schneller aktiv werden können. Dies ist die normale biologische Reaktion auf eine wahrgenommene Gefahr. Der Körper bekommt, was er für die Notfall-Reaktion braucht: stark erhöhte Adrenalin- und Noradrenalinspiegel.

Problematisch wird es, wenn wir eine Bedrohung wahrnehmen, die gar nicht da ist. In Anbetracht der verzerrenden Folgen von nicht entladenen Emotionen ist dies ziemlich oft der Fall. Häufige Noradrenalin-Schübe führen im Körper zu einem entsprechenden Überschuss: Er treibt die Herzmuskulatur zu Höchstleistungen an, damit mehr Sauerstoff im Blut zirkuliert; wenn die Herzkranzgefäße schwach oder blockiert sind, kann dies zu Krämpfen oder einem Herzinfarkt führen. Überschüssiges Noradrenalin trägt auch zu einer Verengung der Blutgefäße und der Entstehung von Gerinnseln bei.

Außer Herz-Kreislauf-Erkrankungen bringt die Forschung eine Reihe von Beschwerden mit den Folgen eines zu hohen Adrenalin-/Noradrenalin-Spiegels in Verbindung: Kopfschmerzen, Verdauungsstörungen, Reizdarm, Schlafstörungen und Hautleiden auf Grund eines hohen Harnsäurespiegels.

Offen aggressive, feindselige Reaktionen und ihre physiologischen Auswirkungen sind leicht messbar. Aber meist ist unsere Wut, unsere Aggression oder unsere Angst uns nicht bewusst. Dies bringt uns zum zweiten Verbindungssystem zwischen Kopf und Körper: der Struktur des Gehirns.

2. *Die Struktur des Gehirns.* Wichtigster Regulator – sozusagen, die »Schaltzentrale« für emotionale Reaktionen – ist das limbische System. Ihm wird eine eigene, in der menschlichen Evolution verankerte Intelligenz zugesprochen. Das limbische System schickt Informationen in den Hypothalamus und in die Hirnrinde. Der Hypothalamus beeinflusst alle Hypophysen-Hormone, die ihrerseits das gesamte Netzwerk anderer hormoneller und biochemischer Prozesse in den Körperorganen regulieren. Die Hirnrinde steuert kognitive Lernprozesse und die Verhaltenskontrolle. Neuere Entdeckungen weisen darauf hin, dass von den Körpersinnen übermittelte Informationen im Gehirn parallel verarbeitet werden: Der kognitive und der emotionale Inhalt werden *getrennt* gesichert. Limbisches System und Hirnrinde stehen in ständiger Wechselwirkung. Das limbische System übermittelt die in Reaktion auf eine Wahrnehmung erregte Emotion und drängt auf eine schnelle und primitive Reaktion. Die Hirnrinde, die rationaler und spezifischer arbeitet, hemmt diesen Impuls, sodass es oft überhaupt *nicht* zu einer sichtbaren emotionalen Reaktion kommt. Dazu zählen auch die Fälle, bei denen wir uns bewusst – und der Situation angemessen – zu emotionaler Zurückhaltung und einer »Hemmung« des Impulses entscheiden; bedeutsamer jedoch ist, dass die Hirnrinde generell auf »Blockieren« schaltet, wenn wir die Erfahrung gemacht haben, dass *ungezügelte* emotionale Reaktionen negative Konsequenzen hatten.

Die erlernte Hemmung kann dazu führen, dass als unmittelbare Reaktion auf die Erregung einer Emotion im Körper ein biochemischer Prozess ausgelöst wird, *bevor* die Hirnrinde eingreift und diese Emotion unterdrückt, sodass sie die bewusste Wahrnehmung nicht erreicht. Das bedeutet, dass auch dann, wenn wir keine emotionale Reaktion beobachten, im Körperinneren alle möglichen physiologischen Aktivitäten stattfinden können, die wir nicht bemerken, weil sie unterhalb der Bewusstseinsschwelle bleiben und wir sie daher nicht verbalisieren können.

3. *Neuropeptide.* Die dritte Verbindung zwischen Kopf und Körper wird von den so genannten Neuropeptiden hergestellt. Diese biochemischen Stoffe werden von Nervenzellen im Gehirn produziert und kommunizieren mit ihren Rezeptoren, die sich an anderen Orten im Gehirn befinden, vor allem im limbischen System, aber auch im ganzen übrigen Körper. Als Teil eines hochkomplexen Systems wandern die Neuropeptide ständig im Körper umher und docken an speziellen Rezeptormolekülen an; auf diese Weise findet im ganzen Körper ein ständiger Informationsaustausch statt.

Die Wissenschaft kann also durchaus erklären, wie Emotionen die Körpersysteme beeinflussen; sehen wir uns dies jetzt im Hinblick auf psychosomatische Erkrankungen an.

Psychosomatische Erkrankungen

Dass Emotionen bei der Anfälligkeit für bestimmte Krankheiten eine Rolle spielen, steht in klinischen Kreisen seit langem fest. Aber während die Ernährung, genetische Faktoren und die Umweltverschmutzung als Mitverursacher von Krankheiten ernst genommen werden, verhindern die in unserer Gesellschaft vorherrschenden Einstellungen, dass Emotionen die gleiche Beachtung zuteil wird.

Erstens wird »psychosomatisch« – der Begriff stellt die Worte »Seele« und »Körper« nebeneinander – mit Einbildung verwechselt. Viele Leute wehren sich gegen den Hinweis, ihre Krankheit sei psychosomatisch, weil das für sie bedeutet, dass ihre Krankheit irgendwie im Kopf ist. Das ist verletzend, denn es leugnet die ganz realen körperlichen Schmerzen, unter denen diese Menschen leiden, und impliziert, dass sie etwas vortäuschen und nicht krank sein müssen, wenn sie sich nur ein bisschen zusammenreißen würden.

Im folgenden Abschnitt untersuche ich, wie Krankheiten mit nicht entladenen Emotionen zusammenhängen. Denken Sie dabei daran, dass die Anpassungsleistungen eines Körpersystems sich immer auch auf die anderen Systeme auswirken.

Atmung und Emotion. Asthma gehört zu den häufigsten Krankheiten, bei denen man von einer emotionalen Komponente ausgeht, weil Asthmaattacken von den verschiedensten Emotionen ausgelöst werden können: Freude, Wut, Angst oder Frustration. Die emotionale Verfassung wirkt sich auf die Atmung aus, sodass bereits für Asthma anfällige Personen noch empfindlicher auf Allergene reagieren.

Einige Theoretiker haben darauf hingewiesen, dass asthmatische Kinder und Erwachsene dazu neigen, ihre Gefühle zu unterdrücken und eher ängstlich sind; es ist unschwer zu sehen, wie der Kampf gegen nicht entladene Trauer, Wut oder Angst sich zu einer anomalen Atmungsreaktion entwickelt.

Verdauung und Emotion. Das gesamte Verdauungssystem ist mit einer Zellschicht ausgekleidet, zu der auch Zellen gehören, die Neuropeptide und ihre Rezeptoren enthalten. Wenn der Sympathikus aktiv wird, kann er das Verdauungssystem auf zweierlei Weise beeinflussen: In Reaktion auf akute Angst kann er dessen Aktivität so stark erhöhen, dass es zu Durchfall kommt, oder er drosselt die Aktivität des gesamten Verdauungstrakts vom Magen bis zum Mastdarm. Wenn das System immer langsamer arbeitet, weil die Blutzufuhr reduziert wird – was bei einer Notfall-Reaktion der Fall ist –, kommt es zu Verstopfung.

Neuropeptidrezeptoren finden sich auch am Übergang von der Wirbelsäule ins Gehirn, wo die sensorischen Informationen zusammenlaufen und ans Gehirn weitergeleitet werden. Die Muskelspannung entlang der Wirbelsäule wirkt sich über neutrale Verbindungen mit den Wirbeln auch auf den Magen, die Leber, die Nieren und den Darm aus.

Bei einer plötzlichen Krise, dem Tod eines nahe stehenden Menschen oder einem Schock *wissen* wir, dass wir nicht essen wollen. Wenn die Angst/die Wut/die Trauer chronisch werden und die Gefühle sich von einer erkennbaren Ursache abspalten, bringt der erhöhte Spiegel an bestimmten chemischen Stoffen im Blut das Feedbacksystem zwischen Seele und Körper aus dem Gleichgewicht. Jede emotionale Erregung beeinträchtigt, auch wenn wir sie nicht bewusst registrieren, die Verdauung. Trotzdem essen wir oft ironischerweise gerade dann, wenn wir verärgert, traurig oder gereizt sind, und zwar um uns irgendwie zu beschwichtigen. Aus verschiedenen Gründen – weil Essen ein Symbol für Liebe ist, weil uns vermittelt wird, dass wir uns mit Süßigkeiten und Kuchen verwöhnen können, und weil wir meinen, ein voller Magen könne das Gefühl der emotionalen Leere kompensieren –, ist es sehr schwer, nicht zu essen, wenn die emotionalen Wogen hoch schlagen. Für unsere Gesundheit wäre aber genau das Gegenteil richtig.

Wenn wir ein System, das aus dem Gleichgewicht ist, mit Nahrung voll stopfen – und sei sie noch so gesund –, führt das zu allen möglichen Verdauungsbeschwerden. Blähungen, Bauchschmerzen, Verstopfung und Durchfall sind akute Störungen, die je nach persönlicher Anfälligkeit und Ernährung im Lauf der Zeit zu (geschwüriger) Dickdarmdentzündung, Reiskolon und Zwölffingerdarmgeschwüren entarten können. Wenn zusätzlich das Immunsystem geschwächt ist, sind Magen- oder Darmkrebs nicht ausgeschlossen.

Die Haut und Emotionen. Wenn jemand für Hautleiden anfällig ist, kann der hohe Harnsäurespiegel im Blut in Verbindung mit extrem hohen Hormonspiegeln zu Ekzemen und dermatologischen Erkrankungen beitragen. Vor allem wenn die Hautkrankheit unser Aussehen beeinträchtigt, fühlen wir uns mies, das heißt, es entsteht noch mehr Emotion, was die Situation weiter verschlimmert.

Das Immunsystem und Emotionen. Auch das Immunsystem wird durch hohe Hormonspiegel beeinträchtigt. Ein hoher Adrenalinspiegel unterdrückt die Immunreaktion. Bei der Stressreaktion wird in der Nebennierenrinde außerdem Cortison produziert. Dieses Hormon kurbelt diverse Körpersysteme an: Es stärkt das Immunsystem, unterdrückt allergische Reaktionen, solange der Körper mit der Stressbewältigung beschäftigt ist, und fördert die Wundheilung.

Neuropeptide und ihre Rezeptoren spielen im Immunsystem eine entscheidende Rolle. Zu den wichtigsten Charakteristika des Immunsystems gehört, dass seine Zellen ständig in Bewegung sind. Ein Zelltyp, die so genannten Monozyten, die Fremdkörper unschädlich machen, sind für die Wiederherstellung von Gewebe und die Wundheilung zuständig. Sie entstehen im Knochenmark, verteilen sich dann und wandern mit dem Blut durch das Gefäßsystem; dabei folgen sie chemischen »Lockrufen«. Irgendwann begegnen sie einem Neuropeptid, und da die Monozyten auf ihrer Zelloberfläche Rezeptoren für dieses Neuropeptid haben, werden sie von ihm angezogen. Die Neuropeptide, mit denen die Monozyten »kommunizieren«, werden ständig durch *Emotionen* beeinflusst; wenn es durch eine hohe, auf Dauer unterdrückte emotionale Erregung zu einem emotionalen Ungleichgewicht kommt, wirkt sich das direkt auf das Ergebnis der Kommunikation aus. Und deren Inhalt ist brisant: Es geht um die Bekämpfung von Krankheiten, das Aufspüren und Zerstören von Tumorzellen und Mitteilungen darüber, in welchen Bereichen des Körpers etwas erneuert oder repariert werden muss.

Sobald eine Überstimulation einsetzt, ohne dass der Körper die Gelegenheit erhält, die im Blut vorhandenen Neurochemikalien zu verarbeiten, ist der Kommunikationsprozess gestört. Die Botschaften aus dem Gehirn, die dem Körper sagen, dass er auf eine Gefahr reagieren soll, treffen auf die Reaktion aus dem Körper, die darauf hinweist, dass die Spiegel sowieso schon zu hoch sind: Dies führt zu einem Kampf, der den Schutz und die Instandhaltung des Immunsystems schwächt. Das macht uns anfälliger für relativ unbedeutende Erkrankungen, etwa Erkältungen, Grippe oder Husten; wenn der Zustand chronisch wird, geht die Fähigkeit des Körpers, einzelne entartete Zellen aufzuspüren, zurück und verschiedene Krebsarten haben leichteres Spiel.

Konstruktiver Umgang mit Gefühlen oder weiter Vogel-Strauß-Methode?

Der Einfluss von Emotionen auf die Entstehung mancher Krebsarten, insbesondere Brustkrebs, ist eingehend untersucht worden und ein Zusammenhang mit der Unterdrückung von Emotionen wurde hergestellt. Aber das ist gewöhnlich auch schon alles; und im Hinblick auf andere körperliche Krankheiten – Asthma, Arthritis, Verdauungsstörungen, Herzkrankheiten, Hautleiden, Rückenschmerzen und Migräne – ist die Situation ähnlich. Obwohl die Verzahnung von Emotion und Krankheit erkannt ist, fehlen Empfehlungen für weitere Forschungen und vor allem die Einbeziehung von Emotionen in die Therapie.

In den letzten zehn Jahren ist über den Umgang mit Stress viel geforscht und geschrieben worden und alle möglichen Kurse wurden zu dem Thema veranstaltet. Viele der physiologischen Erkenntnisse sind hilfreich, denn sie unterstreichen, dass Gefühle tatsächlich eine konkrete Wirkung auf den Körper haben, aber leider wird der Begriff *Stress* inzwischen ziemlich inflationär auf jede Emotion und jeden Spannungszustand moderner Menschen angewandt.

Ich halte es für günstiger, unter Stress äußere Faktoren zu verstehen, mit denen wir angesichts unserer Lebens- und Arbeitsbedingungen zu kämpfen haben: Verkehrschaos, Lärm, Menschenmassen, hohe Geschwindigkeiten, die Folgen von künstlichem Licht und Schadstoffen, bürokratische Ineffizienz. Die inneren Abläufe und die Verbindung zwischen äußeren Stressoren und inneren Reaktionen werden sinnvoller in bestimmte Emotions- und Gefühlsfelder aufgeteilt, die, wie wir gesehen haben, ganz spezifische Wirkungen haben.

Die Einteilung in gute und schlechte Gefühle findet sich implizit auch in Forschungsstudien und Empfehlungen zur Stressvermeidung. Auch sie verwechseln Wut oft mit Aggression und ächten sie wegen ihrer Verbindung zu Herz-Kreislauf-Erkrankungen als Tabu-Emotion. So wird es unmöglich, je zu verstehen, welchen Wert die Wut hat. Ähnlich gelten auch andere Emotionen als ungesund, obwohl eigentlich die ständige Erregung ohne Entladung für die schädliche Wirkung verantwortlich ist.

Weil Emotionen nicht geäußert und entladen werden dürfen, gilt es als das Beste, die emotionale Erregung überhaupt zu vermeiden, anstatt zum konstruktiven *Umgang* mit Gefühlen anzuleiten. Die Behandlung psychosomatischer Erkrankungen endet deshalb oft mit dem Hinweis auf die Verbindungen zwischen Emotion und Störung, aber der Umgang mit Gefühlen wird bei der Behandlung nur selten wichtig genommen.

Natürlich spielen nicht nur die Emotionen für unsere Gesundheit eine Rolle. Der individuelle Weg zu guter oder schlechter Gesundheit ist immer eine Mischung der Anfälligkeit eines Menschen – seiner genetischen Prädisposition – mit den Einflüssen, denen diese Anfälligkeit begegnet, besonders in der Kindheit. Im weiteren Verlauf unseres Lebens wirken dann Umweltgifte, Infektionen, Viren, die Ernährung, die Pflege unseres Körpers, unsere generelle Lebensweise und äußere Stressfaktoren auf sie ein.

Ich lege die Betonung auf den emotionalen Faktor, weil es die verschiedenen Körpersysteme zwangsläufig beeinflussen muss, wenn Emotionen ständig erregt, ihre Entladung aber hartnäckig unterdrückt wird. Solange dieser Mechanismus nicht gründlich erforscht ist und solange nicht gesehen wird, dass die Äußerung und Entladung von Emotionen tatsächlich Krankheiten bessern oder sogar verhindern kann, wird der emotionale Faktor weiter unterschätzt und ins Reich der Fantasie verwiesen werden. So bleibt die Therapie unvollständig. *Nichts wird sich ändern, bis wir eine angemessene Entladung als natürliche Maßnahme erkennen, die unserer Gesundheit gut tut.*

- Haben Sie schwere Krankheiten, immer wieder auftretende Beschwerden oder Verletzungen, von denen Sie annehmen, dass sie mit Ihrer Psyche zu tun haben, auch wenn Sie nicht genau wissen wie? Gestehen Sie sich ein, dass sie eine emotionale Komponente haben. Es macht nichts, wenn Sie sie nicht ganz verstehen. Hier ist es weniger wichtig, sie zu analysieren, als sie überhaupt zur

Kenntnis zu nehmen; denn damit vermitteln Sie Ihrem Körper, dass Sie sich anhören wollen, was er Ihnen zu sagen hat, anstatt es zu unterdrücken.

- Ist es schon vorgekommen, dass Sie Ihre Emotionen mit dem Hinweis »Das sind nur die Hormone« abgetan und ignoriert haben?
- Haben Sie Ihren Körper schon einmal irgendwie bestraft, etwa durch Überarbeitung, Überessen oder zu wenig Aufmerksamkeit, Pflege und Bewegung? Notieren Sie solche Situationen und überlegen Sie, ob Sie sie mit bestimmten Gefühlszuständen in Verbindung bringen können.

Die Körper-Seele-Verbindung leben

Wie wichtig ist die Katharsis für den Alltag? Die meisten von uns kommen sehr gut ohne sie zurecht. Natürlich können wir das Leben auch bewältigen, ohne die Landschaft unseres Herzens großartig zu erkunden. Viele Menschen, die extreme Traumata erlebt haben, auch in der Kindheit, kommen über die Folgen hinweg. Einige bringen es sogar fertig, ihren Kindern das zu geben, was sie selbst von ihren Eltern nie erhalten haben, und finden durch diesen liebevollen Austausch eine Möglichkeit, ihre eigenen Wunden zu heilen.

Ich glaube, dass es aus verschiedenen Gründen wichtig ist, mit der Katharsis umgehen zu können. Erstens geschieht sie manchmal spontan, oft dann, wenn wir verletzbar sind: nach dem Tod eines nahe stehenden Menschen oder einem Schock oder wenn wir zu müde sind, um die üblichen Kontrollmechanismen aufrechtzuerhalten. Auch in Veränderungsphasen sind wir verletzbar und fangen oft von selbst an, Gefühle zu entladen – sie tauchen einfach in dem ihnen eigenen Rhythmus auf. Anstatt dies als Anfang eines gesunden Vorgangs zu begrüßen, machen wir einen Termin beim Arzt, damit er uns irgendetwas gibt, das eine weitere Eskalation verhindert.

Immer, wenn wir wegen äußerer (Lebensereignisse) oder innerer (hormoneller) Veränderungen verletzbar sind, zeigen Emotionen sich eher. Oft machen wir dann den Fehler, den Veränderungen die Schuld an den störenden Emotionen zu geben, anstatt uns klarzumachen, dass die Gefühle ja *schon da sind* – wir haben sie in unserer emotionalen Rumpelkammer angesammelt, wo sie nur auf eine Chance warten, zur Kenntnis genommen, entladen und befriedigt zu werden. Anstatt eine solche Gelegenheit als Geschenk aufzufassen, empfinden wir sie als gefährliche Bedrohung.

Wenn wir mit der Katharsis vertraut sind, können wir auf solche »Durchbrüche« anders reagieren. Wenn wir zum Beispiel einen lieben Menschen verloren haben, brechen wir ziemlich leicht in Tränen aus. Anstatt sie zu unterdrücken, können wir schluchzen und laut schreien, wenn wir allein sind, vielleicht des Öfteren – solange, wie wir es brauchen. Das Wissen, dass wir uns damit etwas Gutes tun, schützt uns auch vor solchen Botschaften von außen, die uns vermitteln, wir würden uns gehen lassen, wären kindisch oder hysterisch.

Zweitens weist auch unser Körper darauf hin, wie wichtig die Katharsis ist. Es gibt inzwischen so viel Literatur über die Zusammenhänge zwischen körperlichen Krankheiten und emotionalen Problemen, dass die Vorstellung als solche vielen Menschen vertraut ist. Aber die Frage lautet: Was machen wir mit dieser Information? Es ist ein riesiger Unterschied, ob Sie lesen, dass Ihre Warzen Überbleibsel von Selbsthass sind, oder ob Sie wissen, wie Sie diese spezielle Körper-Seele-Verbindung so einsetzen können, dass es Ihnen besser geht. Wenn Sie es wüssten, könnten Sie Ihre Gesundheit auf beiden Ebenen verbessern.

Hier spielt die Katharsis eine Schlüsselrolle. Dazu zwei Beispiele. Rosie hatte chronische Probleme mit ihrer rechten Hüfte. Jahrelang hatte sie mysteriöse Hüftluxationen, die sie stark schmerzten, sodass sie hinkte und immer wieder einen Osteopathen aufsuchen musste. Der behob das Problem – bis zum nächsten Mal. Nachdem sie etwas über Emotionen und die Katharsis erfahren hatte, erkannte sie bei sich ein Muster: Die Symptome traten jedes Mal auf, wenn sie wütend und frustriert war. Durch Herumexperimentieren stellte sie fest, dass die Anzeichen einer Anspannung in ihrem Körper (Kreuz, Gesäß, Oberschenkelrückseite) sich sehr viel früher bemerkbar machten als in ihrem Kopf. Sie lernte, einen Teil des erregten Gefühls durch Treten und Schreien zu entladen; hinterher ging es ihr dann besser. Auf diese Weise konnte sie verhindern, dass die Spannung soweit eskalierte, dass der Hüftkopf heraussprang.

Für Maria bedeutete die Handhabung der Körper-Seele-Verbindung den Beginn einer neuen Beziehung zum Essen. Sie wusste, dass ihre Fressanfälle irgendwie mit den Gefühlen zu tun hatten, aber das half ihr nicht weiter. Wenn sie versuchte, sich zu stoppen, und nicht aß, wurde der durch nicht entladene Emotionen verursachte seelische Schmerz unerträglich: Weil sie nicht verstand, was er bedeutete, konnte sie ihn nicht weg rationalisieren. Was anfangs als vorübergehender Balsam für ihre Seele gedacht war, wurde zu einer jahrelangen Gewohnheit. Nachdem Maria etwas über Gefühle erfahren hatte und ermutigt worden war, bei ihnen zu bleiben, hatte sie weniger Angst vor ihnen. Sie lernte, die emotionale Erregung wahrzunehmen, *bevor* sie die Pralinenschachtel oder den Kühlschrank aufmachte, eine Minute innezuhalten und anders auf ihren Körper zu hören. Dadurch, dass sie bei ihrer »Leere« blieb, anstatt sie zu leugnen, konnte sie ihre Gefühle soweit erkennen und entladen – indem sie noch in der Küche herumschrie oder weinte –, dass sie in Zukunft nicht zwanghaft aß, sondern dann, wenn sie sich dazu entschied.

Viele Menschen haben das Problem, dass sie nicht wissen, wie sie anfangen sollen. Wie (und wo) soll ich ungehemmt schreien oder weinen? Wie soll ich mit dem Loslassen anfangen, nachdem ich jahrelang der Ratio gefolgt bin und der Kopf vom Hals abwärts alles kontrolliert hat? Der seit Jahren missachtete Körper wird zunächst seine Mitarbeit verweigern. Als ich mit neunundzwanzig Jahren zum ersten Mal in meinem Leben die Erlaubnis bekam, Wut herauszulassen, wollte ich losschreien, aber nicht der leiseste Ton kam aus meinem Mund heraus. Nach der jahrelangen Stummheit waren die Muskeln im Rachen, im Kiefer, im Brustkorb und im Zwerchfell verkürzt, und es dauerte eine Weile, bis ich sie so weit entspannen konnte, dass ein richtiger Ton herauskam.

Auch Rosie und Maria hatten einen solchen Workshop besucht und in ihm gelernt, einige der körperlichen und rationalen Kontrollinstanzen zu überlisten, den Hinweisen des Körpers zu folgen, sich mit dem Atmen zu bewegen und mit Hilfe der Stimme psychosomatische Spannung abzubauen. Manche Menschen lernen das von selbst; für die meisten ist der sichere, strukturierte Rahmen eines Workshops besser geeignet.

Warum besuchen Menschen solche Kurse? Erstens weil sie vielleicht wissen, dass sie unter einer chronischen Krankheit, genereller Erschöpfung oder körperlichen Symptomen leiden, die trotz aller Behandlungen nicht weggehen. Wir *ahnen*, dass die Körper-Seele-Verbindung uns etwas sagen will, aber wir verstehen nicht genau, was. Wir probieren es weiter mit allen möglichen Mitteln und Methoden, die auf eine physiologische Besserung abzielen. Es kann sogar sein, dass wir Rücken- oder Nackenschmerzen als »stressbedingt« beschreiben; wir vermuten, dass ein vaginaler Ausfluss oder hartnäckige Gelenkbeschwerden mit Konflikten in unserem Leben zu tun haben, aber das ist im Allgemeinen auch schon alles.

Ein zweiter Grund für den Besuch solcher Kurse kann sein, dass wir die Katharsis als Teil einer längerfristigen Strategie zum konstruktiven Umgang mit Gefühlen erlernen wollen. Vielleicht wollen wir eine unerlöste Situation aus der Vergangenheit befriedigen, starre Verhaltensmuster flexibler machen oder stärker auf die Emotionen reagieren, die wir *jetzt* haben. Vielleicht haben wir festgestellt, dass wir immer wieder in dieselben Strukturen zurückfallen, sind aber trotz verschiedener Therapien noch nicht zur Ursache des Problems vorgedrungen.

Ich lernte die Fertigkeiten, die zur Katharsis führen, vor Jahren durch das Co-Counselling kennen (siehe Anhang) und praktizierte sie regelmäßig in einem strukturierten Rahmen, bis sie Teil meines Alltags wurden. Diese Fertigkeiten sind für viele Menschen wirksam und nützlich, aber nicht für jeden. Ich habe sie auf die fünf Stufen des DANCE-Modells zugeschnitten. Es soll Menschen helfen, die Sprache ihres Körpers zu verstehen und ihr zu vertrauen; dazu muss die Wechselwirkung zwischen muskulären und emotionalen Spannungen bewusst werden. Besondere Techniken tragen dazu bei, psychosomatische Störungen zu beheben. Das ist etwas ganz anderes, als Emotionen zu analysieren, kognitiv zu bearbeiten oder intellektuell zu verstehen.

Wie lange dauert es, bis man diese Fertigkeiten beherrscht? Ein Workshop ist sicher nur ein erster Schritt, und da wahrscheinlich die meisten von uns jahrelang automatische physische und mentale Abwehrstrategien entwickelt haben, dauert es eine Weile, bis man sich mit der Äußerung und Entladung von Emotionen wohl fühlt. Vor allem bei Emotionen, die im Zentrum dominierender Verhaltensmuster stehen, sollten wir uns auf einen längerfristigen Prozess einstellen.

Die Fertigkeiten sind kein Vorrecht von Experten, sondern Teil der normalen psychischen Gesundheit. Wir können sie lernen, während wir unseren üblichen Beschäftigungen nachgehen, genauso wie wir eine neue Sprache oder eine neue soziale Fertigkeit erlernen. Übung ist vor allem für die Entwicklung von Vertrauen in den Körper erforderlich, damit wir *mit* ihm und nicht *gegen* ihn arbeiten, auch wenn wir intellektuell nicht verstehen, was geschieht. Am ehesten lernen Sie, den Signalen Ihres Körpers zu vertrauen, wenn Sie in einer geeigneten und sicheren Umgebung sind.

Nachstehend daher ein paar Richtlinien für eine spontane oder geplante, auf jeden Fall aber risikofreie und wirkungsvolle Katharsis.

Richtlinien für die Katharsis

Sicherheit

Das ist die erste Vorbedingung, auf die wir nicht verzichten können. Wir müssen uns sicher fühlen. Ich habe bereits gesagt, dass eine Emotion nur entladen wird, wenn die Gefahr oder die wahrgenommene Bedrohung vorbei ist. Wir können die Emotion nicht herauslassen, solange die Körpersysteme auf Alarm stehen oder für das körperliche oder seelische Überleben sorgen müssen.

Wir brauchen einen Ort außerhalb unseres Alltags, der sicher, separat und privat ist. Wenn wir unsere Herzenslandschaft erkunden wollen, müssen wir unsere normalen Kontrollen loslassen und unsere Zensur aufgeben und dazu müssen wir ungestört sein. Eine authentische Katharsis ist eine private Erfahrung – wir können in der Öffentlichkeit zwar ohne großen Schaden ein paar Tränen vergießen und die helleren Ebenen der Emotion äußern, aber für die Katharsis brauchen wir Ungestörtheit und Sicherheit.

Dafür gibt es zwei Gründe. Erstens verlieren wir bei der emotionalen Erregung, genauso wie bei der sexuellen, vorübergehend den Kontakt zur äußeren Realität, denn wir gehen immer tiefer in innere Körperempfindungen hinein. Wir hören auf zu *denken*; die Außenwelt tritt in den Hintergrund unserer Wahrnehmung, auch wenn sie nicht völlig verschwindet. Deshalb müssen wir mit Sicherheit wissen, dass wir für kurze Zeit den Alltag mit seinen Anforderungen hinter uns lassen können.

Zweitens kann die Reise durch unsere Herzenslandschaft chaotisch und voller Überraschungen sein. Die Themen tauchen nicht geordnet und rational auf, denn gewöhnlich wurde zu viel verdrängt und unterdrückt. Unsere Entdeckungsreise führt uns an intensive und extreme Orte und ist oft verwirrend. Das gehört dazu; erst wenn die Gefühle entladen wurden und die Klarheit wieder hergestellt ist, können wir Verschiedenes begreifen.

Andere Menschen brauchen nicht zu erfahren, was wir sagen oder tun, wenn wir extrem emotional sind. Das gehört zur emotionalen Verantwortung. Es ist nicht wichtig, dass andere mitbekommen, welchen Anteil sie am mäandrierenden Verlauf unserer psychischen Prozesse haben. Ein neutraler Zeuge kann die Sache distanziert sehen, aber es ist nicht notwendig, dass Ihr Kind oder Ihr Partner den Hass oder die Verzweiflung des Vierjährigen in Ihnen miterlebt; es ist nicht notwendig, dass Ihre Eltern Zeuge Ihrer restimulierten Wut werden; es ist nicht notwendig, dass Ihr Freund an einer Untersuchung Ihrer Eifersucht und Ihrer restimulierten Angst teilnimmt.

Bei Selbstsicherheitstraining stelle ich oft fest, dass die TeilnehmerInnen zunächst übereifrig reagieren. Das Pendel schwingt von der Passivität zur (als Selbstsicherheit getarnten) Aggressivität und es dauert eine Weile, bis der Vorgang wirklich verstanden ist. Ähnlich ist es beim Umgang mit den Emotionen. Die Gefahren, die der Übereifer mit sich bringt, werden ignoriert, weil man überzeugt ist, den Unterschied zwischen gegenwärtiger und vergangener (restimulierter) Emotion zu kennen. Man besteht darauf, Vater oder Mutter ins Gesicht zu sagen, dass man sich früher vernachlässigt gefühlt hat, denn man meint, jetzt würde man emotional klar sehen. Aber das stimmt nicht.

Die verworrenen Fäden der unbefriedigten kindlichen Bedürfnisse und Sehnsüchte verzerren das Bild; die intensiven Gefühle und das Kuddelmuddel von früheren und aktuellen Wahrnehmungen machen eine Auflösung ausgesprochen unwahrscheinlich. Alles, was zu lange weggeschlossen war, wird leicht zu offensiv. Auch wenn wir uns einreden, hier würde sich der Erwachsene äußern, schleichen die Bedürfnisse, die Sehnsüchte und die emotionale Intensität des Kindes sich ein, was zum »Ausagieren« führt (siehe Kapitel 9 und 12). Das daraus resultierende Verhalten ist chaotisch und irreführend und für den Adressaten oft extrem verletzend. *Sie* sind vielleicht erleichtert, dass Sie nach so langer Zeit endlich Ihre Wut geäußert haben, aber wahrscheinlich haben Sie dabei den anderen »fertig gemacht«, ihn sozusagen unter dem abgeladenen Haufen Ihrer restimulierten Emotion begraben.

Wie wir in Kapitel 15 gesehen haben, ist es unmöglich, klar zu kommunizieren, wenn wir in der Katharsis oder emotional stark erregt sind. Die emotionale Ladung – unseren Kummer oder unsere Wut – bekommt der andere natürlich mit, aber eine klare Kommunikation mit Worten ist unmöglich. Zu einer Befriedigung kommt es erst dann, wenn Sie die Verantwortung für Ihre Gefühle übernehmen.

Das bedeutet: Keine Vorwürfe – und seien sie noch so subtil oder berechtigt! Zu den suchterzeugendsten Aspekten restimulierter Gefühle gehört, dass sie uns einen Kick geben. Es ist sehr verlockend und außerdem sehr viel einfacher, an der verzerrten Energie fest zu halten, als die Verantwortung zu übernehmen und mit der Aggression auch das Bedürfnis *loszulassen*, sich oder anderen die Schuld zu geben. Ich habe beobachtet, dass das für die meisten Menschen am allerschwierigsten ist.

Wir alle haben ein oder zwei Lieblingsgefühle – machtlos, traurig, durcheinander, verängstigt, neidisch zu sein –, die uns wie ein lieb gewonnener Kokon umhüllen. Es ist weniger riskant, an diesen vertrauten Gefühlen fest zu halten, als das Gefühl zu seinem Ursprung zurückzuverfolgen, es zu untersuchen und die ursprüngliche Emotion zu entladen. Denn dann würde sich durch die Katharsis wahrscheinlich unsere Wahrnehmung verändern, und das würde bedeuten, dass wir unsere Absicht über die Vergangenheit revidieren müssten. Das wiederum hätte zur Folge, dass wir die Gegenwart und die Zukunft anders anpacken müssten. Wir würden die emotionale Verantwortung übernehmen.

Emotionale Verantwortung bedeutet, dass wir unsere Gefühle für uns verarbeiten. Es kann sein, dass wir mit dem/der Betreffenden nie über diese Dinge reden oder dass wir mit ihm/ihr irgendwann einmal einen Teil erzählen. Letztendlich geht es bei der emotionalen Verantwortung um die Erkenntnis, dass *Sie* Ihre Gefühle haben und um den Verzicht auf eine wie immer geartete Rache.

Der liebevolle Zeuge

Wir brauchen Privatheit, um andere nicht zu gefährden; wir brauchen die Anwesenheit eines anderen, um uns selbst nicht zu gefährden. Es ist ausgesprochen hilfreich, wenn wir unsere Herzenslandschaft mit einem Menschen erkunden, den ich als *liebevollen Zeugen* bezeichne: ein fürsorglicher, aber neutraler Begleiter, der Wache steht, während Sie hinauswandern und sich umsehen, der das Seil hält, das Sie mit der Außenwelt verbindet. Allein ist es Ihnen vielleicht zu unsicher, überhaupt aufzubrechen, oder Sie finden den Rückweg nicht mehr, wenn Sie schon losgezogen sind. Die Anwesenheit eines ruhigen, liebevollen Menschen ist da die beste Rückversicherung.

Wer kann dieser liebevolle Zeuge sein? Im Idealfall jemand, der die emotionale Katharsis aus seiner beruflichen Erfahrung kennt, etwa ein/e BeraterIn oder TherapeutIn. Es kann auch jemand sein, der so wie Sie die relevanten Fertigkeiten erlernt hat und an einem Austausch interessiert ist; dann können Sie sich als Zeuge und Agierender abwechseln. Es könnte auch eine Freundin sein, aber da wird es schon schwierig. Sicher ist es manchmal notwendig und hilfreich, sich an der Schulter einer fürsorglichen Freundin oder Partnerin auszuweinen, aber es ist praktisch unmöglich für den anderen, neutral zu bleiben. Es kann sein, dass er selbst zu stark restimuliert wird, oder Verlegenheit schleicht sich ein.

Die Neutralität des anderen gibt Ihnen den Halt, der für ein wirkliches Gefühl von Sicherheit unerlässlich ist. Wir wissen aus Erfahrung, wie verletzbar wir sind, wenn wir uns emotional »ausziehen«; damit wir unsere Herzenslandschaft ungehindert durchstreifen können, müssen wir wissen, dass wir weder beurteilt noch kritisiert werden. Und wir brauchen den emotionalen Freiraum, Bereiche von uns zu erforschen, an die wir im Alltag nicht erinnert werden wollen.

Gleichgewicht

Ich habe bereits gesagt, dass man bei dieser Reise nie weiß, was man findet. Vielleicht treffen Sie auf Stellen, an die Sie nicht zu nahe herangehen wollen; auf Orte, an denen Sie leicht stecken bleiben und die Sie am besten vermeiden; auf Plätze mit wunderbarer Aussicht und frischer Luft; auf Sümpfe, Wüsten, fruchtbare Böden, Stille und Herausforderung.

Die Landschaft Ihres Herzens kann für Sie zu einem Spielplatz werden – zu einem Land, in dem Sie genesen, Entdeckungen machen und sich verändern. Es ist ein Ort, an den Sie zurückkommen können, wenn eine nicht identifizierbare »Umweltverschmutzung« Ihre Wahrnehmung trübt, wenn statische Interferenzen Ihr Gehör beeinträchtigen, wenn Ihr Selbstwertgefühl zerfällt und Sie das Gefühl haben, den Kontakt zum Leben verloren zu haben, wenn Sie bedrückt sind und Ihr Verstand den Grund dafür nicht findet. Die Erkundung der Herzenslandschaft kann für Sie zu einer normalen Methode werden, selbst für Ihre emotionale Gesundheit zu sorgen, genauso wie Sie für Ihre körperliche Gesundheit sorgen, ohne dass dies zu einer Manie wird.

Es ist weder notwendig noch erstrebenswert, dass die Äußerung und Entladung von Emotionen Ihr Leben beherrschen. Wenn Sie mit der Katharsis mehr Erfahrung haben, erkennen Sie, dass sie nicht der gefürchtete Sprung in die Tiefe ist, bei dem Sie ertrinken können; eher gleicht sie einer Reihe von Tidebecken. Wenn Gefühle auftauchen, können Sie, wenn Sie sich sicher fühlen, loslegen und sie untersuchen. Ein inneres Wissen sagt Ihnen dann, wann Sie genug erkundet haben und wieder auftauchen sollten.

Am besten sehen Sie die Landschaft Ihres Herzens bei Mondlicht. Manchmal machen Menschen den Fehler, *alles* ans grelle Licht zu zerren und dort zu analysieren; oft werden dann ein paar Stückchen des Puzzles an eine Stelle gequetscht, an die sie nicht passen, denn es ist leichter, alles zurechtzustutzen, als mit der Ungewissheit zu leben.

Das Terrain selbst sehen wir nur unscharf. Das kann nicht anders sein. Auch wenn unsere Wahrnehmungen von anderen bestätigt werden, können wir sie nicht beweisen. Aber trotz dieser Unschärfe sehen wir genug, um für uns selbst die ungefähre Wahrheit zu kennen. Wir müssen nicht alles ganz genau wissen. Wir müssen nur genug wissen – uns sozusagen mit einer Landschaft im Mondlicht zufrieden geben. Wir sehen Formen, Umrisse und Konturen, die allgemeine Ausdehnung und Lage des Landes, die wichtigsten Höhen und Tiefen. Wir sehen genug, um mit dieser Landschaft sicher und weise zurechtzukommen, auch wenn in manche Spalten und Winkel nie genug Licht fallen wird, um genau zu untersuchen, was dort ist.

Wenn wir jeden Stein und jeden Grashalm umdrehen, kann das leicht zwanghaft werden und so viel Zeit und Energie in Anspruch nehmen, dass es zu einem Vollzeitjob wird, sodass unser Alltag darunter leidet. Wenn wir uns zu stark auf diese innere Landschaft konzentrieren, verlieren wir den Kontakt mit dem, was uns in der Gegenwart stimuliert und herausfordert; wenn wir uns zu wenig auf sie konzentrieren, sehen wir nicht klar, was dort draußen ist, und unsere gegenwärtigen Beziehungen werden durch nicht geäußerte Gefühle und verzerrte Wahrnehmungen beeinträchtigt.

Die Beziehung zwischen der inneren Landschaft unseres Herzens und der äußeren Landschaft unserer Beziehungen muss stark und effizient bleiben, sodass die beiden sich gegenseitig steigern. Durch die Katharsis wird die Kommunikation auf jeden Fall klarer und es wird einfacher, die Verantwortung für unsere Gefühle zu übernehmen. Das informierende Mitteilen Ihrer Gefühle kann Ihre Beziehungen bereichern, sodass Sie den Menschen, die Ihnen wichtig sind, näher kommen und aufrichtiger mit ihnen interagieren.

Rückkehr

Der letzte Aspekt der Sicherheit betrifft die Notwendigkeit, die emotionalen Luken wieder dichtzumachen, wenn Sie in den Alltag mit seinen Verantwortlichkeiten, Rollen und Masken zurückkehren. Ein liebevoller Zeuge hilft Ihnen bei diesem wichtigen Schritt: Sie müssen in Ihr rationales Selbst zurückschlüpfen, um das »normale« Leben zu bewältigen. Die Entladung ist nur in einem Raum außerhalb des Alltags möglich, sodass das Zurückkommen genauso wichtig ist wie das Hineingehen.

Wenn Sie die Katharsis kennen, fühlen Sie sich nicht nur selbst mit der Entladung von Emotionen vertrauter; Sie können auch besser damit umgehen, wenn ein Freund, eine Kollegin, ein Partner oder ein Kind Emotionen herauslässt. Dazu ein paar Hinweise.

Die Rolle des liebevollen Zeugen für andere

Es kommt oft vor, dass ein Mensch in unserem privaten Umfeld schlecht drauf ist und wir ihm helfen wollen, aber nicht wissen wie.

Ein liebevoller Zeuge schenkt dem anderen seine Aufmerksamkeit, ohne zu urteilen oder etwas zurückzuerwarten. Eine solche Haltung gibt uns die Sicherheit, die ermöglicht, dass wir unsere normalen Masken fallen lassen und uns das ansehen, was uns Angst macht.

Persönliche Ängste und Sorgen beeinträchtigen die Fähigkeit, ein liebevoller Zeuge zu sein. Wenn sie uns nicht bewusst sind, kann es sein, dass wir uns zu brüsk verhalten oder uns zu sehr in die Geschichte des anderen hineinziehen lassen.

Was kann ich tun? Nichts. Das Wichtigste ist, dass Sie da sind. Weil wir Angst haben, versuchen wir, um die Gefühle herumzukommen, und bieten an, einen Drink zu mixen, oder wir fangen an, hektisch nach ein paar Taschentüchern zu suchen. Mit anderen Worten: Wir täuschen Geschäftigkeit vor, wenn es das Beste wäre, dass wir uns einfach hinsetzen, warten und die offensichtliche Verletzbarkeit des anderen als Zeichen seines Vertrauens akzeptieren würden.

Ich weiß nicht, was er/sie hat. Das macht nichts. Der/die andere weiß es wahrscheinlich auch nicht genau.

Was kann ich tun, damit es ihm/ihr besser geht? Denken Sie daran: Es tut weher, Emotionen zurückzuhalten, als sie zu entladen. Entspannen Sie sich. Sie brauchen Ihr Gegenüber nicht zu analysieren oder zu heilen. Ihre Anwesenheit ist gefragt, nicht Ratschläge oder Interpretationen.

Ich fühle mich verantwortlich. Zu den wichtigsten Lektionen gehört, dass die Gefühle anderer Leute *deren* Gefühle sind und dass Sie sie nicht verursacht haben.

Ich werde selbst zu emotional. Am Anfang ist es schwierig, nicht selbst restimuliert zu werden, aber Sie können lernen, Ihre Aufmerksamkeit nicht verzerren zu lassen – am besten dadurch, dass Sie mit Ihrer eigenen Katharsis umgehen lernen. Dann wissen Sie, dass Ihre Gefühle *Ihre* Gefühle sind.

Es macht mir Angst, wenn jemand wütend wird. Das passiert vor allem dann, wenn es uns schwer fällt, unsere eigene Wut zu äußern. Die Lautstärke und die Wucht dieser Emotion lassen bei uns alle Alarmglocken läuten, und wir haben Schwierigkeiten, klar zu bleiben, auch wenn wir wissen, dass die Wut sich gegen jemand anders richtet. Das Einzige, was Sie tun können, ist, Ihre eigene Angst zuzugeben und zu vermeiden, die Gefühle des anderen zu *negieren*. Wie bei der vorherigen Sorge wird auch dieses Problem umso kleiner, je wohler Sie sich mit Ihrer eigenen Wut fühlen.

Die Anerkennung der Verletzbarkeit des anderen bedeutet nicht, dass Sie ihn wie ein rohes Ei behandeln müssen, aber nach der Entladung ist es günstig, wenn Sie ihm helfen, sich wieder für den Alltag zu wappnen. Das ist der richtige

Zeitpunkt für eine Tasse Tee oder irgendeine andere Strategie, die ihn in die Realität zurückholt und von der Sitzung ablenkt.

Für die Rolle des liebevollen Zeugen brauchen Sie vor allem ein Gleichgewicht zwischen Herz und Kopf. Bei zu viel Herz geht leicht die notwendige Distanz verloren, bei zu viel Kopf bleiben wir beim rationalen Verständnis hängen. Wenn die beiden im Gleichgewicht sind, bekommt der andere einen sicheren Rahmen für seine Erkundung, ohne dass wir seine Grenzen überschreiten.

Die Rolle des liebevollen Zeugen im professionellen Kontext

Das oben Gesagte gilt auch im professionellen Kontext. Auch wenn Sie nicht direkt BeraterIn oder TherapeutIn sind, sondern im pädagogischen, medizinischen, juristischen oder Personalbereich arbeiten, werden Sie wahrscheinlich mit Menschen zusammenkommen, die in seelischer Not sind.

Wenn Ihr Arbeitsbereich die Therapie oder die psychische Gesundheit *ist*, kann zu Ihrer Aufgabe eine Analyse oder Beratung gehören; wenn Sie die Katharsis einbeziehen wollen, brauchen Sie wie jeder andere die oben beschriebene Aufmerksamkeitshaltung, auch wenn Sie zu Ihrem Klienten nicht in einem 1:1-Verhältnis stehen.

Aus all den in diesem Buch beschriebenen Gründen kann es sein, dass auch ausgebildete professionelle BeraterInnen, PsychologInnen und TherapeutInnen sich mit der Entladung von Emotionen schwer tun. Ich habe die Erfahrung gemacht, dass dafür – neben persönlichen Hemmungen, zu denen Experten genauso neigen wie jeder andere – ein falsches Verständnis von der Katharsis und ihre Verwechslung mit einer Inszenierung verantwortlich ist.

Katharsis und Inszenierung

In einer Gesellschaft, die generell gegen die Katharsis eingestellt ist, erscheint die emotionale Entladung erschreckend und anziehend zugleich. In verschiedenen Kreisen wird die Katharsis zwecks Therapie oder Selbstverwirklichung vor oder in Gegenwart einer großen Gruppe von Menschen ermutigt. Die TeilnehmerInnen empfinden dies oft als wohltuend und schätzen die Entladung und die auf sie folgenden Einsichten. Allerdings besteht hier die Gefahr, dass die Katharsis unter Zwang stattfindet. Dieser kann von außen kommen, etwa durch andere Gruppenmitglieder, die dem Protagonisten so lange konfrontativ gegenübertreten, bis er zusammenbricht. Der Zwang kann auch von innen kommen: Man meint, man müsste etwas von sich zeigen, um zur Gruppe zu gehören, oder die Entladung bestimmter Gefühle wäre opportuner als die anderer.

Jede Art von Zwang steht im Gegensatz zum natürlichen Verlauf der Katharsis, die aus der persönlichen Herzenslandschaft nur dann etwas hochkommen lässt, wenn der/die Betreffende bereit ist, sich mit ihm zu beschäftigen. Zu Bedrohliches bleibt weggeschlossen: Die Abwehr gegen solche Gefühle ist ein Überlebensmechanismus. Deshalb müssen wir in unserem Tempo vorgehen. Wenn wir gedrängt werden, uns mit einer vergangenen Erfahrung zu beschäftigen, obwohl es dazu noch zu früh ist, kommt es vielleicht zu einer Entladung, aber nur selten zu einer Einsicht, durch die wir die Entladung mit Verhaltensmustern im Alltag verbinden können.

Oft versuchen wir auch, etwas zu entladen, weil wir *denken*, wir müssten es. Dieser *Zwang* kann von uns selbst oder jemand anders ausgehen. Für die Katharsis sind zwei Dinge erforderlich: Sicherheit und Überraschung. Überraschung bedeutet, dass aus der Körper-Seele etwas auftaucht, das nicht bewusst gesteuert wurde. Ohne Überraschung findet keine echte Katharsis, sondern eine inszenierte Entladung statt.

Manchmal überrascht uns eine *Massenkatharsis*. Wenn wir andere weinen oder schreien sehen, kann das unsere seelische Not restimulieren, was uns drängt, entweder den Deckel noch fester zuzumachen oder uns von der Flut mitreißen zu lassen. Zuschauermassen bei einem Fußballmatch, Musik- und Theaterevents, Fernsehübertragungen von Prominentenhochzeiten und -beerdigungen können Emotionen restimulieren.

Dies ist harmlos, aber etwas ganz anderes als eine private Katharsis. Bei der Massenkatharsis verstehen wir nicht, wieso es zu einer Restimulation kommt. Die Emotion wird erregt, kann aber nicht konzentriert wahrgenommen oder befriedet werden, denn sobald das Drama vorbei ist, sind die inneren Kontrollmechanismen genau da, wo sie vorher waren. Es kommt selten zu einer Einsicht, und wir untersuchen auch nicht, welche Relevanz das Ereignis für unsere eigene emotionale Rumpelkammer hat.

Solange wir passive Teilnehmer eines externen Dramas sind, können wir nicht die Verantwortung für unsere Emotionen übernehmen. Das Fernsehen schlachtet dieses Phänomen geschickt aus. Es arrangiert Begegnungen, die ganz gezielt Gefühle provozieren, etwa solche zwischen Schläger und Opfer oder Vater und »verlorenem« Sohn. Die Quoten zeigen, dass dieser Seelenstriptease bestens ankommt.

Der Unterschied zwischen Katharsis und Inszenierung wird hier ganz deutlich. Bei der Inszenierung werden Gefühle bewusst oder unbewusst *vorgeführt*. Dies kann ein sinnvolles Vorspiel für die authentische Katharsis sein. Wegen unserer eingebauten Körper-Seele-Kontrollmechanismen kommen wir nicht mit einem einzigen Ruck von der völligen Unterdrückung von Gefühlen und der mit ihr einhergehenden muskulären und mentalen Unbeweglichkeit zu einer offenen, fließenden Kongruenz von Körper und Seele. Es geht einfach nicht. Deshalb können wir auf dem Weg zur authentischen Katharsis ein bisschen »proben«, damit der Körper zum Beispiel wieder lernt, Töne von sich zu geben; aber das ist nie ein Selbstzweck.

Vor einem Fernsehpublikum ist Sicherheit nicht gegeben. Entweder spielen die Protagonisten etwas vor, um sich zu schützen, oder – wenn sie tatsächlich so etwas wie eine Entladung erleben – es kann sein, dass sie seelischen Schaden nehmen.

Ich habe festgestellt, dass viele von uns instinktiv wissen, wenn eine authentische Entladung stattfindet: Sie berührt uns anders, und auch wenn wir selbst restimuliert wurden, spüren wir das Bedürfnis, den anderen zu schützen. Die Inszenierung provoziert eine andere Reaktion: Sie berührt uns nicht und oft fühlen wir nur Ärger und Ungeduld gegenüber dem anderen, der in seiner Verstellerei festhängt. Aber solange wir die Katharsis nicht selbst erlebt haben und wissen, welche Folgen die Restimulation hat, ist uns der Unterschied oft nicht klar. Auch viele professionelle Berater und Therapeuten erkennen den Unterschied oft nicht und deshalb sehen sie nicht, wie wichtig und wertvoll die Katharsis ist. Manche sagen, sie hätten Leute gesehen, die aus der Katharsis nicht mehr herausgekommen seien, und lehnen sie deshalb ab; in Wirklichkeit haben sie eine Inszenierung beschrieben. Auch die Selbsterfahrungsgruppen mit ihren zum Teil sehr drastischen konfrontativen Methoden, die im Zuge der Selbstverwirklichungsbewegung vor Jahren wie Pilze aus dem Boden schossen, haben dazu geführt, dass viele die Katharsis mit emotionalem Chaos gleichsetzen. Aber auch dort wurden Grenzen nicht respektiert und inszenierte Entladungen waren gang und gäbe.

Programme für den konstruktiven Umgang mit Gefühlen

Ein paar Anzeichen für mehr emotionales Bewusstsein gibt es, aber nicht viele. So wird inzwischen anerkannt, dass Kinder den Verlust eines Elternteils betrauern müssen. Ich habe einmal beobachtet, wie ein Kunsttherapeut sehr anrührend mit einem kleinen Mädchen arbeitete, dessen Vater in Nordirland bei einem Terroranschlag umgekommen war. Das Mädchen sollte sich anhand einer Zeichnung an den Vorfall erinnern, aber sobald ihm die Tränen in die Augen stiegen, griff der Therapeut ein und unterband die Entladung. Ich war traurig, dass das kleine Mädchen durch Unwissenheit daran gehindert wurde, das einzig Richtige zu tun, das es tun musste, wieder heil zu werden – das, wonach sein psychosomatisches System spontan verlangte.

In einem anderen Fall wurde ein kleiner Junge, der mit angesehen hatte, wie seine Mutter von deren Freund mit einem Messer umgebracht wurde, verständlicherweise zu einem schwierigen Kind und zu Pflegeeltern gegeben. Sie mochten ihn, und langsam fing er an, ihnen zu vertrauen: Wenn er nachts im Bett weinte, machte er Töne – gellende, tiefe, beängstigende Töne. Der natürliche, intakte Körper-Seele-Mechanismus war am Werk. Leider sahen seine Pflegeeltern das nicht so. Sie bekamen Angst und weil sie dachten, er wäre »gestört«, baten sie darum, dass eine andere Familie für ihn gefunden wurde. Die Restimulation und fehlendes Verständnis für die emotionale Entladung hatten verhindert, dass sein Kummer akzeptiert wurde.

Der Umgang mit Gefühlen (einschließlich der Katharsis) könnte auch in Therapieprogrammen für Erwachsene integriert werden. Kaum eins der Programme für Menschen mit Depressionen, selbstzerstörerischen Verhaltensmustern, Suchtproblemen und Ess-Störungen greift auf die Katharsis zurück. Die meisten Beratungs- und Therapiemethoden leiten höchstens ganz rudimentär zum Umgang mit Gefühlen an.

Mit der DANCE-Methode können die Hilfe Suchenden lernen, ihre Gefühle zu erkennen, mitzuteilen und zu entladen. Viele Therapieprogramme vermeiden eine abreagierende (katharsische) Komponente, weil sie mit unkontrollierbarem Chaos assoziiert wird. Die DANCE-Methode könnte sehr effizient als Trainingsprogramm eingesetzt werden, das die Patienten nach Abschluss der Behandlung auch mit in den Alltag nehmen können. TherapeutInnen und BeraterInnen können die Ideen auch rein informativ verwenden. Zur Erinnerung hier noch einmal ein paar zentrale Punkte:

Aggression dominiert. Dies entspricht der Tendenz zur Inszenierung, aber wir müssen ganz klar sehen, dass die Aggression in einer Herzenslandschaft leicht das Kommando übernimmt; wie ein wucherndes Kraut legt sie sich über die eigentlichen Emotionen Angst, Trauer und vor allem Wut.

Die Suche nach Mitgefühl. Sie ist Teil der Inszenierung und kommt im therapeutischen Kontext oft vor. Um einen Hilfe Suchenden aus festgefahrenen Verhaltensstrukturen herauszuhieven, sollten wir ihm klar machen, dass zwischen der nach außen gerichteten Aufmerksamkeit und dem inneren Brennpunkt ein Gleichgewicht bestehen muss.

Der Rhythmus der Katharsis. Wenn TherapeutInnen/BeraterInnen erkennen, dass dieser Rhythmus immer im Fluss ist und dass die Emotion eine *Energie* ist, können sie besser »jonglieren«, das heißt, dem Auf und Ab der emotionalen Energie des Klienten folgen; sie wissen dann, wann eine Intervention, eine Konfrontation oder einfach Warten angesagt ist. Die obige Einsicht lässt sie auch eher sehen, wann die Tendenz besteht, einen Prozess vorzeitig abzubrechen, anstatt ihn wirklich bis zum Schluss durchzuziehen. Wenn wir wissen, wann der Zyklus vollständig ist, können wir auch dafür sorgen, dass der Klient am Ende der Sitzung sein Visier wieder so weit herunterklappt, dass er der äußeren Welt entgegentreten kann.

Ein natürlicher Prozess. Wenn verstanden wurde, dass die Katharsis ein natürlicher Prozess ist, wird der/die TherapeutIn/BeraterIn nur eingreifen, wenn die Entladung irgendwie behindert wird. Es ist nicht notwendig, ängstlich oder ungeduldig zu reagieren und den Klienten zu drängen oder den Prozess zu stören. Die Anwesenheit und die Aufmerksamkeit des Therapeuten/Beraters sind ganz wichtig, weil sie dem Klienten die notwendige Sicherheit geben, aber der Prozess, der im Grunde ein Selbstheilungsprozess ist, verlangt von seiner Seite Demut und Respekt.

Therapie oder emotionale Erziehung? Wenn ich versucht habe, den Umgang mit Gefühlen in ein pädagogisches Programm zu integrieren, ist mir immer wieder der Vorwurf begegnet: »Aber das ist eine Therapie, keine emotionale Erziehung.« In unserer dualistischen Welt werden Erziehung und Therapie als gegensätzliche Pole betrachtet. Natürlich gibt es gute Gründe, warum eine Therapie Grenzen haben muss, und die zentrale Rolle der Therapie bei der Bewältigung von Schwierigkeiten ist unbestritten. Aber in diesem Vorwurf schwingen auch Angst und Unwissenheit über das Wesen der Emotion mit. Die Katharsis ist immer noch so unbekannt und unverstanden, dass die Fachleute für psychische Gesundheit alle emotionalen Themen schnell in die Therapie-Ecke rücken.

In den letzten zwanzig Jahren hat im Bereich der psychischen Gesundheit eine Verschiebung stattgefunden: weg von Selbsthilfemethoden, hin zu einer immer stärkeren Abhängigkeit von Therapeuten. Normale Menschen wollen nicht in Eigenregie mit ihren Emotionen arbeiten, weil die Überzeugung, dass Gefühle einen »klinischen Kontext« brauchen, fest in ihnen verankert ist. Dies hängt zum einen mit dem realistischen Bedürfnis nach Sicherheit zusammen, aber auch, verschwommener und weniger bewusst, mit dem Bedürfnis, dass jemand, der sich wirklich auskennt, ein »Erwachsener«, alles wieder in Ordnung bringt. Die meisten Erwachsenen hören als Kinder auf, ihre Gefühle zu bearbeiten, und wenn sie aus egal welchen Gründen wieder damit anfangen, starten sie zunächst mit der mentalen Einstellung des Kindes. Alte Verletzungen und Wunden restimulieren alte Bedürfnisse, sodass wir jetzt, als Erwachsene, wollen, dass unser Schmerz bemerkt und anerkannt wird, denn damals war das nicht der Fall. Das ist meines Erachtens der Grund dafür, dass viele Erwachsene nicht akzeptieren wollen, dass es sie nicht zu etwas Besonderem macht, wenn mit alten Verletzungen verbundene Emotionen wieder hochkommen. Wenn wir unsere seelische Not zu sehr festhalten, halten wir auch an dem kindlichen Bedürfnis fest, getröstet zu werden, das damals nicht befriedigt wurde. Dieses Bedürfnis gibt der Überzeugung, nur ein professioneller Helfer könne »alles wieder gutmachen«, einen Anschein von Rationalität. Ich weiß aus Erfahrung, wie nützlich eine Psychotherapie ist, aber ich weiß auch, dass ich sehr viel mehr von ihr hatte, weil ich gelernt habe, mit meinen Emotionen umzugehen und die Katharsis zuzulassen. Manchmal brauchen wir den Halt, den ein professioneller Therapeut uns gibt, aber ich glaube auch, dass wir uns auf vielerlei Weise selbst helfen können. Deshalb betone ich den Wert der emotionalen Erziehung. Sie bringt Emotionen mit dem Alltag und nicht nur mit Problemen in Verbindung.

Nicht nur Erwachsene, auch Kinder und Jugendliche können von der DANCE-Methode profitieren. Wenn wir Eltern oder Erzieher sind, hilft sie uns, anders mit Kindern umzugehen. Ich halte es für ganz wichtig, dass wir Kinder dazu anhalten, Gefühle zu identifizieren und zu entladen und dass wir ihnen den Unterschied zwischen notwendiger Selbstbeherrschung und Entladung beibringen.

Der Kasten unten zeigt, wie ein paar Grundsätze des konstruktiven Umgangs mit Gefühlen zu einem Lehrplan für Kinder zusammengestellt werden könnten.

Schneller Leitfaden für Gefühle

Alle Gefühle sind in Ordnung (ein Schlag ins Gesicht der Negativ-Positiv-Zweiteilung)

Die Namen der verschiedenen Gefühle lernen (trägt dazu bei, ein Gefühlsvokabular aufzubauen und die Gruppierungen zu verstehen)

Lernen, »Ich fühle« zu sagen, statt »Du machst mich…« (führt die Fertigkeit des Sich-Mitteilens ein)

Wenn wir Gefühle zu lange festhalten, geraten sie außer Kontrolle (ermuntert dazu, Gefühle zu äußern und zu entladen)

Jeder kann Fehler machen: Wir alle bekommen Gefühle manchmal in den falschen Hals (lehrt Unterscheidungsvermögen und führt die Möglichkeit der Restimulation ein)

Schlechte Gefühle sind nicht unser Fehler, und wir können aus ihnen lernen (ermutigt dazu, schlechte Gefühle zuzugeben, statt sie zu unterdrücken)

Wenn wir Gefühle äußern, können wir uns und andere besser verstehen (betont die Wichtigkeit einer emotionalen Kommunikation)

Weinen und Schreien finden am besten statt, wenn wir uns sicher fühlen und auf eigenem »Terrain« sind (lehrt die Notwendigkeit, die Gefühle in einem geeigneten Rahmen herauszulassen)

Und nun noch ein paar Leitsätze für Erwachsene:

Wut ist eine notwendige Emotion – Aggression ist eine erlernte Reaktion

Aufstauen führt zu Explosionen

Wenn wir sagen, dass wir ein Gefühl »beherrschen«, bedeutet das oft, dass wir es unterdrücken

Es bringt uns nicht weiter, wenn wir Gefühle leugnen

Es liegt in der Natur der Sache, dass Emotionen uns bewegen

Gefühle können Freunde sein

Pauschale Äußerungen über Gefühle sind nicht so wirkungsvoll wie präzise

Glück ist kein Maßstab für den eigenen Wert

Wenn wir Emotionen intellektualisieren, ignorieren wir den Körper

Wenn wir auf einen gleichwertigen Gegner treffen, fühlen wir Freude

Die Weisheit des Körpers sagt uns, wann wir Emotionen herauslassen können

Zu gesunden Beziehungen gehören Liebe und Wut

Die Pflege unserer emotionalen Gesundheit ist genauso wichtig wie die Pflege unserer körperlichen Gesundheit

Wenn Sie ein Gefühl benennen, kann es Sie nicht mehr beherrschen

Wenn Emotionen abgeblockt werden, verarmt unser Wesen

Was wehtut, ist der Kampf gegen die Emotion

Es ist klüger, einen anderen über seine Gefühle zu befragen, als die wildesten Vermutungen anzustellen

Trauen Sie sich, Ihre Gefühle einer Freundin oder einem Freund mitzuteilen

Sicherheit ist für die Entladung unerlässlich

Durch Weinen entladen wir Spannung

Wir können unsere Gefühle erst nach der Entladung verstehen, nicht vorher

Wenn Sie Ihre Gefühle äußern, bereichert es Ihre Beziehungen

Sorgen drehen sich sinnlos im Kreis und führen nirgendwo hin

Emotionale Eruptionen sind nicht für die Öffentlichkeit bestimmt

Lassen Sie die Katharsis zu

Machen Sie emotional wieder dicht, wenn Sie fertig sind

Dieses Kapitel endet mit einer Aussage, die Sie jetzt nicht mehr überraschen wird: Am besten lernen Sie, mit anderen Emotionsarbeit zu machen, sie zum konstruktiven Umgang mit Emotionen anzuleiten oder sich persönlich oder beruflich mit dem Ausdruck und der Entladung von Emotionen wohl zu fühlen, wenn *Sie Ihre Herzenslandschaft erkunden und den Körper-Seele-Prozess der Katharsis für sich selbst zu einer vertrauten, willkommenen Erfahrung machen.*

Der Impuls von Emotionen

Nachdem wir uns mit den Möglichkeiten und der Machbarkeit der individuellen Herzenserkundung beschäftigt haben, wollen wir uns die Emotionen aus einer universellen Perspektive ansehen und einen Blick auf ihren Platz in unserem Leben werfen. Wenn wir Emotionen als potenzielle Energie verstehen wollen, müssen wir von unserer individuellen Herzenslandschaft einen Schritt zurücktreten und sie uns sozusagen aus der Ferne ansehen. Angst und Ignoranz haben dazu geführt, dass das wahre Wesen und der Zweck der emotionalen Energie vielen ein Buch mit sieben Siegeln ist.

Dieses letzte Kapitel untersucht die Bewegung der Emotion. Auf was reagieren wir, wenn wir uns Richtung Nähe oder Richtung Sicherheit bewegen? Welche Energie zieht uns an?

Das Wort Emotion ist aus dem lateinischen *emovere* abgeleitet, das »nach vorne bewegen«, »herausbewegen« bedeutet; die Qualität des Bewegens ist seiner Bedeutung inhärent. Psyche und Soma sind ständig empfänglich für Ebbe und Flut der drei Polaritäten: den Impuls, sich näher heranzubewegen – und den Impuls, sich wegzubewegen; den Impuls, Grenzen zu überschreiten – und den Impuls, von einer festen Grenze gehalten zu werden; den Impuls, sich in die Sicherheit zurückzuziehen – und den Impuls, das Unbekannte zu wagen. Im Spannungsfeld dieser drei Polaritäten bewegen wir uns vor und zurück, mal mehr, mal weniger, fast so, als würden wir auf Meeresströmungen reagieren.

Die Impulse, die uns antreiben, gehen von drei verschiedenen Quellen aus: einer *intra*personalen, einer *inter*personalen und einer *im*personalen.

Intrapersonal. Damit meine ich das in jedem vorhandene Rohmaterial, den tiefsten, grundlegendsten Ursprung der Emotion, den instinktiven, animalischen Teil in uns, der im Verlauf der Menschheitsgeschichte geformt und verfeinert wurde. Diese primäre Emotionsquelle tritt in den Hintergrund, wenn komplexere menschliche Fähigkeiten sich entwickeln, aber sie ist trotzdem da und gestaltet unser Verhalten und unsere Emotionen ein Leben lang.

Die primäre Emotion »Liebe« bildet die Grundlage für familiäre Bindungen, intime Beziehungen, Hautkontakt. Weil das Instinkthafte zur Liebe gehört, gehört es auch zum Kummer: Eine Mutter, die den Tod eines Kindes erlebt, reagiert oft mit wildem, scheinbar »verrücktem« Kummer und »unmenschlichen« Klagelauten, wie Tiere, die ihr Junges verloren haben.

Die primären Emotionen speisen die aus dem Bauch kommende Entrüstung, wenn jemand einen Zaun auf *Ihrer* Seite der Grenze errichtet, *Ihren* Platz am Swimming-Pool einnimmt, auf *Ihrem* Parkplatz parkt, *Ihren* Schreibtisch aufräumt, mit *Ihrer* Frau schläft. In Verbindung mit dem Rudelinstinkt wird verständlich, dass es leicht zum Krieg zwischen Banden oder auch Nationen kommt. In Kriegen geht es im Allgemeinen um Territorium. In unserer Zeit wird das persönliche Territorium durch das Auto repräsentiert. Hinter dem Steuer legen viele Autofahrer bei Stress eine primitive, manische Aggression gegen andere Fahrer an den Tag, die ihnen *ihren* Platz auf der Straße wegnehmen.

Bei Angst stürmen Menschengruppen wie Vieh in wilder Flucht davon. Die Panik, die bei Krisen ausbricht, etwa bei Feuersbrünsten, Schiffsuntergängen oder anderen lebensgefährlichen Situationen, löst oft ein Urverhalten aus, bei dem jeder den anderen aus dem Weg drückt. Wenn wir einen extremen Angstzustand beschreiben wollen, ziehen wir den Vergleich des gelähmt vor der Schlange sitzenden Kaninchens heran – jeder Mensch, der eine längere Angstsituation erlebt hat, ist ähnlich gelähmt.

Der intrapersonale Impuls ist der *Ur*impuls der Emotion. Ohne Bindungs- und Pflegeinstinkt würden wir weder Liebe noch Trauer empfinden. Der Spiel- und der Vorspielinstinkt sind integraler Bestandteil der Freude bzw. Wut, wenn die Grenzen verletzt werden. Die animalischen Instinkte Angst und Vertrauen geben dem so genannten »Gefühl aus dem Bauch« Gestalt, das uns vor Gefahren warnt oder uns »sagt«, dass jemand ungefährlich und vertrauenswürdig ist.

Dieser Urimpuls der Emotion ist eine Kraft. Er speist drei potenzielle Lebensenergien, die mit den drei Polaritäten zusammenhängen: den Drang, schöpferisch zu sein, den eigenen Willen durchzusetzen und das eigene Umfeld zu erforschen.

1. *Kreativität* zeigt sich im Tierbereich am Balz-, Fortpflanzungs- und Nestbauverhalten; beim Menschen an der Fähigkeit zum kreativen Denken, Agieren und Imaginieren. Im Allgemeinen bezieht »kreativ« sich sehr eng nur auf individuelle Leistungen und »Kunstwerke«. Aber wir alle können mit allem Möglichen schöpferisch sein und der Materie Leben einhauchen: mit Nahrungsmitteln, Stoffen, Worten, Rhythmen, Ideen, Klängen, Samen, Metallen, Ton, Farben.

Das schöpferische Potenzial kann individuell oder in einer Gruppe in Gang gesetzt, hervorgebracht, geformt, organisiert, geordnet, umgewandelt werden. Es wird verwirk-

licht, wenn wir in einem Chor singen, eine Stickerei aus-
denken und ausführen, ein Teamprojekt in Angriff nehmen,
Kinder aufziehen, zusammen ein neues Zuhause planen.

2. *Herausforderung* meint den fundamentalen Drang, unserer Umgebung unseren Willen aufzuzwingen. Diese Fähigkeit drängt uns, etwas zu verändern, ein Hindernis zu
beseitigen, eine Beschränkung zu umgehen. Die Energie, die
ein Biber braucht, um einen Damm zu bauen, findet seinen
Widerhall in unserem Wunsch, die Elemente Erde, Wasser
und Feuer für unsere Ziele einzuspannen und unsere Umgebung für uns passend zu machen.

3. *Neugierde* ist ein zeitloser Trieb, der Teil unseres biolo-
gischen Erbes ist: Wir haben den Impuls, herumzuschnüf-
feln, etwas auszugraben, unbekanntes Territorium zu passieren. Wir wollen herausfinden, wie etwas funktioniert, wir
wollen Dinge in ihre Einzelteile zerlegen, analysieren, for-
schen und Erklärungen finden. Wir wollen verstehen. Die
Suche nach Wissen hat zu durchschnittlichen Leistungen
geführt: Wir haben gelernt, uns selbst die Schuhbänder zu
binden, ein Video zu bearbeiten, im Lexikon die Bedeutung
eines Wortes nachzusehen. Und sie hat überdurchschnitt-
liche Leistungen hervorgebracht: Die Zusammenstellung
eines Lexikons, ein Kompendium der Flora und Fauna,
das Repertorium der homöopathischen Heilmittel, Entde-
ckungsreisen, die Spaltung des Atoms zeigen beispielhaft,
mit wie viel Hingabe und Wissen Menschen ihre Neugier
umgesetzt haben.

Die drei uns drängenden Lebensenergien stehen in einer
ständigen Wechselbeziehung. In der Realität sind sie kaum
auseinander zu halten. Leistungen wie die, dass wir unsere
fehlenden Flügel dadurch kompensiert haben, dass ein ge-
nialer Mensch ein Flugzeug erfunden hat, illustrieren diese
Interdependenz. Die Erfindung der kosmetischen Chirur-
gie, Amphibienfahrzeuge, Sprengstoffe, Insektizide und der

Kühlschrank sind weitere Beispiele für den Drang des Menschen, über natürliche Grenzen hinauszugehen, Dinge zu verstehen und schöpferisch zu gestalten.

Interpersonal. Diese zweite Quelle unserer Emotionen, die mittlere Schicht sozusagen, ist uns am stärksten bewusst. Mit ihr meine ich die Emotionen, die aus dem Kontakt *zwischen* Individuen entstehen. Wenn wir uns in Reaktion auf unsere Impulse bewegen, befinden wir uns in Verbindung mit anderen. Von der Geburt an, ja, wie neuere Untersuchungen des intrauterinen Erlebens nahe legen, noch vor ihr, befinden wir uns ständig in Interaktion mit anderen Menschen.

Wir werden beeinflusst durch all die, mit denen wir beim Versuch, unsere Bedürfnisse zu befriedigen, in Kontakt kommen. Unsere verschiedenen Bedürfnisse werden manchmal befriedigt, manchmal vernachlässigt und unser ganzes Leben lang begegnen wir allen möglichen Emotionen unterschiedlicher Stärke.

Diese interaktive Quelle unserer Emotionen ist der reaktive Impuls der Emotion: Er entsteht durch unsere *Reaktion* auf all die anderen, denen wir in unserem Leben begegnen. Die Interaktion findet nicht nur mit Menschen in unserem Umkreis statt, sondern auch mit allen realen oder fiktiven Menschen, die uns zum Guten oder Bösen beeinflussen. Sie schließt alle wichtigen Menschen ein, die im Geflecht unseres Lebens eine Rolle spielen. Unsere Gefühle werden durch die in Beziehungen vorhandene Dynamik ausgelöst. Wem wir wann und wie begegnen, wirkt sich auf unsere Bedürfnisse und also unsere Emotionen aus.

Das interaktive Material unseres Lebens hängt von unserer Persönlichkeit und unseren Lebenserfahrungen ab. Die dritte Quelle unserer Emotionen geht über unsere individuellen Lebensumstände hinaus; man könnte sie mit dem generellen Klima vergleichen, welches das Wachstum und die Entwicklung eines Baumes beeinflusst.

Impersonal. Diese dritte Emotionsquelle geht über das Individuum hinaus. Sie schließt alle die Phänomene ein, die unser Leben entscheidend und oft dramatisch beeinflussen: Stimuli und Ereignisse, die mit unseren persönlichen Lebensumständen und Beziehungen wenig zu tun haben.

Alle möglichen Dinge treffen uns ohne unser Zutun. Sie sind die impersonalen, plötzlichen Auslöser von Emotionen: Erdbeben, Hurrikans, Überschwemmungen, Flugzeugabstürze, willkürliche Gewalt, Entdeckungen von Öl oder Gold, Lawinen, Vulkanausbrüche, Börsencrashs. Solche Vorfälle können sich stark oder schwach auf unsere Bedürfnisse auswirken: Ungewöhnliche Wettereinbrüche können Ihre selbst angebauten Tomaten ungenießbar machen oder die Lebensgrundlage eines Menschen ruinieren, dessen Traubenernte vernichtet ist.

Auch die weniger dramatischen, aber tief greifenden langfristigen Folgen von sozialen, politischen, klimatischen und geographischen Veränderungen beeinflussen uns. Sie treffen uns auch *emotional*, weil sie sich auf die Befriedigung unserer Bedürfnisse und Impulse auswirken. Diesen äußeren Kräften und Einflüssen sind wir auch dann unterworfen, wenn wir uns ihrer nicht bewusst sind.

Der Charakter, den wir erben, das genetische Material, das bestimmte Tendenzen und Anfälligkeiten fördert, trägt zur Gestaltung des psychosomatischen Potenzials in uns bei. Wie das *intra*personale Material umgeformt wird, hängt von unserer *inter*personalen Erfahrung ab. Sie gibt dem *intra*personalen Material seinen letztendlichen Ausdruck und legt fest, ob es reduziert, erweitert, gesteigert, versteckt, erstickt, gerühmt oder unterdrückt wird.

Das *Intra*personale interagiert mit dem *Inter*personalen

und dieses wiederum mit dem *Im*personalen. All dies ist *immer* und *für alle Zeit* in Bewegung. Manchmal sorgen wir bewusst dafür, dass bestimmte Ereignisse eintreten, und dann wieder passiert etwas, das wir nicht vorhergesehen haben. Die wichtigsten emotionalen Strömungen können stark oder schwach sein, uns in den verschiedenen Phasen unseres Lebens in die eine oder in die andere Richtung ziehen.

Deshalb vergleiche ich die Emotionen am liebsten mit dem Meer – genauso wie diese sind sie ständig in Bewegung, manchmal heftig, manchmal still, aber nie starr; auch wenn die Oberfläche mit Eis bedeckt ist, findet in der Tiefe Bewegung statt.

In dieser ständigen Bewegung gibt es einen Punkt, an dem Seele und Körper im Gleichgewicht sind, einen Punkt, der uns wie ein Anker Halt gibt. Wie wir dieses Gleichgewicht erreichen und halten und den Strömungen des Herzens dankbar, bewusst und angstfrei folgen können, darum ging es in diesem Buch.

Anhang

Den Rahmen vorbereiten

Wenn Sie beschließen, die Übungen mit jemand anders zu machen, muss dieser andere unbedingt jemand sein, dem sie vertrauen. Vertrauen ist auf Sicherheit angewiesen; Sicherheit hängt von den folgenden Faktoren ab, die alle gleich wichtig sind:

1. Sie müssen bei dem anderen Sie selbst sein können.

2. Gegenseitigkeit: Nur wenn Sie sich bei den Übungen abwechseln, sind Zeit und Aufmerksamkeit gleich verteilt. Das ist ein wichtiger Aspekt der Sicherheit.

3. Grenzen: Der Rahmen muss auch insofern sicher sein, als keine Störungen von außen erfolgen. Das bedeutet, dass Sie für den Austausch einen speziellen Raum haben; und es setzt voraus, dass Sie für die Übungen eine bestimmte Zeit reservieren. Empfohlen werden 30 bis 60 Minuten, die Sie gleichmäßig unter sich aufteilen. Der, der nicht redet, hört zu, ohne einzugreifen oder Ratschläge zu erteilen. Sie brauchen nicht zu reden. (Siehe die Beschreibung des liebevollen Zeugen in Kapitel 17, S. X)

4. Es dürfte selbstverständlich sein, dass alles, was in der Sitzung zum Ausdruck kommt, vertraulich behandelt wird. Treffen Sie eine entsprechende Vereinbarung.

Wenn ein einziger dieser Faktoren fehlt, besteht nicht genug Sicherheit, damit Sie zusammen das Beste aus den Übungen herausholen.

Die obigen Empfehlungen gelten genauso, wenn zwei, drei oder mehr Personen zusammen arbeiten.

Psychosomatische Krankheiten

Über psychosomatische Krankheiten gibt es reichlich Literatur. Nachstehend eine winzige Auswahl:

Dahlke, Rüdiger, *Krankheit als Weg. Deutung und Be-Deutung der Krankheitsbilder*. Goldmann, München 2000

Dahlke, Rüdiger, *Krankheit als Symbol. Handbuch der Psychosomatik*. Bertelsmann, München 2000

LeDoux, Joseph E., *Das Netz der Gefühle*. Hanser, München, 1998

Pert Candace, *die Moleküle der Emotion*. Rowohlt, Reinbek 1999

Siegel, Bernie S., *Mit der Seele heilen. Gesund durch inneren Dialog*. Econ, München 1999

Simonton, Carl O., *Wieder gesund werden*. Rowohlt, Reinbek 1992

Co-Counselling

Das Co-Counselling (wörtlich: »Mit-« oder »Zusammen-Beratung«) ist ein Verfahren, bei dem bestimmte Fertigkeiten erlernt werden, die erlauben, Emotionen zu entladen. Die Methode ist vor über dreißig Jahren in Seattle/USA entstanden und verbreitet sich unter der Bezeichnung Re-Evaluation Counselling (RC) in vielen Ländern der Welt. Es entstanden RC-Gruppen, die aus ihren Reihen Trainer für die Grundstufe wählen. Dabei handelt es sich um einen Kurs von 20–30 Stunden Dauer. Anschließend kann der Schüler diese Fertigkeiten mit einem anderen Absolventen eines solchen Kurses anwenden, sodass ein Austausch stattfindet, bei dem jeder gleich lange Klient und Berater ist.

Urheber des RC war Jarvey Jackins, der eine hierarchische Organisation mit sorgfältig ausgewählten Lehrern leitete. Mitte der 70er-Jahre spalteten einige Lehrer sich ab und gründeten eine unabhängige Gruppe (Co-Counselling International – CCI). Sie wollten eine demokratischere, weniger patriarchalische Organisationsstruktur. Es wurden weiterhin dieselben Fertigkeiten unterrichtet; daneben wurden Körperarbeit und Verfahren aus anderen psychotherapeutischen Schulen in das Repertoire des Co-Counsellers aufgenommen.

Ich lernte das Co-Counselling durch CCI im ersten Jahr nach der Spaltung kennen. Die Gegenseitigkeit des therapeutischen Settings (jeder ist abwechselnd Klient und Berater), die Betonung, die darauf gelegt wurde, dass jeder in sich die Kraft zur Heilung hat und also äußere Experten nicht notwendig sind, sowie die Tatsache, dass der Schwerpunkt auf den Körper und nicht auf die Analyse gelegt wurde, gaben mir etwas, das ich für den Rest meines Lebens anwenden konnte und wollte.

Ich war so begeistert, dass ich schließlich Co-Counselling unterrichtete und in London eine Gruppe gründete. Ich arbeitete dort jahrelang sehr engagiert, war aber nach einiger Zeit frustriert darüber, dass es weder in der Gruppe noch auf individueller Ebene ein Bewusstsein für Sexismus und Rassismus gab. Ich zog mich aus der aktiven Mitarbeit zurück, ohne die entsprechenden Theorien und Fertigkeiten aufzugeben.

In der weiterhin bestehenden RC-Bewegung wurde mit solchen sozialen Themen sehr viel sensibler umgegangen, aber die »Spalter« galten offiziell noch immer als Verräter, und zwischen den beiden Richtungen war ein Dialog nicht möglich. Auch die autokratische Machtstruktur war und ist weiterhin vorhanden.

Als Trainerin und Co-Counsellerin machte mir vor allem die Tendenz Sorgen, Emotion als etwas zu sehen, das vom realen Leben getrennt war und nur in der therapeutischen Sitzung bearbeitet wurde. Natürlich ist Privatheit ein notwendiger Bestandteil des Gefühlsmanagements, aber ich vermisste die emotionale Normalität. Die restimulierte Emotion braucht einen privaten Kontext, um untersucht zu werden, aber können Gefühle nicht auch im Alltag anerkannt und mitgeteilt werden? Wo war der Platz für Emotionen im Alltag von Beziehungen? Solche Fragen motivierten mich dazu, das DANCE-Modell zu entwerfen: Ich wollte erstens deutlich machen, dass die Katharsis nur ein Teil des Gefühlsmanagements ist und nicht sein ausschließliches Ziel. Zweitens wollte ich betonen, dass zwischen Katharsis, Einsicht und realem Leben ständig klare Verbindungen hergestellt werden müssen, statt sich zu sehr auf das Persönliche zu konzentrieren und also das Soziale und Politische auszublenden.

Den kathartischen Prozess lernen Sie am besten, wenn Sie einen Grundkurs besuchen. Dazu ein paar Adressen:

Haus Kloppenburg
Wasserweg 149
48149 Münster
Tel. 0251 – 82544
http://www.muenster.org/kloppenburg

Rudolf Giesselmann
Krumdal 6
22587 Hamburg
Tel. 040 – 86 53 00
E-mail: RudolfXXco-counseln.de

Internationale Website von CCI: hhtp:XXwww.co-counsel-ling.org

Meine Kommentare und historischen Beobachtungen sind absolut persönlich. Mehr über die Geschichte und die Konzepte des Co-Counselling finden Sie in:
Berger, Karola, *Co-Counselling: Die Therapie ohne Therapeut.* Rowohlt, Reinbek
Rowan John & Dryden, Windy (Hrsg.), *Neue Entwicklungen der Psychotherapie.* Transform-Verlag, Oldenburg 1990, S. 98–125

Quellen

Die Einteilung von Gefühlen in drei Gruppen, die sich um die Emotionen Liebe, Wut und Angst zentrieren, lernte ich durch die Co-Counselling-Theorie kennen; auch die Begriffe »Muster« und »Restimulation« stammen aus dem Co-Counselling.

An verschiedenen Stellen habe ich von Unterdrückung, Verdrängung, Spaltung in gute und schlechte Gefühle und infantilen Fantasien gesprochen. All dies entstammt dem Schatz der klassischen psychoanalytischen Literatur.

Die drei komplementären Polaritäten, die mit ihnen verbundenen Muster, die Texturen der Entladung, der Unterschied zwischen Wut und Aggression, die drei Impulse der Emotion, der Unterschied zwischen Emotion und Gefühl, die Vorstellung von »Drachen« und das DANCE-Modell sind ein Produkt meines Denkens, meiner Erfahrung und meiner Fasson, die menschliche Seele zu kartieren.

Liste der Abbildungen

Register